OMBRES DU PASSÉ

SOUVENIRS

D'UN

OFFICIER DU CAUCASE

PAR

GEORGES WL....OFF

ANCIEN COMMANDANT D'UN BATAILLON AU CAUCASE

PARIS
ARTHUS BERTRAND, ÉDITEUR
LIBRAIRIE SCIENTIFIQUE
21, rue Hautefeuille.

SOUVENIRS

DUN

OFFICIER DU CAUCASE

Finlande (la), notes recueillies pendant une excursion de Saint-Pétersbourg à Tornéo, par le prince *Emmanuel Galitzin*. 2 vol. in-8, accompagnés d'une carte itinéraire et d'une carte topographique des travaux entrepris pour joindre le Saïma au golfe de Finlande, et ornés de deux dessins. 20 fr.

Journal d'une résidence en Circassie, par *Stanislas Bell*; ouvrage traduit de l'anglais, augmenté d'une introduction historique et géographique, et de notes tirées d'ouvrages récents et non traduits, par *L. Vivien de Saint-Martin*, secrétaire général de la Société de géographie. 2 vol. in-8, accompagnés de plusieurs planches et carte. 22 fr.

Réunion de la mer Caspienne à la mer Noire (de la), par M. le docteur *Bergstraesser*, conseiller d'État et directeur des salines du gouvernement d'Astrakhan. In-8 avec grande carte. 4 fr.

Excursion à Kioto (une), capitale du Japon, par *A. Paris*, lieutenant de vaisseau; accompagnée de grandes planches et de figures dans le texte. 2 fr.

Fleuve Amour (le), nouvelles acquisitions des Russes dans l'Asie occidentale; le fleuve Amour, d'après les documents originaux et les notes publiées par la Société de géographie de Russie, suivi du Journal de l'exploration du fleuve faite par M. Permikine, par M. *V. A. Malte-Brun*, membre des Sociétés de géographie de Paris, Londres, Berlin, Vienne et Saint-Pétersbourg. In-8 accompagné d'une carte. 3 fr. 50 c.

Japon (le). Mœurs, coutumes, description, géographie, rapports avec les Européens, par le colonel d'état-major *Du Pin*, ancien commandant de la contre-guérilla française au Mexique. 1 vol. in-8. 3 fr. 50 c.

Japon tel qu'il est (le) par M. *de Montblanc*, membre de la Société de Géographie. In-8. 2 fr.

Voyage au Japon, ou description physique, géographique et historique de l'empire Japonais, par M. *Ph. Fr. de Siebold*. Édition française rédigée par *A. de Montry* et *E. Fraissinet*. 12 livraisons de planches grand in-folio et 6 livraisons de texte in-8. 150 fr.

OMBRES DU PASSÉ

SOUVENIRS
D'UN
OFFICIER DU CAUCASE

PAR

GEORGES WL....OFF

ANCIEN COMMANDANT D'UN BATAILLON AU CAUCASE

PARIS
ARTHUS BERTRAND, ÉDITEUR
LIBRAIRIE SCIENTIFIQUE
21, rue Hautefeuille.
Tous droits réservés.

PRÉFACE

Quoique issu d'une bonne famille de gentilshommes, officier sans fortune, j'ai passé une grande partie de ma vie au Caucase, qui attirait vers lui ceux qui avaient de l'ambition ou désiraient échanger une vie fade et quelquefois nulle contre les émotions d'une vie de danger, poétique dans toute sa brutale réalité. En avançant vers la fin de la vie on aime à se retourner pour contempler le chemin parcouru, et les feuillets suivants sont autant de pages détachées de mes mémoires, qui, du reste, ne seront publiés en entier que beaucoup plus tard, probablement après ma mort.

Je crois que le récit d'un officier caucasien

pourrait intéresser ceux qui ne connaissent pas cette vie de Bohême, et aussi ceux qui l'ont goûtée dans les plaines brûlées de l'Oran ou sur les montagnes boisées de la Kabylie ou du Pundjab. Ce qu'on va lire n'est pas, du reste, une histoire de la guerre; les épisodes militaires ne sont rapportés qu'à mesure qu'ils se présentent dans la vie de l'auteur. Je ne suis pas assez savant ni assez ennuyeux pour entreprendre un ouvrage scientifique. Qu'on regarde ce livre comme une peinture de mœurs, la photographie d'une vie qui sera bientôt oubliée, même en Russie, car le Caucase, sauf son aspect pittoresque et les beautés éternelles de la nature, a perdu beaucoup de son prestige pour le soldat. Le danger et la guerre ont fait place à une vie tranquille et régulière, qui doit remplir de bonheur le cœur d'un économiste et d'un humanitaire, mais fait hausser les épaules à un soldat.

SOUVENIRS

d'un

OFFICIER DU CAUCASE

CHAPITRE I.

Mon voyage au Caucase; Grosnaia; Hassaff-Jurt; quelques portraits de soldats du Caucase; l'aoul Koumick.

Savons-nous pourquoi nous agissons de telle ou telle autre manière à un moment donné? Je ne le crois pas, du moins je suis sûr que personne, pas même les plus grands génies, n'ont la faculté d'entrevoir tout le résultat de leurs actions et de leurs paroles. La sagesse de l'homme consiste à savoir comprendre la signification des faits qui se produisent autour de lui et de s'en emparer pour faire triompher ses idées ou ses plans; mais l'homme n'a pas la possibilité de préparer les événements qui arrivent d'après une logique impitoyable que l'homme comprend après coup, mais qu'il ne prévoit jamais dans tous ses détails.

Un beau jour je me sentis découragé à Saint-Pétersbourg; mes affaires d'argent allaient mal; je n'avais pas de dettes, mais je sentais que jamais je ne me plierais au joug qu'impose la pauvreté à un officier de la garde impériale qui ne veut pas qu'on devine sa pauvreté et qui, cependant, ne veut pas acheter un moment d'une brillante existence aux dépens de son nom compromis par des engagements qu'il ne pourrait tenir. De plus, je venais de faire un tour en Europe (1) : dix mois de liberté, dix mois passés à Milan et à Venise, où l'on s'amusait à faire des niches aux Autrichiens, à ne pas fumer leurs cigares et à écrire sur tous les endroits peu décents : « *Vivo, Pio Nono !* » ce qui offensait extrêmement la police; à Gênes, où l'on faisait des processions de trente mille personnes, la princesse Doria en tête, en l'honneur de Balila et de Carlo Alberto, processions qu'un Anglais et moi nous regardions gravement comme un spectacle donné pour nous par le peuple de Gênes; à Rome, où Pio Nono accueillait gracieusement Circervaccio, tribun du peuple, et formait sa garde municipale; au Shleswig et Holstein où des Lieder-Tafeln prenaient une teinte fortement politique et venaient d'être mis à la porte de leur salle par des gendarmes (comme à Rendsbourg au mois de juin 1847); — enfin à Paris d'où je venais de partir huit jours avant la révolution de février.

Le dirai-je, arrivé à Saint-Pétersbourg je fus pris d'une maladie qui n'a pas de nom, mais qui doit être parente de la nostalgie..... Ce fut un violent désir de quitter les sentiers battus, la vie calme et plate des sociétés civilisées pour la vie aventureuse et bohémienne que je venais de goûter. Aussi tournais-je mes regards vers le Caucase, où une vie de Bohême était rehaussée et anoblie par un devoir à remplir et un danger permanent. J'écrivis une lettre au prince X., qui commandait le fameux 39ᵉ des chasseurs, pour lui

---

(1) Depuis le mois de mai 1847 jusqu'au mois de mars 1848.

demander la permission de servir sous ses ordres, et je demandais officiellement au ministère de la guerre de me faire passer à ce régiment. L'ordre du jour parut au mois de décembre 1848, et je fus nommé capitaine au 39e des chasseurs qui faisait le service dans la plaine des Koumicks et dans la Tchetchna.

L'état-major du régiment se trouvait à Hassaff-Jurt, sur l'Arak-sou, dans la plaine dite des Koumicks; mais comme la résidence du général de division, qui était aussi général-gouverneur de ce qu'on appelait alors l'aile gauche (qui comprenait tout le versant nord de la chaîne Caucasienne, depuis Wladikawcas jusqu'à la mer Caspienne), était à Grosnaia, forteresse dans le centre de la Tchetchna, je crus de mon devoir d'y aller me présenter avant de passer à mon régiment.

Je ferai remarquer par parenthèse que les chemins de fer n'existant pas encore en Russie vers le commencement de 1849, mon voyage de Saint-Pétersbourg par Moscou, Toula, Voronéj, le pays du Don, Stravropol et le long de la ligne des postes cosaques qui embrassait tout le nord du Caucase, était une véritable odyssée dont on ne peut avoir aucune idée maintenant. Les immenses distances de la Russie, l'absence totale de routes construites, le mode primitif de voyage dans un téléga (instrument de torture à quatre roues), le manque de chevaux aux relais; enfin la fatigue vous faisait employer un mois à ce voyage qui, ajourd'hui se fait en trois jours par les chemins de fer. Mais cependant quoique subissant la question ordinaire et extraordinaire dans l'infernal équipage qui m'emportait vers la gloire, je n'oublierai jamais ces moments délicieux quand j'aspirais l'air embaumé d'un printemps des steppes, quand au lieu des frimas et des neiges du commencement de mars, je voyais autour de moi la nature belle et verdoyante et me chauffais avec délices aux doux rayons du soleil du midi.

Tout était nouveau pour moi, la nature comme les hommes. Depuis Stavropol je voyais de lieue en lieue des piquets de cosaques de la ligne avec leurs sentinelles placées sur des hautes tourelles en bois; des troupeaux immenses de bêtes à corne et de brebis étaient gardés comme en pays ennemi par des cavaliers parfaits, et habillés de cette élégante tunique que nous avions empruntée à nos ennemis les Circassiens. A mesure que j'avançais vers l'Orient je voyais les précautions contre un coup de main redoublées; enfin j'entrai dans le pays voisin de la Tchetchna, qui était le centre de la petite guerre acharnée que nous livraient les montagnards, car elle avait mille issues par lesquelles les bandes pillardes s'introduisaient dans les terres des cosaques agriculteurs et pillaient les troupeaux ou attaquaient les voyageurs ou les postes qui suivaient la grande route de la Russie.

Pour aller à Grosnaia je devais quitter la ligne, passer le Terek, qui séparait le pays ennemi du pays des cosaques, et m'enfoncer dans la vallée de la Sounja. Pour l'intelligence en général de ce pays, il faut dire que le Terek et la grande route de poste qui longeait le bord du Terek et passait par les villages cosaques, étaient notre base d'opérations militaires. Nous avions plusieurs ponts sur le Terek et des forteresses plus ou moins avancées dans la Tchtchna. La contrée tout autour des forteresses était plus ou moins à nous; mais dès que nous nous enfoncions dans les bois, nous avions devant, derrière, sur les côtés, d'innombrables ennemis qui nous harcelaient, nous fatiguaient, et quelquefois même mettaient nos colonnes dans le plus grand péril (1).

Entre les ponts et les forteresses on communiquait au moyen de colonnes d'infanterie avec du canon qui formaient le convoi des charrettes et des voyageurs. Les forteresses, dans la Tchetchna, communiquaient entre elles au moyen de semblables colonnes, mais beaucoup plus fortes, vu que les routes étaient plus difficiles que celles qui nous reliaient au Terek. Cependant il y avait des forteresses et des districts tout entiers qui ne pouvaient communiquer entre eux que par la ligne du Terek, étant séparés par des montagnes et des plaines boisées d'un accès difficile occupées par la population ennemie. Du reste, comme nous le verrons plus tard, la guerre de la Tchetchna fut terminée quand nous pûmes créer partout des routes militaires qui permettaient aux plus faibles colonnes de traverser le pays sans crainte d'être entourées dans un bois, car en plaine ouverte notre infanterie, soutenue de canon, se moquait de toute attaque.

Ainsi me voilà, ci-devant officier de la garde, n'ayant vu que Saint-Pétersbourg et une partie de l'Europe sur le pont du Terek, au moment d'entrer dans un pays qui ne ressemble en rien au monde civilisé. Le voyage même jusqu'à Grosnaia se fait d'une tout autre manière qu'on ne le fait ailleurs. Le voyageur n'est plus libre d'aller et de venir à sa volonté; une compagnie avec un canon se place en tête et envoie ses tirailleurs à droite et à gauche. Un millier de charret-

---

(1) Je recommande de relire la description de Tacite de l'expédition de Cecina contre Arminius (*Annales*, l. I, 61-69); elle donne (sauf l'introduction des armes à feu) une idée parfaite du genre du combat que nous livraient les Tchetchines dans les bois.

tes et quelques équipages se rangent en trois ou quatre lignes derrière cette compagnie. Une compagnie se place derrière; une cinquantaine de cosaques forment une petite avant-garde. Je suis à cheval (mon bagage et mon domestique ayant trouvé une charrette à louer dans le train); mais voici que la trompette donne le signal, la colonne se met en marche, je joins les officiers de la colonne que je vois à l'avant-garde, à cheval, et une conversation s'engage entre le novice qui vient chercher des émotions et les vieux troupiers qui rêvent une blessure pour avoir droit à une pension qui leur permettrait de se retirer et de finir le peu de jours qu'il leur reste près d'une mère centenaire ou dans la famille d'un bon frère qui vit loin de là dans la petite Russie, dans une belle ferme ombragée d'arbres séculaires.

Disons qu'il était reçu, et même de rigueur au Caucase, que tous les officiers de l'infanterie, même les subalternes, fussent à cheval. Ceci tenait au caractère de la guerre, qui employait tantôt une colonne d'une vingtaine de bataillons commandée par un général, tantôt un détachement de cinquante soldats commandé par un sous-lieutenant ou un enseigne, et le général comme le petit officier étaient, à un moment donné, responsables de la colonne qui leur était confiée, ce qui nécessitait pour le chef de la petite colonne tout autant de précautions, peut-être plus, qu'au général et lui faisait un devoir d'être à cheval pour voir et être vu et ne pas se fatiguer physiquement, ayant une responsabilité à porter. De plus, dans la guerre des bois, même dans une grande colonne, où la chaîne des tirailleurs confiés à un officier subalterne joue un rôle si important, il serait de toute impossibilité à l'officier de diriger sa chaîne et de garder le lien avec le reste de sa colonne et avec sa réserve s'il n'était pas à cheval, servant en même temps de signe de ralliement à ses tirailleurs qui, au milieu d'un bois, sont très-facilement désorientés et pourraient (ce qui est arrivé) être coupés de la colonne par l'ennemi. J'ajouterai encore que la responsabilité qui pesait sur chaque officier de l'armée du Caucase, en commençant par l'officier subalterne qui n'avait pas même une compagnie à commander, servait admirablement à former un type d'officier, non-seulement soldatesquement, grossièrement brave, comme peut l'être chaque individu doué d'un certain amour-propre, de nerfs peu délicats, ou qui se grise moralement au moment du danger, mais un type plus intelligent qui devait garder tout son sang-froid et toute sa tête au moment du danger, car de sa raison dépendait le salut des hommes qui lui étaient confiés. Aussi les individus qui se jetaient comme des soldats dans une mêlée sans penser au devoir qui leur était imposé par leur charge n'étaient pas estimés. Je me rappelle un mot dit par un général à un capitaine, chef de compagnie, qui lui racontait une affaire chaude et disait qu'il avait pris un fusil à un soldat blessé pour se jeter à la baïonnette avec ses soldats dans la mêlée : « Je vois, disait le général, que vous aviez gagné un soldat de plus et un capitaine de moins. » Aussi était-ce reçu parmi les officiers dans l'armée, de ne jamais tirer leur sabre pendant une affaire à moins d'une circonstance toute particulière, d'un assaut où l'on allait à la tête de sa compagnie, ou d'une attaque où il fallait repousser un ennemi nombreux et où le chef devait entraîner ses troupes par son exemple. Dans tous les autres cas, l'officier, plus exposé que les soldats au péril, — car à cheval il était toujours le point de mire des excellents tireurs Tchetchênes, — devait rester calme et ne travailler que de sa tête. De même aussi, en revenant à ces officiers que je voyais à la tête de la colonne qui marchait vers Grosnaia, fus-je vivement surpris de trouver des hommes vraiment supérieurs sous plusieurs rapports, quoique ignorants des choses les plus simples du monde civilisé. La plupart de ces officiers avaient commencé leur service comme sous-officiers gentilshommes, c'est-à-dire n'ayant pas terminé les études qui leur donnaient droit au rang d'officier breveté. Ils prenaient service en se fiant à leur courage et à leur bonne fortune, et étaient promus au rang d'officier grâce à quelque action d'éclat. Ces gens, plus ou moins d'un âge mûr, ayant l'expérience d'une longue guerre et de toute une vie de péril, gagnaient ce caractère qui inspire le respect au premier abord. Ni jactance, ni vanterie, ni même récits de leurs exploits ou de leurs campagnes; calmes, silencieux, bienveillants, très-hospitaliers avec un bon sens remarquable, un désir d'entendre parler de la mère patrie lointaine, ils me firent l'effet d'être comme des parents que je ne connaissais pas et que je venais de rencontrer.

La colonne, à la tête de laquelle nous marchions, s'enfonça dans les montagnes dénuées de végétation qui bordent la rive droite du Terek et abondent en eaux chaudes minérales, plus ou moins alcalines. L'endroit où nous devions passer la nuit, nommé Vieux-Jurt, est fameux pour ses sources chaudes sulfuriques alcalines, excellentes contre les rhumatismes aigus. Il paraît que cette eau est mêlée de naphte, ce qui rehausse encore sa vertu curative. Le Vieux-Jurt consiste en un aoul ou village des Tchetchènes indigènes, soumis à la Russie, et en un bourg flanqué d'une petite forteresse qui sert de kurort. Le bourg consiste en une centaine de maisons qui appartiennent aux soldats mariés des compagnies. Il est à remarquer que les troupes méprisaient les soldats mariés qui avaient près d'eux leur famille, car ces soldats auxquels on permettait de construire des habitations particulières n'étaient que des mauvais soldats, qui devenaient spéculateurs et petits marchands et trouvaient mille prétextes pour ne pas accompagner leur compagnie dans les expéditions. Ceci, du reste, était facile, car la forteresse que les troupes quittaient pour marcher dans le pays ennemi devaient avoir, non-seulement quelques troupes en garnison, mais encore des charretiers pour conduire au camp les munitions et les vivres; des boulangers pour préparer le biscuit, des cordonniers et des tailleurs pour avoir toujours un supplément de vêtements pour les soldats de la colonne expéditionnaire, qui campait trois ou quatre mois de suite pendant le cœur de l'hiver, au milieu des neiges profondes, dans les bois, comme plus tard j'en ferai le récit détaillé.

Donc, cette tâche des manœuvres et des ouvriers tombait généralement sur les soldats mariés, ce qui, du reste, n'affaiblissait pas trop les troupes, puisque nous comptions 15 à 20 hommes mariés par compagnie de 200 soldats. Sous le point de vue général, je dirai que cet élément, quoique méprisé par l'armée,— car les maisons des soldats étaient plus ou moins des lieux de débauche,— était cependant un élément utile et même indispensable. Rappelons-nous que le soldat servait comme le légionnaire romain, vingt-cinq ans, et que le soldat marié était le seul véritable colonisateur de la contrée. Toutes les villes considérables qui existent maintenant dans la Tchetchna ont eu pour fondateurs ces pionniers, ces squatters de la vie civilisée. Ce sont ces soldats qui louaient leurs maisonnettes aux officiers; qui apportaient de ce qu'on nommait « la ligne », c'est-à-dire des villages du Terek, les denrées nécessaires, pour les revendre; ce sont eux qui cultivaient de petits jardins potagers sous la protection des canons de la forteresse, et si leurs femmes et leurs filles se livraient souvent à la débauche, ce n'était pas à nous à nous en plaindre. Je remarquerai seulement en passant que les jeunes filles des soldats étaient, en général, le type le plus joli qu'on puisse s'imaginer; car il n'y a pas de doute qu'elles étaient toutes issues de ces affections très-fortes qui naissaient entre les officiers et les jeunes filles ou femmes qui arrivaient de la Russie, sur l'invitation de leurs maris, de leurs beaux-frères ou de leurs pères qui servaient dans les troupes.

Ainsi à Vieux-Jurt, comme ailleurs, ce fut une maisonnette de soldat marié qui me donna l'hospitalité pour cette nuit. La bonne ménagère russe trouvait toujours moyen d'offrir un assez bon souper et un excellent pain blanc au voyageur, et cette hospitalité, tout en ne coûtant pas trop cher au voyageur, faisait vivre cette famille arrivée du nord de la Russie. Le lendemain matin un roulement de tambour nous réveilla, nous nous préparâmes au départ, et derechef la longue colonne commença à serpenter à travers des défilés ou des vallées assez dangereuses, d'où nous débouchâmes sur la plaine, où la forteresse Grosnaia nous apparut dans le lointain, avec ses beaux sycomores qui ombrageaient de jolies maisons blanchies à la chaux. Une dizaine de kilomètres avant d'arriver à Grosnaia, la colonne devait traverser un pont jeté sur un ravin, au fond duquel coulait un ruisseau fortement imprégné d'odeur de naphte, dont de grandes quantités surnageaient à la surface d'un lac qui donnait naissance à ce ruisseau quelques lieues plus haut. Le naphte était recueilli par les habitants et formait un objet de trafic à Grosnaia. Ce pont, réputé dangereux,—comme tous les ravins qui peuvent cacher une troupe ennemie considérable, prête à se jeter sur une colonne d'approvisionnement, — était protégé par une tour à deux étages, dont l'étage inférieur servait de caserne fortifiée, tandis que l'étage supérieur, coupé à jour par quatre vastes embrasures, contenait deux canons de gros calibre qui, non-seulement devaient tenir l'ennemi à distance, mais encore étaient employés à donner le signal de l'apparition d'une troupe, ou, comme on disait alors, « d'un parti ennemi ». Le nombre de coups, ainsi que le temps de leur intervalle, indiquait, non-seulement le nombre approximatif du parti ennemi, mais encore la direction de leur mouvement. Le système de signaux était ordonné par le général, chef du flanc gauche et était souvent changé pour dérouter l'ennemi qui aurait commencé à le déchiffrer.

Nous arrivâmes vers cinq heures du soir à Grosnaia, où je reçus l'hospitalité d'un des capitaines dont j'avais fait connaissance.

Grosnaia, même au temps où je la visitais pour la première fois, c'est à-dire au mois de mars 1849, était déjà un gros bourg de plus de six cents maisons, qui se groupaient sur les bords de la Sounja, sous le canon de la petite forteresse qui, du reste, n'était habitée que par les soldats et quelques officiers de service. Le général chef de l'aile gauche, c'est-à-dire de toute la province qui s'étend de Wladicawcas à la mer Caspienne, habitait une belle maison faite, il est vrai, en briques non cuites (1); mais ces briques, dans ce cli-

(1) De mon temps, toutes les maisons du nord du Caucase

mat et sous un bon toit en bois, en tôle, en tuiles, en fer ou même en roseaux, durent autant que tout autre matériel de construction, et une maison en briques non cuites est fort chaude en hiver et fraîche en été. Le chef du pays était en ce moment le général Nestéroff, dont nous eûmes à déplorer la mort prématurée trois ou quatre ans après. C'était un gentilhomme parfait, très-peu causeur, très-silencieux, mais très-poli et parlant bien quand il parlait. Il était respecté et aimé par les troupes. Ce digne général me reçut avec cette gracieuse bienveillance qui captive le cœur des jeunes gens, et m'invita à dîner. Ce même jour je me présentai à un vieux troupier fort original, connu par son courage téméraire le général, chef de brigade Kozloffsky, qui avait commencé son service au Caucase et y avait passé plus de quarante ans.

Tous ces vieux vétérans de l'armée se faisaient un devoir d'accueillir amicalement les jeunes gens qui arrivaient pour faire leurs premières armes, et j'emportai de Grosnaia un très-bon souvenir.

Pour aller à mon régiment, je devais retourner par le chemin que j'avais déjà fait, reprendre la grande route postale des bords du Terek, avancer vers l'est une centaine de kilomètres, repasser le Terek sur un autre pont près du village Shelkovaja (village des vers à soie), et avancer avec une colonne du convoi qu'on nommait « *occasion* » vers Hassaff-Jurt, qui était le chef-lieu du régiment et de l'administration du pays dit « *la plaine des Koumicks* » (1). Le chef du régiment

étaient construites en briques cuites au soleil, et qui étaient formées de terre glaise mêlée de paille hachée menu C'était le même genre de construction qu'on employait généralement dans les temps les plus reculés en Assyrie et aussi en Égypte.

(1) Ne pas confondre les Koumicks, mahométans, d'origine

du 39° des chasseurs, qui était aussi gouverneur de cette contrée, était soumis à l'autorité du général chef de l'aile gauche à Grosnaia, car cette plaine formait une partie de ce qu'on nommait alors l'aile gauche.

La plaine des Koumiks, peuplée d'indigènes de ce nom, qui nous étaient très-fidèles (sauf quelques petites peccadilles de vols ou de razzia qu'il mettaient au compte des Tchetchènes), est entourée de toutes parts de montagnes boisées qui formaient la ligne de démarcation entre nous et nos ennemis. Les Koumicks, qui avaient une certaine civilisation mahométane et cultivaient avec soin leurs terres, avaient une propriété foncière fort bien définie, avec des lois coutumières sur la canalisation et la distribution régulière des eaux qui sont nécessaires pour la culture du riz et de la garance, qui croissent très-bien dans le pays. Nous, c'est-à-dire les forteresses russes, n'empiétaient jamais sur ces terres, mais s'emparaient de celles qui, jusqu'à notre arrivée, appartenaient aux Tchetchènes. Aussi toutes nos forteresses étaient-elles construites sur le versant des montagnes boisées où nous devions disputer l'arme au bras les bois dont nous nous chauffions et le foin nécessaire aux troupes et aux habitants des faubourgs des forteresses.

Nous reviendrons encore au récit de ces petites expéditions. Pour le moment je suis au bord du Terek, dans le village Shelkovaja, où je fais connaissance de deux originaux, dont l'un est un officier de notre régiment, petit, trapu, grand parleur, originaire de Sibérie, se plaignant de la chaleur étouffante de cette région et se proposant de quitter au plus tôt ce vilain

---

arabo-circassienne, avec les Kalmoucks boudhistes nomades. Sur l'origine des Koumicks, voir mon *Essai sur la parenté des tribus caucasiennes*, avril 1859 des *Nouvelles Annales de voyages*.

pays, mais avouant qu'il se le propose depuis quelque chose comme vingt-cinq ans qu'il est au régiment. L'autre est un personnage fort connu au Caucase, un certain Hastatoff, propriétaire dans le village de Shelkovaja, où il avait un joli bien, des vignobles et des plantations de mûriers. Il ne faisait rien, après avoir depuis longtems quitté le service des gardes impériales où il avait été officier. Il se bornait à être propriétaire et se vantait d'être le propriétaire le plus avancé vers l'ennemi; aussi s'était-il arrogé le titre de « *propriétaire de l'avant-garde* », avait nommé son bien le « *paradis terrestre* et se faisait adresser ses lettres avec tous ces titres. Comme volontaire, il se joignait quelquefois aux expéditions des cosaques sur la rive droite du Terek.

Les coups de canon sur la plaine des Koumicks faisaient avancer la réserve des cosaques qui passaient le pont et battaient le pays pour couper la retraite à l'ennemi qui, après avoir essayé une razzia, cherchait à gagner les montagnes. Il arriva plusieurs fois que les cosaques, s'ils étaient en petit nombre, étaient attaqués à leur tour; alors l'infanterie arrivait en courant leur porter secours.

Un jour, une troupe d'une cinquantaine de cosaques s'aventura trop loin dans les défilés et fut entourée par un parti ennemi de deux à trois mille Tchetchènes. Les cosaques égorgèrent leurs chevaux et s'en firent un rempart derrière lequel ils se défendirent près de deux heures, quand le 2ᵉ bataillon de notre régiment arriva avec du canon et fit retirer l'ennemi. C'était la célèbre affaire du colonel Sousloff, à laquelle assistait comme volontaire Hastatoff, qui doué d'un grand sang-froid et d'une verve inépuisable, égayait de ses lazzis les cosaques, tant soit peu intimidés par une mort prochaine et, à ce qu'il semblait, inévitable.

Cet aimable individu avait encore la manie de ne jamais savoir où il irait; il jouait pile ou face pour savoir s'il irait à Paris ou à Tiflis. Très à son aise, même riche, on le voyait se promener sur les boulevards de Paris dans une pelisse de paysan faite de peaux de mouton, et dix jours après on pouvait le rencontrer à Constantinople, s'amusant à faire enrager un Turc dans sa boutique en lui racontant les exploits de l'armée caucasienne contre ses coreligionnaires, les montagnards. Quelques jours plus tard vous pouviez le voir à Saint-Pétersbourg, où il avait des parents, mais dans une quinzaine de jours on pouvait le voir dans un village cosaque, buvant sec avec un vieux cosaque, faisant à sa manière la cour aux belles filles du village de Tchervlenaia, dont je parlerai plus tard.

A Shelkovaia, « une occasion » n'arrivait pas régulièrement; il fallait attendre quelquefois plusieurs jours pour aller à Tashkichou, grand aoul (douar) koumick, où il y avait une petite forteresse avec un petit faubourg, et d'où le service du convoi ou de l'occasion à Hassaff-Jurt se faisait régulièrement deux fois par semaine. La poste, arrivée à Shelkovaia, était envoyée à Tashkichou par une dizaine de cosaques, qui ne pouvaient servir de convoi aux charrettes. Par bonheur, je n'eus pas à attendre longtemps : le soir même on me fit savoir que la 3ᵉ compagnie des chasseurs était arrivée pour servir de convoi à un troupeau de bœufs qu'on menait pour l'approvisionnement des troupes à Hassaff-Jurt. Je courus faire connaissance avec le chef de la compagnie, un certain lieutenant S***, qui promit de faire prendre mon bagage sur les charrettes du régiment, car on n'en pouvait trouver d'autres.

S*** était un homme peu commun; plus tard je dirai la sanglante histoire dans laquelle il joua un terrible rôle. Quand je fis sa connaissance, c'était un homme sombre et taciturne, tournant et retournant en silence ses favoris roux, mais ayant dans les yeux quelquefois des éclairs de bonté qui contrastaient singulièrement avec son air farouche. Plus tard je compris ce caractère malheureux, pétri d'amour-propre et d'envie, mais qui avait ses bons côtés humains. Comme chef de compagnie, c'était un des meilleurs officiers, qui pensait au bien-être du soldat comme à celui de ses enfants; honnête et juste, quoique sévère, il n'était cependant pas aimé de ses soldats, qui au Caucase, s'attachaient si facilement et si naïvement aux officiers gais, bons et braves. S*** était né d'une famille peu élevée dans l'échelle sociale; il paraît que son père était un petit employé subalterne aux relais des postes, qui ne put lui donner aucune éducation; à peine lui fit-il apprendre à lire et à écrire. Plus tard S*** tâcha de se donner une certaine éducation par la lecture des revues et des journaux, mais il sentait ce qui lui manquait, et ce fut pourquoi, dans toutes les réunions où il assistait, il gardait un morne silence de peur de se compromettre. De là cette aigreur de caractère et cette envie qui le rongeaient et le faisaient éviter par ses compagnons d'armes, ce qui le blessait profondément. Et cependant nous savions que ce pauvre officier, qui avait en tout 2,000 francs d'appointements, envoyait très-secrètement la moitié de son argent à sa mère, qui habitait le village de Naour, sur le Terek.

En passant le pont de Shelkovaïa, je vis pour la première fois nos soldats célèbres du 39° des chasseurs. Ce fut avec un vif intérêt que je contemplai cette compagnie qui ressemblait peu aux soldats de la garde que je connaissais. Ce qui me frappa d'abord, ce fut la familiarité respectueuse du soldat envers l'officier et le ton de camaraderie bienveillante de l'officier envers le soldat. N'ayant pas de cheval, j'étais perché sur une charrette, et j'attendais avec les autres que le signal du mouvement fût donné, quand un soldat s'approcha de moi et m'offrit d'arranger plus commodément ma valise pour qu'elle pût me servir de siége; ensuite il courut m'apporter du feu pour allumer ma cigarette. Il me conseilla aussi de ne pas me fier au printemps et de mettre ma pelisse, car, ajouta-t-il, nous avons souvent des bouffées de vent glacial qui viennent des montagnes et qui peuvent vous faire gagner une fièvre ou une pleurésie. J'avoue que je fus agréablement surpris de voir que le soldat du Caucase n'était pas simplement une machine, ou de la chair à canon avec une obéissance passive. Ce qui me frappa ensuite, ce fut le costume du soldat qui déviait considérablement du costume d'ordonnance. Tous les soldats étaient habillés d'une pelisse de peau de mouton avec de grandes bottes et des bonnets fourrés. Quand j'en fis l'observation, on me dit que l'été ils portaient la blouse blanche ou bleue, avec le pantalon bleu nankin et la casquette blanche, et que ces costumes sont acceptés par toutes les troupes du Caucase, qui ne portent leur uniforme qu'à la revue. Ces costumes ont été inventés par l'expérience et ont été faits économiquement par les compagnies qui n'avaient demandé aucun subside à l'État (1).

La compagnie, de mon temps, était une véritable commune, qui gérait elle-même ses affaires et dépen-

---

(1) Plus tard toutes les parties de ce costume furent acceptées par le règlement et livrées par l'État.

sait par ses élus l'argent que l'État donnait pour sa nourriture. Avec de l'économie et beaucoup de probité des soldats élus, la compagnie avait des capitaux de réserve, qui montaient jusqu'à 1,000 roubles argent (4,000 fr.), ce qui lui permettait d'habiller le soldat du costume fort approprié au climat et au service qu'il faisait. Les officiers aussi, ainsi que je le remarquai déjà à Grosnaia, portaient des redingotes fourrées et des bottes fortes qui n'étaient pas d'ordonnance. On voyait que partout l'expérience et la coutume avaient amélioré ce qu'il y avait de défectueux dans le costume réglementaire.

Mais voici la colonne qui se met en mouvement; il est six heures du matin, le soleil brille à l'horizon, la plaine est verdoyante, dans le lointain on voit les ondulations des montagnes Noires qui entourent la plaine; l'air est embaumé et doux à la respiration; on se sent si léger quand on respire l'air du Midi après cet air grossier du Nord. Nous rencontrons des arbas ou charrettes à deux roues traînées par des bœufs qui appartiennent aux indigènes. Ordinairement quelques femmes avec leurs enfants remplissent l'étroite charrette, et une femme conduit l'attelage, tandis que l'homme, avec son long fusil et deux joncs (1) en bandoulière, marche en avant avec un air grave, sans paraître se soucier de sa famille. Des troupeaux nombreux paissent près de là; quelques hommes armés les gardent. Quoique les montagnes de la Tchetchna soient distantes d'une cinquantaine de kilomètres et que des aouls koumicks se trouvent dans cette direc-

---

(1) Les deux joncs, attachés l'un à l'autre, forment le complément indispensable du fusil rayé des montagnards. Ils servent de point d'appui au canon du fusil quand le montagnard, se mettant à genoux, s'apprête à tirer.

tion, on ne saurait s'entourer de trop de précautions : une bande de Tchetchènes passe si adroitement le long des ondulations du terrain, à travers les roseaux, se cachant derrière les rares buissons ou se mettant en embuscade derrière les petites collines qu'on voit çà et là dans la plaine.

Enfin voici un grand aoul ou douar des Koumicks, qui occupe un carré irrégulier d'une lieue de circonférence. Ses rues sont boueuses et étroites; les maisons ou *saklis* ont les fenêtres tournées en dedans de la cour, comme il convient à une honorable maison musulmane, mais la femme n'est pas voilée, à moins que ce ne soit une bien grande dame, qui se donne des airs de dame turque et ne sort qu'à cheval (à califourchon), entourée de *noukers* (écuyers, serviteurs) de son mari pour rendre visite à une princesse d'un autre aoul. Quand nous rencontrons la femme dans la rue, et qu'il n'y a personne de présent, elle nous sourit agréablement, mais elle se détourne et crache avec mépris si un homme koumick est en vue. Du reste, la séquestration de la femme n'est pas dans les mœurs de toutes les peuplades caucasiennes. Des officiers qui étaient bons amis avec les princes koumicks étaient reçus dans leur maison, où la femme faisait les honneurs sans voile, ainsi que cela se pratique chez nous. Les Tchetchènes, les Kabbardiens, les habitants du Daghestan et même ceux du Karabagh, qui sont voisins de la Perse, ne connaissent pas la vie de harem proprement dite, et la femme, qui n'est pas achetée comme en Turquie à des bazars lointains, mais est la sœur de l'homme, issue des mêmes familles honorables de la contrée, est beaucoup plus libre que dans les pays dont nous venons de parler. De plus, le Koumick et le Tchetchène sont le plus souvent monogames; la polygamie est une exception, et ne se rencontre que rarement. Un homme âgé d'une cinquantaine d'années, marié à une femme vieille à quarante ans, n'oserait pas toujours prendre une seconde femme jeune, dans la crainte d'offenser la famille de sa première femme. Il ne se marie en secondes noces qu'avec le consentement de sa première femme et le plus souvent à une femme d'une condition inférieure, pour que les enfants issus de ce mariage n'aient pas les droits des aînés, car un prince koumick ou un gentilhomme de premier rang (ouzden) ne peut transmettre son rang social à ses enfants qu'à condition de se marier à une égale par droit de naissance. Tout autre mariage avec une inférieure est réputé illégal et les enfants issus de ce mariage sont (Tchanka) bâtards et se placent au-dessous des égaux de leur mère, quoique leur père fût prince. On voit bien que les montagnards ont le véritable mariage d'égal à égal et que la femme, soutenue de sa famille, a une position inconnue dans les grands États musulmans.

Après avoir passé une nuit dans la petite forteresse de Tashkichon, le lendemain vers les sept heures, « l'occasion » régulière de Hassaff-Jurt se rangeait au delà du pont de l'Aksai et nous nous mîmes en marche. Comme je l'ai dit plus haut, cette plaine des Koumicks très-fertile, est coupée par une quantité innombrable de canaux d'irrigation, qui traversent maintes fois la route qui mène à Hassaff-Jurt et rendent le voyage difficile. Il n'y avait pas de ponts sur ces canaux et l'eau, débordant souvent, formait des mares et des petits marais où les charrettes s'embourbaient et n'étaient tirées qu'avec peine, grâce à l'aide des soldats.

Après un repos d'une heure et demie à un aoul

nommé Batash-Jurt (1), qui se trouvait à mi-chemin entre Tashkichou et Hassaff-Jurt, nous nous mîmes en route et j'entrais le 22 mars à Hassaff-Jurt, où commence ma nouvelle vie d'officier caucasien.

(1) Cet aoul, près duquel se trouvait une petite forteresse, commandée par un officier subalterne, avait dans le régiment une triste célébrité : Quelques mois avant mon arrivée, un jeune officier s'était brûlé la cervelle étant commandant de cette forteresse. Il s'était épris d'une jeune fille de l'aoul, qui faisait la coquette, mais qui ne voulut pas devenir sa maîtresse, en le menaçant de soulever l'aoul en divulguant sa proposition. Le jeune garçon, effrayé de la responsabilité qu'il portait, se donna la mort.

CHAPITRE II.

Encore quelques portraits (1); les colonnes d'approvisionnement; un bal à Hassaff-Jurt; un dîner d'adieu au chef du régiment.

La forteresse et la petite ville de Hassaff-Jurt n'étaient fondées que depuis six ou sept ans avant mon arrivée; cependant c'était déjà une assez grande colonie, flanquée à ses deux bouts par la forteresse et ce qu'on pourrait nommer un camp fortifié, qui consistait en casernes construites dans la forme des blockhaus. Le bourg n'avait pour défense qu'un petit rempart en terre, avec un fossé de 5 à 6 pieds de profondeur. Des canons montés sur des plates-formes élevées commandaient la contrée, mais, du reste, on se souciait peu de l'ennemi qui jamais ne se hasarda d'attaquer, dans la Tchetchna, non-seulement une forteresse, mais encore un bourg, car le Tchetchène n'était dangereux et fort que dans la guerre des bois.

La petite forteresse, le bourg et le camp fortifié, où étaient casernés trois bataillons de notre régiment,

---

(1) Nous prions de croire que nos portraits ne sont pas des personnalités; mais seulement des types dans lesquels on a cherché à incarner les traits généraux de la Bohénie. Cela se voit du reste à leur diversité.

s'étendaient le long d'une rivière nommée Arak-Sou, qui avait le caractère des rivières de montagnes ; quelquefois petit ruisseau, quelques heures après torrent impétueux. La longueur du bourg, sur une largeur d'une centaine de toises, dépassait un kilomètre, et quoique la plupart des maisons fussent fort petites, on en comptait plus de cent cinquante.

Ce ne fut qu'avec grand'peine que je me procurai un logement tant soit peu humide, mais pour le moment un abri satisfaisant.

Le chef du régiment, qui était aussi administrateur de la contrée, était absent ; il était en voyage. Le régiment était commandé par le colonel A***, excellent Allemand, avec des talents militaires. Quant à la place d'administrateur civil de la contrée, elle était confiée par intérim à un colonel S***. Ce dernier était un homme de talents peu ordinaires, beau parleur, écrivant très-bien ; homme de courage et de résolution, il fut envoyé un jour par le général en chef, prince Woroussoff, pour explorer sous le costume d'un indigène, les contrées inconnues de la vallée de l'Argoun et S*** traversa la chaîne en remontant le cours de l'Argoun dans un pays ennemi, et descendit par le pays des Kistes et des Toushine sur le versant méridional à Tiflis. Mais cet homme de talent avait un grand défaut : il avait la passion des liqueurs spiritueuses, je le vis un jour à un souper donné par le colonel A***.

Nous étions à table, après souper, à boire et à fumer comme c'est la coutume du Caucase ; le colonel S*** devenait rouge comme une écrevisse et buvait comme une éponge. Tout à coup un énorme coup de poing qui fit sonner les verres attira notre attention ; S*** commença à parler d'une grosse voix empâtée, et, s'adressant à nous jeunes officiers, nous conjura de ne

2

jamais nous livrer à la passion honteuse de l'ivresse, qui fait de l'homme un animal et lui emporte la raison qui est si nécessaire dans tous les moments de la vie. J'avais toujours cru jusqu'à ce moment que la charmante scène du révérend Stiggins avec Sam dans la prison (dans le club de Pickwick) était une exagération, et ce n'est qu'alors que je compris que Dickens avait copié la nature.

Huit jours après, le prince X. arriva à son régiment et entra en fonctions et le colonel S*** repartit pour Tiflis. Il n'est pas encore temps de dessiner la figure, devenue historique, du prince X. Moi qui ai servi longtemps sous ses ordres, et comme militaire et comme attaché à sa personne pour les affaires de l'administration, je puis être suspecté de partialité, mais cependant ses ennemis ne lui contesteront pas d'être une grande figure historique du règne actuel.

Quand je me présentai pour la première fois au prince X., il avait trente-quatre ou trente-cinq ans. Il avait déjà perdu dans les travaux de la vie caucasienne la fraîcheur et le brillant de la jeunesse, mais il tâchait aussi de se vieillir comme Pie V, car il avait de grandes pensées et une grande ambition. Déjà alors on pouvait remarquer cette fermeté de caractère et cette obstination dans l'exécution de ses plans, qui furent la cause première de ses futurs succès. Déjà alors, moi qui avais l'honneur d'être reçu chez lui, je me rappelle avoir entendu de sa bouche l'ébauche des plans qu'il exécuta dix ans plus tard. Ce fut alors qu'il commença à mûrir le plan de campagne qui termina la guerre du Caucase, et tous les détails mêmes de l'exécution. Un caractère pareil se trouve rarement dans la vie, et je serai toujours heureux de me rappeler que je le compris dès le premier abord.

Comme chef de régiment le prince X., était très-sévère et très-aimable à la fois : très-sévère sur tout ce qui était service et discipline; très-aimable, très-poli, très-affectueux comme maître de maison, quand il rassemblait les officiers à un grand dîner ou à un bal, ce qui était toujours une grande fête pour la société de Hassaff-Jurt.

Cette société ne se composait que des officiers, dont je n'ai pas encore eu le temps de parler, et des familles de ceux qui étaient mariés.

Le corps des officiers avait, en général, le caractère de l'officier caucasien dont j'ai déjà parlé; mais le 39° des chasseurs, ainsi qu'un autre régiment, le 40° des chasseurs, qu'on nommait notre compère et qui était grand ami de notre régiment, étaient encore connus au Caucase, non-seulement comme les régiments les plus braves, mais encore les plus gais et les plus bons vivants de l'armée. Cela tenait à ce que ces régiments se complétaient par beaucoup de jeunes gens de bonne société, qui, en acceptant avec respect la tradition des us et coutumes des vieux officiers du régiment, introduisaient de leur côté l'élément viveur et gai des enfants de la grande Bohême. Et vraiment, nous étions par caractère et par goût bohémiens. Pour aller au Caucase il fallait quitter un chemin parfaitement uni et rabattu, qui menait doucement, rien qu'à le suivre, à certaines positions très-honorables, qui étaient le but de la vie.

On quittait, pour aller au Caucase, ses habitudes, ses petits plaisirs, les délices d'une grande ville, pour chercher..... quoi ? une vie de privations, de froid et de faim, une vie de bohémien, enfin..... quelquefois, souvent même, la mort. Quelles raisons pouvaient faire quitter la vie douce et paisible de la mère patrie, pour se jeter dans le gouffre des émotions fortes? Quelquefois la pauvreté, les dettes, une déception, un amour malheureux, une malheureuse affaire...., mais en tout cas, ceux qui cherchaient le Caucase comme remède à leurs maux, étaient des hommes plus résolus et d'une plus grande force de caractère que ceux qui restaient courbés sous le joug des circonstances malheureuses, ou pensaient y mettre fin en se brûlant sottement la cervelle. Aussi quelques types de notre régiment étaient-ils fort curieux. Voici un vieux hussard, un peu paresseux, un peu ivrogne, mais gentilhomme s'il en fut, Sh***, qui se composa un costume de service qui ressemblait fort à une robe de chambre, dans laquelle il marchait gravement à cheval en sommeillant, à la tête de sa compagnie, envoyée en occasion ou à la coupe de bois. Ce brave homme se fit plus tard un nom brillant à Sébastopol et fut tué pendant une attaque de nuit d'une tranchée. Voici un élève des jésuites, K***, toujours le sourire bienveillant sur les lèvres, vous présentant la main comme s'il le faisait sous le sceau du secret, ayant toujours quelque nouvelle scandaleuse à vous raconter dans un coin, sachant tout ce qui se fait dans le régiment et dans les familles. Voici un charmant bavard, L***, racontant admirablement bien des anecdotes, né d'une famille d'artistes italiens domiciliés en Russie, ami de tout le monde, venu au Caucase sans trop savoir pourquoi, et tué aussi sans rime ni raison, par mégarde, dans une réunion d'amis, d'un coup de revolver qu'un maladroit examinait.

Voici un Polonais, V***, roux, haut de taille, ayant un tic dans l'œil droit, mine souriante et bienveillante, mais l'air fripon; venu avec un but particulier de se faire un petit capital, par des économies et un peu d'usure, et rêvant d'être nommé à une place lucrative de fournisseur ou de quartier-maître.

Voici un bon garçon, le pauvre F***, joueur acharné, perdant toujours, langue de venin envers ses ennemis, ami fidèle envers ceux qu'il aimait, ayant eu deux duels au régiment, vainqueur dans le premier et tué roide dans le second.

Voici le vieux débauché Z***, excellent officier, brave, spirituel, mais très-querelleur pendant les orgies, et voici son ami et son camarade N***, ivrogne, crédule, mais cœur d'or et officier d'une bravoure brillante.

Voici l'honnête homme, disant comme Alceste la vérité à tout le monde, souvent grossier, mais toujours excellent cœur K***, qui avait commencé son service comme sous-officier et qui commandait de mon temps un bataillon, respecté et aimé des soldats et des officiers.

Voici l'homme spirituel, fin, d'origine polonaise P***, venu au Caucase pour reconquérir une grande position que ses ancêtres avaient perdue.

Voici un individu riche, venu pour gagner la croix de Saint-Vladimir qui donne la noblesse.

Voici un fou riche, qui un jour fait laver ses planchers avec du vin de Champagne et un autre jour lésine sur les deux livres de viande que lui achète sa cuisinière pour son bouillon.

De plus des élèves des corps de cadets de toutes les nuances, enfin une galerie complète d'originaux qui me faisaient souvent sourire, jusqu'à ce que je compris que dans le cœur de la plupart de ces hommes débauchés, dépravés, souvent ridicules, il y avait des élans de bonté, de générosité, de désir de bien qui les mettaient bien au-dessus de moi qui osais sourire à leur vue. Et cependant, quoique dans tous ces gens, pour la plupart honnêtes, intrépides et courageux, on pouvait découvrir le germe d'une excellente nature, aimant le bien sincèrement, — tous ces hommes avaient le caractère de vagabonds de profession, ce qu'en France on nomme la grande Bohême. Leur caractère général était l'audace, la témérité, l'indifférence, la paresse, le désir d'oublier le passé (ce qui apparaissait dans l'amour des orgies et de l'ivresse), l'oubli total de leurs intérêts particuliers, la facilité avec laquelle ils se liaient avec le premier venu et une certaine nonchalance dans les affaires du service ordinaire, jusqu'à ce que le coup sec du canon rayé du montagnard réveillât en eux le lion qui sommeillait.

Dans ce monde ouvert, déboutonné, monde nouveau pour moi après le monde boutonné et tiré à quatre épingles que je connaissais jusqu'alors, je fus introduit, et il me plut par l'absence du mensonge conventionnel.

Il va sans dire que les quelques types que je viens d'introduire ne formaient pas la masse des officiers du régiment; j'ai tâché de dessiner l'élément vagabond, venu pour demander l'hospitalité à cette bonne famille des vieux troupiers sérieux caucasiens, et qui payaient leur hospitalité en introduisant la gaieté de la Bohême dans le camp des légionnaires.

Pour ce qui est des quelques familles des officiers qui avaient eu le courage de venir vivre dans ce pays ennemi, elles étaient presque toutes originaires du pays, c'est-à-dire filles des officiers des cosaques du Terek ou enfants des vieux officiers du Caucase, nées et élevées dans ces forteresses où leurs pères étaient en garnison. La plupart de ces dames n'avaient jamais rien vu, excepté ce pays où elles étaient nées, mais beaucoup d'entre elles ne manquaient pas d'instruction, ayant fait quelques études régulières sous la direction des jeunes gens très-bien élevés, envoyés pour des duels ou autre cause en exil comme soldats, et qui, dénués de fortune, avaient été obligés de donner des leçons pour vivre. Cet élément de soldats dégradés du rang d'officier, qui comptait plusieurs exilés politiques, était reçu généralement dans la société des officiers d'égal à égal, et dans les familles des officiers ils étaient reçus comme des amis de la maison, car ces bons cœurs du Caucase comprenaient que c'était de cette manière qu'on pouvait alléger à ces pauvres gens le poids de leurs infortunes et leur faciliter les moyens de la vie.

Les demoiselles et les jeunes femmes qui formaient la partie dansante de nos bals étaient pour la plupart fort jolies et fort gentilles. Étant toujours dans la société des hommes très comme il faut (qui, quels qu'ils fussent dans leur vie privée, étaient toujours des gentilshommes envers les femmes), la plupart d'entre elles gagnèrent, avec leur tact féminin, le langage et les manières de bonne compagnie, et vraiment, à un bal de Grosnaia ou de Hassaff-Jurt, on ne remarquerait pas de différence sensible entre ce bal et un bal de toute ville de province de l'intérieur de la Russie. Il est vrai qu'il y avait des exceptions; quelques femmes de basse extraction qui montèrent dans l'échelle sociale avec leurs maris qui étaient auparavant de simples soldats, se dessinaient par le jargon et les manières de femmes de halles, et quoique bonnes femmes, faisaient rire à leurs dépens. Mais en général toute cette société formait une bonne famille où les querelles étaient rares, quoique les cancans et les caquets fussent les occupations journalières.

En 1849, je passai presque toute l'année à Hassaff-Jurt avec la 4ᵉ compagnie des carabiniers, dont j'étais nommé chef; notre bataillon n'étant pas désigné pour faire partie d'une expédition qui avait lieu pendant l'été sur la Sounja pour la construction d'une petite forteresse qui devait plus tard faciliter la construction d'une route militaire de Grosnaia à la plaine des Koumicks. Du reste, il n'y eut que deux compagnies de notre régiment qui assistèrent à cette expédition parce que l'expédition n'avait pas d'importance et aussi parce que le 39ᵉ des chasseurs avait à terminer son camp fortifié et ses casernes, ainsi que l'hôpital. On comprend aisément que tous les travaux de construction se faisaient par les soldats, qui recevaient pour ces travaux une paye supplémentaire, qui servait en partie à augmenter le capital de la compagnie dont j'ai parlé plus haut, et dont le reste se partageait entre la compagnie comme argent de poche, qui servait à acheter du tabac et de l'eau-de-vie.

Les deux compagnies de l'expédition furent envoyées sous l'ordre du capitaine Tramb..... l'un des chefs de ces compagnies. Je mentionne ici ce fait pour nommer ce brave garçon, qui, officier de la garde comme moi, avait quitté presqu'en même temps que moi la garde pour entrer dans ce régiment. Il fut un de mes meilleurs amis, et trois ans plus tard j'eus à déplorer sa mort dans les bois de Gourdali, dans la Tchetchna. Mais ces annales que sont-elles, si ce n'est un nécrologue du régiment le plus brave et le plus exposé au danger (pendant le temps dont je parle) de tous les régiments du Caucase? Pendant les trois années, de 1850 à 1853, le régiment avait perdu vingt six de ses meilleurs officiers, ce qui faisait le tiers du nombre des officiers du régiment.

Mais en 1859 le régiment n'était pas appelé à l'expédition; de plus il faut remarquer que les grandes expéditions ne se faisaient que l'hiver, d'après un système que j'expliquerai plus tard. L'été était ordinairement employé aux travaux économiques du régiment, qui devait préparer lui-même tout le foin nécessaire à son énorme train et faciliter par ses colonnes ces opérations économiques aux cosaques et à l'artillerie.

Le fauchage et la coupe du bois pour les nécessités de tous les jours n'étaient pas des expéditions dangereuses, mais elles ne pouvaient se faire néanmoins qu'avec l'aide de colonnes fortes de cinq à huit compagnies avec trois ou quatre canons, qui servaient de sauvegarde et de convoi aux 700 ou 800 charrettes qui allaient chercher ces matériaux à trois ou quatre lieues des forteresses, dans des vallées ou sur des collines boisées, où le manque de circonspection pouvait attirer un danger réel et même un malheur, qui était toujours regardé comme honteux pour les troupes, car il dénotait un manque d'ordre et de prévoyance, ce qui était le plus grand blâme qu'un régiment pouvait s'attirer. Il est curieux de se rappeler comment se faisaient ces coupes de bois et ces fauchages de prairies.

Avant l'aube, à deux heures du matin, le chef de la colonne (ordinairement un chef de bataillon, ou le capitaine le plus ancien des compagnies nommées pour l'expédition) ordonnait à ses tambours de battre la générale. Les tambours parcouraient les rues, et tous ceux qui avaient besoin de fourrage s'empressaient d'atteler leur chariot (à cheval ou à bœufs), car le pays permettait partout le voiturage. Si c'était une expédition d'hiver pour chercher un approvisionnement de bois, la colonne revenait vers la mi-journée;

mais si c'était une colonne d'approvisionnement de foin, l'expédition devenait plus compliquée, car le grand nombre de chevaux et de bœufs nécessitant une grande provision de foin, nos colonnes s'enfonçaient loin dans les vallées et les plateaux boisés du pays ennemi et ne pouvaient pas laisser le foin sécher sur place, car il serait indubitablement brûlé par les Tchetchènes, ce qui forçait la colonne d'emporter son foin humide pour l'étendre sécher devant les canons de la forteresse avant de le serrer dans le garde-foin général, qui formait une petite forteresse séparée, gardée jour et nuit par des sentinelles.

Suivons une colonne de ce genre qui fait son expédition pendant un beau jour d'été : excepté les chariots vides, la colonne emporte avec elle les provisions de dîner des soldats et de l'eau dans des tonneaux, car ordinairement nos fauchages se faisaient sur des prairies élevées où il n'y avait pas d'eau, et où la colonne restait en place toute la journée. Les six ou sept compagnies et les deux ou trois canons qui doivent accompagner les soldats faucheurs et les chariots, sortent de l'enceinte du bourg et vont se placer à quelque distance plus loin. Les hommes, en chemises blanches ou en blouses blanches de toile, avec leur giberne par-dessus, la casquette russe habillée de blanc sur la tête, le fusil au pied, sont véritablement beaux : c'était le type du chasseur léger, intrépide, intelligent. Les sergents-majors sont à la tête de leur compagnie, car MM. les officiers se permettent un moment de retard. Cependant voici trois, cinq, douze cavaliers qui s'élancent au grand galop vers leurs compagnies et les saluent de vive voix, et reçoivent aussi le salut d'acclamation ordinaire de la compagnie. Les chariots sortent en masse des portes du bourg, s'entre-croisent; les

charretiers jurent, se battent, jusqu'à ce que quelques
sous-officiers à cheval, qui font la police de la colonne,
mettent le holà au tumulte et mettent le train en ordre
en tapant sur les bonnets des crieurs. Le silence s'établit; le chef de la colonne, à cheval, accompagné de
trois ou quatre cosaques et d'un trompette à cheval,
paraît. Il fait au grand galop le tour des compagnies
qui sont placées çà et là en attendant des ordres ultérieurs. Il les salue l'une après l'autre et s'arrête pour
donner des ordres. « Les archers (1) à l'avant-garde »,
dit-il, la 1ʳᵉ des carabiniers et la 7ᵉ des chasseurs avec
deux canons à la tête de la colonne; la 3ᵉ et la 4ᵉ dans
la chaîne des tirailleurs, à droite et à gauche du train,
la 4ᵉ des carabiniers et la 6ᵉ à l'arrière-garde de la colonne (2).

Sonnez la marche, dit le chef à son trompette; le

(1) Nous avons cru devoir donner ce nom à une bande particulière qui était formée de volontaires de toutes les compagnies.
C'était une création du chef du régiment, le prince X***, qui
avait acheté à ses frais 150 fusils à deux coups, en avait armé
les meilleurs soldats du régiment, et les ayant confiés à un
brillant officier, Bogdanovitch (tué en 1852), les employait
pour des expéditions hasardeuses et téméraires. Cette compagnie de tireurs, qu'il ne faut nullement confondre avec les tirailleurs ordinaires, avait une célèbre réputation de hardiesse
et d'intelligence. Ils portaient tous le costume indigène, c'est-à-dire la tunique circassienne.

(2) Pour l'intelligence du récit, il faut dire que le régiment
était composé de 5 bataillons; chaque bataillon, de 4 compagnies. La première compagnie de chaque bataillon était formée
des meilleurs gens du bataillon, et portait le titre de carabiniers; tandis que les autres compagnies se nommaient chasseurs. Les compagnies de carabiniers étaient numérotées par
ordre de bataillon. Les compagnies de chasseurs portaient le
numéro général du régiment; ainsi le 1ᵉʳ bataillon se composait de la 1ʳᵉ des carabiniers et des 1ʳᵉ, 2ᵉ et 3ᵉ des chasseurs.
Le quatrième bataillon, de la 4ᵉ des carabiniers et des 10ᵉ, 11ᵉ
et 12ᵉ des chasseurs.

trompette sonne, les 14 ou 15 trompettes des compagnies répètent le signal qui résonne si clairement et si mélodieusement à travers l'air pur du matin. Les officiers ayant écouté, la main à la casquette, les ordres du chef de la colonne, s'élancent vers les compagnies et les mènent vers les places assignées. Le train se groupe en files de six à sept chariots de front, — car les prairies sont larges dans la Tchetchna, — et suit les deux compagnies avec les deux canons qui forment la tête de la colonne; les chansonniers de la compagnie, avec la permission de leur chef, s'avancent et entonnent une de ces délicieuses mélodies petites-russiennes, qui font battre le cœur et rêver. Les archers sont à deux kilomètres en avant fouillant les touffes de bois qui embellissent ces prairies. L'air est si pur et si embaumé, le soleil n'a pas encore paru à l'horizon : on se sent heureux de vivre. La route va toujours en montant, car nous avançons sur un plateau fortement incliné qui devient de plus en plus boisé. Les officiers des deux compagnies en tête et l'officier d'artillerie, ainsi que le chef de la colonne, sont descendus de cheval, tirent leurs cigarettes et cheminent à la tête de la colonne en devisant sur les on-dit du régiment. « La jolie Z*** va faire ses couches à Tchervlenaia, dit l'un des officiers, c'est son mari qui me l'a dit. » — « C'est dommage, ajoute un autre, car elle ne sera pas au bal du 30 août. » — « Est-ce que le chef donne un bal ce jour-là ? » s'écrie-t-on de toutes parts. — « Certainement, dit l'officier, grand ami de l'aide de camp; pardi, je le sais de bonne source. » Les trompettes des compagnies, qui sont toujours aux petits soins près de leurs officiers (ils nous lavaient aussi le linge en campagne, et Dieu sait comme c'était salement lavé), s'empressent de battre leur briquet et de présenter l'amadou pour allumer les cigarettes. Ils avaient aussi l'habitude de se mêler à la conversation : « Oui, dit un trompette, le bal aura lieu ; le cuisinier du prince X*** me disait qu'on attendait des vins fins et des conserves en quantité pour ce bal. »

On est déjà loin de la forteresse ; nous approchons d'un terrain accidenté ; les belles prairies sont ombragées de petits bois délicieux et coupées de délicieuses petites vallées boisées. Le pays devient dangereux ; le bois comme le vallon peuvent servir d'embuscade ; les officiers remontent à cheval, les chansons cessent ; le chef est tout attention : il étudie le pays et la quantité de terrain qu'il faut laisser aux faucheurs. Il arrête la colonne et fait le tour de l'enceinte imaginaire qui doit être gardée par les troupes. « Avancez la 1re des « carabiniers et la 7e, chacune avec un canon sur la « bord du ravin que vous voyez là devant vous, dit-« il aux chefs de compagnie. La distance entre vos « deux compagnies devra être reliée par une chaîne « de tirailleurs. La 1re des caribiniers, qui sera à la « droite, enverra un poste d'une vingtaine de soldats « avec un officier subalterne surveiller la pente douce « et sans arbres que je vois là-bas à droite. Ce poste « vous reliera à la compagnie du flanc droit. La 7e oc-« cupera par ses tirailleurs la lisière du bois à gauche « et se reliera à la compagnie qui occupera le flanc « gauche. Rappelez-vous, Messieurs, que vous ne tire-« rez le canon que si un danger sérieux menace nos « faucheurs, car le coup de canon terminera les tra-« vaux. Vous capitaine des archers, explorez l'autre « bord du ravin, faites le tour de la colonne et venez « ensuite me faire votre rapport en laissant vos archers « dans le ravin même ; s'il est nécessaire, on tirera le « canon par-dessus vos têtes ; vous remonterez par la

« pente boisée entre les deux compagnies. Rappelez-
« vous que je serai après ma tournée près de la 1re des
« carabiniers. »

Ces ordres s'exécutent et le chef de la colonne galope vers les autres compagnies pour les placer. Les
chariots se dételent sur place et les faucheurs s'élancent pour s'emparer du pré qu'ils commencent à faucher avec ardeur. Le soleil s'est levé, il commence à
faire chaud. Les cuisiniers des compagnies préparent
la soupe aux soldats; les trompettes font griller les
côtelettes des officiers. Ordinairement tout est tranquille pendant le jour; les faucheurs ont presque fini
leur besogne; ils préparent deux chargements de leurs
charrettes, car elles font le trajet deux fois. Le chef de
la colonne ordonne vers les onze heures de battre la
générale, les charrettes s'attelent et se chargent.
Quatre ou cinq compagnies restent sur place, tandis
que deux compagnies de l'arrière-garde mènent les
charrettes à la forteresse où elles déchargent leur foin,
l'étalent sous les canons de remparts, et reviennent
vers les trois heures de l'après-midi rejoindre les compagnies restées en position. Pendant ce temps les soldats et les officiers dînent et font la sieste; les sentinelles sont sur le qui-vive.

Vers les six heures commençait une douce fraîcheur,
le soleil descend derrière les hautes montagnes à l'horizon. C'est le moment le plus dangereux de la journée. Quoique les Tchtchènes, occupés comme nous
des travaux agricoles, ne rassemblaient jamais de
grands partis pendant l'été, cependant la fraîcheur du
soir attirait toujours vers la colonne quelques dizaines
de jeunes indigènes, qui se faisaient fête de faire une
petite fantasia et de tirer un coup de fusil. Si la
colonne n'avait pas pris ses précautions, ou si l'officier

et le soldat n'avaient pas eu l'expérience qu'ils avaient, ces quarante ou cinquante jeunes gens pourraient bien se jeter sur les travailleurs et les charretiers, sabrer quelques-uns, s'emparer de quelques chevaux, mettre le désordre partout. Mais l'œil du soldat caucasien voyait loin et devinait ce qu'il ne voyait pas.

« Mon officier, criait un soldat, là-bas dans le bois il y a des Tchetchènes, j'ai vu un lièvre décamper ; ils ne courent pas à l'heure qu'il est. » Attention partout, crie le chef de la colonne en montant à cheval pour aller prévenir tout le monde des faucheurs et en envoyant dans toutes les directions ses cosaques. En même temps nos archers, aux doubles fusils, cachés dans les profondeurs du ravin et habillés comme des indigènes, s'avançaient en rampant vers le bois suspect, qui descendait vers le bord opposé du ravin.

Deux coups sont tirés par nos archers ; des hourras tchetchènes leur répondent ; les coups secs de leurs carabines, semblables au craquement d'une noix brisée, se font entendre. Une cinquantaine de Tchetchènes à cheval, écuyers parfaits, paraissent sur la lisière du bois et font mine de nous tourner pour se jeter à l'arrière-garde. Jetez-leur un obus, crie le capitaine d'une des compagnies à l'officier d'artillerie. Les artilleurs sont depuis longtemps prêts à leur poste ; on pointe la pièce en quelques secondes, quelques secondes de plus et la voix grave du canon, avec le son sifflant du boulet qui s'éloigne, vient réveiller les échos des montagnes.

« Tiens, voilà ! il est tombé à droite ; il a emporté les jambes d'un cheval ! » crient les soldats égayés par l'apparition des Tchetchènes, qui vient terminer la monotonie du jour.

Le coup de canon met en émoi le train et les fourrageurs. On s'empresse de terminer le chargement des charrettes qui se réunissent vers le centre sur la route par laquelle elles sont arrivées. Quelque pauvre soldat marié, seul avec son petit cheval et sa femme qui l'aide dans ses travaux, est le dernier à se dépêcher, ce qui lui attire des tapes du sous-officier du train et fait jurer le soldat. Enfin toutes les charrettes sont rassemblées; les chaînes de tirailleurs échangent des coups de fusil avec les Tchetchènes; du reste, c'est un jeu de part et d'autre; on entend des éclats de rire et des lazzi des deux côtés. Un jargon mixte, formé des langues russe et tchetchène, est employé par les soldats et les Tchetchènes pour se renvoyer des compliments, suivis régulièrement d'un coup de fusil. « Retourne à la maison, crie le soldat, ton maroushka (femme, — expression ridicule dans les deux langues) fait de l'œil à ton voisin ! » — « Nous viendrons bientôt voler vos femmes et vos filles », crient les Tchetchènes. — « Elles sont méchantes, crient les soldats, elles vous battront ! » — « Vous l'avez bien éprouvé », crient les Tchetchènes, et ainsi de suite.

Il arrivait dans les forteresses très-avancées dans le pays ennemi (comme à Kourinsk où je fus dans la suite chef de bataillon) que nous fauchions notre foin en face des Tchetchènes; dans ce cas, il y avait toujours une convention verbale entre le commandant de la forteresse et quelques députés des Tchetchènes pour ne pas empêcher les uns et les autres de terminer ses travaux du fauchage. Ces trêves sont strictement gardées, et les faucheurs russes et indigènes se prêtaient souvent leur gourde d'eau, leur pierre à aiguiser, leur faux et se comportaient, en général, très-amicalement. Je me rappelle un jour, un été, qu'après avoir gardé pendant un mois cette convention, je fus étonné d'entendre des coups de fusil un jour que j'étais avec mon bataillon à terminer les travaux du fauchage sur les montagnes très-boisées du Katchkalik. Mes carabiniers, armés de canons rayés, me dirent, quand j'arrivai à leur chaîne, qu'une dizaine de Tchetchènes s'étaient approchés de très-près et leur avaient envoyé une décharge de leurs fusils qui, du reste, n'avait blessé personne; qu'ils avaient répondu et croyaient avoir tué un jeune homme. Le lendemain deux vieillards tchetchènes vinrent me voir pour faire leurs excuses, en disant que c'étaient leurs jeunes gens qui avaient voulu *s'amuser*, mais qu'ils étaient bien punis puisque l'un d'eux, grièvement blessé, venait de mourir.

Cependant nous fermons cette parenthèse pour revenir à notre colonne qui revient à la forteresse. Les Tchetchènes sont partis, le soleil s'est couché, il fait nuit et plusieurs soldats et officiers deviennent parfaitement aveugles, moi aussi de ce nombre. C'est ce qu'on nomme, je crois, l'héméralopie, qui provient de ce que la prunelle, rétrécie et affaiblie par la lumière ardente du jour, n'a pas la force de s'étendre de nouveau pour absorber assez de rayons de lumière la nuit. Cette maladie attaquait ordinairement les nouveaux arrivés du Nord non habitués à ce ciel pur et à l'intensité de la lumière du midi. Je m'en guéris par l'usage des lunettes bleues.

Mais la colonne approche de la forteresse, on voit partout des femmes et des filles de soldats retournant le foin étalé; dans les rues des lumières brillent à toutes les fenêtres, la samovar (boulloire), avec le service à thé, est préparé dans toutes les maisons; les fenêtres sont ouvertes et laissent voir l'intérieur petit, mais commode et souvent gentil, des chambres occupées par les officiers ou les riches sous-officiers du régiment qui ont leur maison et leur famille. Bientôt des chansons joyeuses partent de plusieurs maisons de soldats, où il paraît qu'il y a réunion. Chez les officiers on se réunit pour faire une partie de cartes et terminer par un souper. Quelquefois un pharaon s'engage, mais on jouait peu au jeu de hasard au régiment; les vieux officiers n'aimaient pas à voir jouer et tâchaient d'empêcher le gros jeu qui gâtait toujours les relations d'amitié et de camaraderie.

Vers le mois de juin 1849, je quittai mon logement dans le bourg pour aller vivre dans une tente près de la compagnie qui m'était confiée et qui campait près de l'enceinte fortifiée qu'on terminait à la-hâte. Le vieil hussard Sh*** était mon voisin. Il avait près de lui un serviteur militaire qui faisait l'office de maître d'hôtel, de cuisinier et aussi de gouvernante près de Sh***, dépensant (très-économiquement) son argent qu'il lui donnait à garder, et ne donnant à son maître que peu d'eau-de-vie et une bouteille de vin par jour. Le vieil hussard Sh*** le laissait faire, en nous expliquant toujours « que c'est très-bon pour ma santé ».

Les fatigues des travaux des champs et des excursions lointaines pour préparer le foin dans d'autres forteresses éloignées furent agréablement diversifiées par quelques soirées dansantes données par le chef du régiment. Du reste, le temps du fauchage était passé et nous étions plus libres, faisant seulement le service ordinaire des occasions à Tashkitchou, dont j'ai parlé plus haut, à Vnesapnaia et à Gersell-Aoul, qui étaient deux forteresses dans deux directions opposées, avancées dans le pays ennemi. Gersell-Aoul nous reliait à une autre forteresse, nommée Kourinsk, située sur le versant oriental de la chaîne de Katchkalik, qui était occupée par le 2ᵉ bataillon de notre régiment et était la place la plus dangereuse de la contrée occupée par notre régiment. J'en fais mention parce que plus tard je commandai pendant cinq ans cet excellent second bataillon, aguerri dans les escarmouches continuelles que nous avions à soutenir à Kourinsk.

Notre chef de régiment attendait des visites. Une famille très-honorée du Caucase lui avait promis de venir le visiter à Hassaff-Jurt, cette ville qui venait de naître. Cette famille, composée de trois princesses géorgiennes, dont deux mariées à des officiers supérieurs russes, venait d'arriver. La jeune et gentille princesse, encore demoiselle, chaperonnée par ses sœurs, fit sensation dans notre monde. Les toilettes furent le point de mire de toutes nos dames. Tiflis possédait déjà le célèbre magasin de nouveautés de Blott, qui recevait ses modes directement de Paris, et avait ruiné la moitié des maisons princières géorgiennes.

Il faudrait une plume plus habile que la mienne pour décrire le bal et dessiner près des jolies et agaçantes têtes de nos dames quelques figures de Callot et de Delaborde qui dansaient aussi. « Ç'a a l'air d'une meule de foin », disait un vieux capitaine sorti des rangs inférieurs en regardant danser sa propre femme, qui aussi ne comptait pas des quartiers de noblesse. Cependant ces bals étaient très-animés; nous étions jeunes, le cœur battait délicieusement à la vue d'une jeune et jolie fille. Demain ne nous appartenait pas, ne fallait-il pas jouir du présent? Mais voici le coup de canon de la retraite; le bal s'arrête, tout le monde se lève. Les fenêtres sont grandes ouvertes, on entend le roulement du tambour; un silence s'ensuit : les chantres du régiment, sur la batterie qui s'élève au-dessus du fleuve, entonnent la sacrée mélodie du *Pater Noster*. Nous sortons sur le rempart avec nos dames appuyées sur notre bras. La nuit est si douce, si belle, les étoiles brillent d'un éclat si doux, l'air est si pur, que nous nous arrêtons tous sur le rempart à rêver. Quelques-uns rêvent à deux et sentent que leurs bras entrelacés se rapprochent, se serrent, mais ce n'est qu'un moment; la prière est finie, on nous engage à rentrer et le bal recommence. Cependant le rempart est si près de la salle de bal et il est si large, qu'une idée heureuse traverse l'esprit de l'hôte aimable : « Pourquoi ne souperions-nous pas à l'air? dit-il. En une heure tout est préparé, et vers une heure du matin des tables servies près du rempart, sur une vaste plate-forme (le toit casematé d'une caserne-blockhaus), invitent les danseurs à réparer leurs forces. Le souper dure longtemps, la nuit n'est plus si noire, une brise embaumée nous arrive par la vallée de la rivière; on distingue déjà parfaitement les objets. Un panorama délicieux, avec une teinte douce d'un clair obscur, apparaît à nos yeux. Nous dominions de la plate-forme le cours de la rivière Arak-Sou, encaissée dans une profonde vallée verdoyante. Cette vallée, à mesure qu'elle s'éloigne de nous, monte et disparaît au milieu des montagnes; des deux côtés de cette vallée sont les hautes prairies avec leurs petits bois enchanteurs. Dans le lointain un amas confus de montagnes ferme le tableau. Il y a dans ces délicieux tableaux de la nature un sentiment de repos et de pureté qui rehausse l'âme et la rend capable des meilleurs sentiments. Mais il est tard pour veiller plus longtemps, et nous mettons nos dames à leur porte.

Cependant le bruit court que notre chef, le prince X., quitte le régiment. Au mois de septembre ce fut un fait avéré et le colonel de notre régiment A*** lui succédait. Le régiment se proposa de donner un dîner d'adieu à son digne chef. Les préparatifs occupaient tout le monde; les dames inventaient des décorations et faisaient l'office de tapissiers qui nous manquaient. Les hommes de goût décoraient les murs de la salle choisie au moyen de fusils, de sabres et de baïonnettes. Un dîner monstre se préparait : la quantité de vin préparé était incroyable. Enfin, une députation d'officiers ayant invité le prince X. à honorer de sa présence le dîner que lui donnait le régiment, le 9 octobre ce dîner eut lieu.

Après la première demi-heure de silence obligé, que les estomacs tournaient à leur profit, commença cette interminable série de toasts et de harangues, qui en une heure et demie avaient fini par tourner la tête à tout le monde. Les dames avaient assisté au dîner, mais nous avaient quittés au dessert à la manière anglaise. Elles allèrent se réfugier en face de la maison où le dîner avait lieu, chez une dame qui habitait cette maison.

Au mois d'octobre il fait très-beau au Caucase; la soirée était délicieuse. La société des dîneurs venait de prendre du punch sur une terrasse qui donnait sur la rue. Alors cette fête prit un caractère grandiose : tous les soldats du régiment étaient rassemblés sur la place, dont cette maison faisait angle. Les soldats avaient leurs fusils chargés; des toasts patriotiques furent proclamés, et à chaque toast deux à trois mille fusils répondaient par des décharges en l'air. Le sifflement des balles (car les fusils étaient toujours chargés à balles), la détonation des fusils, les cris frénétiques, formaient un ensemble qu'on ne saurait dépeindre si l'on n'a pas vu ces orgies homériques des Caucasiens. Les officiers de l'artillerie, pour ne pas rester en arrière, se jetèrent sur les ramparts, et bientôt le grondement sourd du canon vint ajouter ses notes profondes au rugissement général. Au milieu de ce tumulte un observateur pouvait distinguer des détails très-drôles : « La garde meurt », disait le prince X. en riant et en montrant deux officiers chancelants (qui venaient de quitter la garde impériale), — aussi se rend-elle..... à la maison, répondait l'un des deux en s'en allant appuyé sur un ami. Un vieux ci-devant dragon, officier de notre régiment, s'était endormi sur la table, tandis qu'on buvait sur la terrasse; des polissons l'entourèrent de bougies et le couvrirent d'une nappe, et le laissèrent ainsi jusqu'au lendemain. Quand le pauvre homme se réveilla, il pensa mourir de frayeur, se croyant à la veille d'être enterré. Un grand amateur de femmes, le charmant et spirituel P***, ayant la tête échauffée, quitta tout doucement le dîner et passa la rue pour aller retrouver les dames et faire la cour à une très-jolie femme d'un colonel des cosaques, grande coquette, née à Tchervlenaia, le pays des belles filles. Par malheur, le mari, qui le guettait d'un œil, le suivit, et P*** n'eut que le temps de se mettre à genoux devant la charmante coquette, quand le mari, tout aussi échauffé par le vin, tira son poignard. P***, de son côté, tira son sabre. Par bonheur, plusieurs officiers qui se trouvaient là les saisirent par le bras et firent comprendre au mari que ce n'était qu'une plaisanterie, car on ne se met pas aux genoux d'une femme dans un salon éclairé, au milieu d'une vingtaine de personnes. Cette affaire n'eut pas de suites, mais le colonel des cosaques garda longtemps rancune à P*** et ne se tranquillisa que quand ce dernier se maria, ce qui arriva un an plus tard. « Je suis content; il est puni! » dit-il très-sérieusement quand il entendit parler de son mariage.

Après le départ du prince X. nous commençâmes à nous préparer à l'expédition d'hiver. Trois bataillons de notre régiment, le 1ᵉʳ, le 2ᵉ et le 3ᵉ, devaient faire partie de la grande colonne d'expédition qui se rassemblait à Grosnaia. Je commandais le 9ᵉ des chasseurs. Nous devions passer par la ligne du Terek, c'est-à-dire faire le chemin que j'avais déjà fait. Les compagnies envoyaient d'avance quelques provisions nécessaires, comme par exemple des tonneaux de choucroûte, qui est un remède souverain contre le scorbut, le foin nécessaire à leurs propres chevaux. Le régiment faisait de même et transportait des biscuits, des tentes, des munitions, etc., à Grosnaia. Les officiers préparaient des chevaux de selle et de train, car chaque officier avait sa propre charrette de transport, accompagnée de son serviteur. Les tentes devaient nous être livrées sur place...., c'est-à-dire sur la neige dans laquelle nous devions camper. Enfin, le 22 ou 23 décembre, nous nous mimes en marche vers le Terek.

CHAPITRE III.

Les expéditions d'hiver; aperçu général du pays; commencement de la guerre sainte; l'expédition de 1850; le médecin blessé.

De mon temps on se rappelait encore vivement au Caucase les deux malheureuses expéditions de 1842 et de 1845, qui, commencées toutes deux sous les plus brillants auspices, se terminèrent par des pertes sérieuses qui relevèrent l'imam Shamil aux yeux de son peuple et rallumèrent le fanatisme des montagnards. L'une de ces expéditions traversa les bois ténébreux de l'Itchkérie; l'autre, ayant gagné l'Andie, dut retourner presque par le même chemin que a première et essuya comme celle-ci des pertes d'hommes et de matériel considérables. Ces expéditions n'avaient d'autre but que de traverser le pays ennemi et de s'emparer de ce qu'on regardait comme la capitale de l'imam, espèce de souverain religieux des montagnards. Le but direct était atteint, et cependant, au lieu de la soumission qu'on attendait des montagnards, on eut à subir une attaque désastreuse de nos lignes de communication, qui furent coupées, ce qui nécessita une retraite désastreuse. Mais pour les hommes de génie comme le fut le maréchal, prince Worontzoff, les fautes mêmes portaient leurs fruits.

Le prince Worontzoff, ayant acquis la ferme conviction personnelle que les invasions et les expéditions ne peuvent servir à la conquête du Caucase, si elles ne sont préparées d'avance par la création de routes qui peuvent servir de base d'opération, prit la résolution de préparer cette conquête par un travail systématique lent et sûr. Rejetant toute pensée égoïste de brillantes expéditions, il se résigna à poursuivre un système dont les fruits, — il le savait bien, — ne seraient cueillis que par un autre. Honneur à ce grand homme, homme d'État dans toute la force du terme!

Pour l'intelligence du récit qui va suivre, il serait peut-être nécessaire de donner un aperçu général de la topographie du Caucase oriental, où se concentrait la guerre sacrée des mahométans. Quant à la partie occidentale du Caucase, avec ses tribus guerrières des Abadzègues, des Shapsougues, des Nathougaï, etc., elle était aussi le foyer d'une guerre permanente, mais qui n'avait presque rien de commun avec la guerre du Daghestan et de la Tchetchna.

Les populations occidentales près de la mer Noire n'avaient presque aucune communication avec Shamil, l'imam du Caucase oriental, excepté un échange casuel de politesses, et étaient régies par des chefs indépendants. Recevant quelquefois des émissaires de la Turquie et agissant souvent à son instigation, ils n'avaient du reste aucun caractère religieux et faisaient plutôt de la guerre politique que religieuse.

Enfin, ce qui creuse un abîme entre les tendances des populations du flanc droit (occidentales) et les sujets du Shamil, c'est que les premières, comme toutes les tribus *Ahide* (1), étaient éminemment aristocratiques et ne comprenaient pas le nivellement révolu-

(1) Voir sur les tribus Ahide les *Nouvelles Annales de voyage*, avril 1859 : *Essai historique sur la parenté des tribus caucasiennes*, par l'auteur de ces mémoires.

tionnaire qui formait le fond du système de Shamil. Car, qu'on ne se méprenne pas, le mouvement du Pendjab, commencé en 1826 par Seid-Ahmet, et qui eut un retentissement si grand dans toute l'Asie, combiné avec les doctrines des Wahabites, qu'il accepta pendant son voyage à la Mecque, eut pour effet immédiat la proclamation de la guerre religieuse, — le *gazawate*, — et ce fut cette même doctrine, qui fut importée au Caucase de la Buchara, qui était et est encore le centre religieux de l'Asie centrale musulmane. La doctrine des Wahabites ou de Seid-Ahmet commença à s'introduire au Caucase de la même manière qu'aux Indes : quelques docteurs de la Buchara et quelques élèves de ces docteurs commencèrent par introduire ce qu'on nommait le « *Tarikat* », qui était une exhortation de se livrer aux œuvres pieuses, de changer le mode de vie, de ne pas se livrer aux boissons fortes, d'éviter tout contact avec les infidèles, de passer enfin la plus grande partie de sa vie en prières (1). Des populations entières, entraînées par la parole inspirée des missionnaires, se livraient au repentir et demandaient ce qu'il fallait faire pour être sauvé. Alors commença la seconde partie de la prédication : la doctrine de l'égalité absolue, l'ordre de désobéir aux princes du Daghestan, qui étaient vendus à la Russie et le gazawat, la guerre aux infidèles. Voici pourquoi presque tous les princes souverains des tribus du Daghestan furent chassés de leurs États, et ceux qui, comme le prince Daniel d'Elissou, se réunirent au mouvement, n'eurent de l'autorité qu'en tant

---

(1) J'ai en ce moment sous les yeux des mémoires inédits d'un capitaine Proujanoffsky, qui écrivait son journal en 1839, et avoit rassemblé ses informations sur le commencement de la guerre sacrée, de plusieurs vieillards indigènes, qui habitaient l'aoul Kazanitchi, où il était caserné avec sa compagnie.

qu'elle leur fut conservée par l'imam, à titre de Naib ou lieutenant du pouvoir religieux, unique pour tous les musulmans du Caucase.

Ce grand mouvement musulman des Wahabites causera encore de grandes secousses dans l'Asie centrale et les Indes, et les Anglais ne pourront le maitriser qu'à deux conditions : ils devront entreprendre de couper les forêts du Malaban et, en général, ce qu'ils nomment les Hill-States, par des routes régulières et sûres, et ils devront entrer franchement en communication amicale avec la Russie pour agir de concert dans l'Asie centrale, qui est le foyer des mouvements religieux et politiques des musulmans. Quand ils firent l'expédition de Kaboul, ce furent les disciples de Seid-Ahmet qui vinrent en aide à Kaboul : chaque pas des Anglais est et sera rendu incertain par le fanatisme des musulmans révolutionnaires et socialistes, et l'Angleterre ne comprend pas encore ce que la Russie a étudié sur le Caucase, que c'est une guerre à outrance entre le musulman et le chrétien, qui se termine seulement par l'expatriation des chefs musulmans, quelquefois des populations entières, ou, comme nous l'avons fait dans le Caucase oriental, par un système de routes à travers les forêts et les rochers qui permette aux troupes régulières d'apparaître sans difficultés sur le point où leur présence est nécessaire, sans crainte pour leurs communications. Revenons cependant à la topographie du terrain.

Celui qui a étudié la carte du Caucase sait que la chaîne de montagnes qui sépare la Russie de la Transcaucasie (Géorgie, Mingrélie, Carabagh, petite Arménie, etc.) s'étend du nord-ouest au sud-est dans une direction oblique, de la mer Noire à la mer Caspienne. Nous n'avons pas à nous occuper de la partie occidentale qui, sous le point de vue militaire et même religieux, comme je l'ai déjà dit, était complétement séparée de la partie orientale par les tribus soumises à la Russie et parfaitement tranquilles, notamment les Kabardiens musulmans (tribu très-aristocratique) et les Ossètes chrétiens, au moins de nom. La partie orientale située au nord de la chaîne principale se composait de deux parties fort distinctes, et par le caractère de la contrée et par les nationalités qui les habitaient. Le Daghestan, situé près de la mer Caspienne, est un amas gigantesque de rochers, de montagnes et de plateaux élevés, où le bois est fort rare, où les aouls sont perchés sur la hauteur des rocs comme des nids de vautour, où les rares plantations d'arbres fruitiers sont élevées sur des plates-formes artificielles de terre labourable apportées en hottes à bras d'hommes; où le peuple est d'origine probablement hunnique, rude, grossier avec une langue formée de claquements et de grouillements inconcevables; mais un peuple d'une rude honnêteté et qui formait la véritable force de Shamil et de la guerre sainte.

Le Daghestan (dont la partie basse était occupée par nos troupes, qui soutenaient le seigneur suzerain connu sous le nom de Shamhal de Tarkou) (1) pouvait être escaladé (qu'on me pardonne cette expression qui, du reste, caractérise le mouvement de nos troupes dans le Daghestan) par quelques points quoique avec beaucoup de difficultés. Ce fut cependant par le Daghestan que pénétra, en 1845, le prince Worontzoff à Dargo.

Au nord-ouest du Daghestan s'étendent les vallées

(1) Je rappellerai encore à mes lecteurs que l'*Essai historique sur la parenté des tribus caucasiennes,* dans les *Annales de voyage* de 1859, éclaircit plusieurs points qui pourraient rester inintelligibles.

profondes et les montagnes de l'Andi et les belles plaines boisées de la Tchetchna. Par la Tchetchna et l'Andi on pouvait aussi pénétrer dans le Daghestan, et beaucoup plus facilement que par l'amas de rocs dont j'ai parlé, si cette partie ne fut pas couverte de forêts sombres et touffues, qui étaient défendues par une race brave et intelligente et qui offraient alors plus de dangers pour une colonne que les montagnes difficiles mais nues du Daghestan. L'expédition de 1843 dans l'Itchkerie (qui est une partie de la Tchetchna) l'avait prouvé.

Le prince Worontzoff avait compris qu'il fallait commencer l'attaque systématique de la force de Shamil par la Tchetchna pour trois raisons majeures : premièrement il est plus facile de créer des routes dans les bois que vaincre les obstacles que présente la nature sous la forme de rocs et de précipices ; secondement la Tchetchna était le grenier d'approvisionnement de Shamil et du Daghestan qui manquait de blé ; et enfin la race intelligente des Tchetchènes peu fanatiques, légers et insouciants, n'avait pas accepté les nouvelles doctrines sévères avec le fanatisme convaincu des Tavliens, habitants du Daghestan. Nous verrons plus tard comment un autre homme de talent sut mettre à profit les tendances secrètes des Tchetchènes, et comme la perte de la Tchetchna entraîna pour Shamil la perte de la souveraineté des montagnes.

Donc les grands coups devaient être frappés dans la Tchetchna. La contrée où nous devions agir, la grande Tchetchna proprement dite, était un vaste amphithéâtre entouré de ce qu'on nommait les montagnes Noires, qui formaient le troisième rang parallèle à la grande chaîne et se reliaient par les montagnes de l'Andi aux chaînes plus hautes du Daghestan. La corde de l'arc de cet amphithéâtre était la rivière Argoun, qui descend des hauteurs de la grande chaîne dans le pays des Kistes et va se jeter dans la Sounja, qui fait écouler toutes les eaux de ce grand bassin dans le Terek, en s'y jetant dans la plaine des Koumicks après avoir traversé une chaîne transversale, la chaîne de Katchkolik, qui sépare la plaine des Koumicks de la Tchetchna.

Qu'on se figure donc un immense cirque de plus de 100 kilomètres de longueur et 70 kilomètres de profondeur, adossé au midi aux montagnes Noires par lesquelles on peut passer au Daghestan. L'Argoun, un fleuve considérable, sépare ce cirque d'une grande plaine où se trouvent les forteresses Wosdwijenskaia (située à l'endroit où l'Argoun sort d'un étroit défilé et où commence la plaine), et Grosnaia, à une trentaine de kilomètres plus bas, qui forme le centre de la plaine qui nous appartient. Grosnaia est séparée de l'Argoun par une distance d'environ 12 kilomètres et une montagne solitaire conique qui, avec une autre montagne pareille, forme le défilé de Khankala qui mène à Wosdvijenskaia. Le côté oriental du cirque tchetchène est formé par une chaîne de montagnes fortement boisées, mais peu élevées. Cette chaîne, comme je l'ai dit plus haut, séparait la Tchetchna ennemie, du pays que nous occupions, et c'était sur le versant oriental que se trouvait la petite forteresse de Gersel-Aoul (au débouché du défilé de l'Aksai, célèbre par l'expédition de 1842) et la forteresse Kourinsk, qui était un poste très-important, situé à mi-hauteur de la chaîne de Katchkalik et ayant l'importante mission de veiller, avec un bataillon et six cents cosaques (1) sur la sûreté de tout le versant oriental de la

---

(1) Le bataillon et les six cents cosaques, sous les ordres d'un

chaîne et de la plaine qui s'étendait à ses pieds vers l'Orient.

Plus bas, vers le Terek, à l'endroit où la Sounja se fraye un passage à travers cette chaîne du Katchkalik, en se réunissant dans ce défilé à une rivière nommée Goudermess, se trouvait encore une forteresse nommée Mahmout-Jurt, qui était la sentinelle de cette partie de la Tchetchna dans la plaine Koumick (1).

Jusqu'aux années 1826-1828, la Tchetchna était soumise à notre domination. Formée de peuplades et de sociétés diverses, quoique de la même nationalité et de la même langue, elle était facilement gouvernée par des chefs militaires qui ne rencontraient que rarement une opposition armée, et encore n'était-elle que locale et bornée au soulèvement d'un aoul ou d'une société. Ce ne fut qu'après la prédication venue de l'Asie centrale, que la Tchetchna, entraînée par les imans et les chefs du Daghestan, se souleva en masse et se réunit à la formidable armée de fanatiques religieux. Cette guerre durait déjà depuis presque vingt ans quand j'arrivai au Caucase ; on n'en prévoyait pas la fin et l'on s'habituait à considérer l'état des choses que je voyais comme l'état normal du Caucase. Je ne suis pas sûr que nous, jeunes officiers, nous n'envisagions pas cette guerre comme une bonne école permanente pour nos troupes et aussi une arène donnée à la jeune ambition, qui s'élançait le cœur léger dans ce jeu du hasard où

---

officier supérieur, était ce qu'on nommait alors « une réserve mobile ou volante ».

(1) La forteresse est intéressante parce que le poète Lermontoff y a placé l'épisode poétique de Bela, dans la vie de son « Héros de notre temps ». Le passage est remarquable parce que ce fut là qu'eut lieu l'affaire célèbre de Sousloff, dont j'ai parlé.

l'on risquait sa vie contre une belle croix de Saint-Wladimir ou de Saint-Georges.

Je crois que les gros bonnets du Caucase avant Worontzoff envisageaient un peu comme nous cet état de choses ; du moins jusqu'à Worontzoff on ne remarque pas de système bien défini dans les mouvements des troupes. Au Daghestan (qui était gouverné par un original et homme supérieur, le général Argoutinsky Dolgorouky, Arménien), on sentait encore une idée dans les expéditions qui se suivaient. La prise de Gergebil, le siége de Tchoch, etc., avaient pour but de s'emparer d'autant de clefs de positions qui nous donnaient accès dans certaines vallées ou servaient à dominer certains plateaux. Dans la Tchetchna, rien de pareil : ordinairement on se bornait à faire des excursions, des razzias qui consistaient à se porter subitement sur un certain point, s'emparer d'un certain village, le brûler, s'emparer du bétail, prendre quelques prisonniers et revenir en triomphe avec une perte toujours considérable, car les Tchetchènes, comme je l'ai déjà dit, étaient maîtres dans l'art de la petite guerre des tirailleurs dans les bois et avaient des fusils supérieurs aux nôtres. La conséquence immédiate d'un triomphe pareil était qu'un village se reconstruisait au bout de quinze jours à la même place, et à l'état-major on écrivait, sur un beau papier ministre, une belle relation qui, présentée au général en chef, était suivie de récompenses données aux troupes et au général qui commandait l'expédition.

J'ai dit plus haut que Worontzoff s'était posé un but : il voulait s'emparer de la grande Tchetchna qui, comme l'a prouvé plus tard l'expérience, était la véritable clef des portes du Daghestan. L'amphithéâtre de la grande Tchetchna, couvert de bois séculaires, est coupé par plusieurs rivières dont les principales sont : Bass, Djalka, Goudermess, Metchik et autres ruisseaux plus petits. Le mouvement dans cette contrée était impossible pendant l'été ; les bois touffus nous coûtaient trop cher pour risquer des expéditions pendant que le feuillage n'était pas encore tombé. Ce que voulait le prince Worontzoff, ce n'était pas des expéditions meurtrières, il voulait la conquête sûre du pays, au moyen de coupes systématiques, qui nous coûteraient le moins de pertes possibles. Aussi le système des expéditions d'hiver dans la grande Tchetchna fut accepté, et j'eus l'honneur de faire partie des colonnes expéditionnaires envoyées dans la grande Tchetchna pendant les hivers de 1850, 1851, 1852 et 1853.

J'ai déjà dit que nous nous préparâmes à la première expédition de 1850 au mois de décembre 1849 et que nous nous mîmes en route vers le Terek à la fin de ce mois. Une fois le Terek passé, le désordre règne dans nos trois bataillons. La « *ligne* », comme on la nommait, était un pays à peu près sûr, en tous cas aucun danger ne pouvait menacer une troupe considérable. Nous devions passer quatre jours à faire trois étapes, en se reposant un jour à Tchervlenaia, où les belles filles des cosaques étaient si bienveillantes. Les soldats étaient logés dans les villages qui formaient les étapes : Shelkovaja, Shedrin et Tchervlenaia, mais beaucoup d'officiers devançaient la marche et faisaient le trajet jusqu'à Tchervlenaia en un jour, pour passer les trois jours avec leurs belles. On fermait un peu les yeux sur ces désordres, parce que tout le monde se rappelait avoir été jeune, et en l'absence du danger, on était sûr du soldat, qui était un honnête et brave soldat ; jamais je ne me rappelle qu'un désordre sérieux eut lieu pendant cette marche indisciplinée, excepté quelquefois une rixe avec des cosaques, avec lesquels on avait bu quelques pintes d'un vin du pays. Il est vrai que nos sergents-majors étaient des gens sûrs, et qui savaient se faire obéir, quelquefois mieux que les jeunes officiers.

En parlant de Tchervlenaia et en général du régiment de Greben (crête des montagnes), il est convenable de dire ici comment il fut formé et ce que c'était en général que le cosaque de la ligne, qu'il ne faut pas confondre avec le cosaque du Don. Le pays du Don, au nord du Caucase, est une colonie de gens sans aveu, sortis de la Russie, qui formèrent des sociétés libres, qui, du reste, reconnaissaient toujours la souveraineté du Tzar. Habitués à l'existence guerrière qui leur était imposée par le voisinage des Mongols ou Tartares du Caucase et de la Crimée, ils formaient une colonne militaire qui rendait d'importants services à la Russie du temps de Jean le Terrible et de ses successeurs. Le pays qu'ils occupaient était reconnu leur propriété, et dans le temps, n'ayant plus de voisins guerriers près d'eux, ils devinrent citoyens paisibles comme le reste de la Russie, gardant seulement quelques vieilles coutumes, et obligés de fournir annuellement un certain contingent d'hommes armés à cheval, qui formaient des régiments d'excellente cavalerie légère, si connue pendant les campagnes de 1812-1814.

Le cosaque de la ligne, de mon temps, était un colon militaire qui labourait son champ ou plantait sa vigne d'une main, tandis que de l'autre il tenait un fusil armé.

Établis en villages sur la rive gauche du Terek, ils étaient continuellement sujets à des attaques des petites bandes armées des Tchetchènes, qui passaient le fleuve à gué ou en nageant sur leurs chevaux et restaient cachés dans les roseaux et les arbustes du fleuve, jusqu'à ce qu'une occasion de pillage ou de meurtre se présentât.

Les jardins et les vignobles situés sur les bords du fleuve étaient ordinairement les endroits les plus dangereux donnant un abri à ces bandes qui, quand l'occasion se présentait, se jetaient aussi sur les voyageurs et les postes qui suivaient la grand'route qui reliait les villages. Ces derniers avaient ordinairement une enceinte fortifiée et étaient à l'abri d'un coup de main, une double ligne de postes sur la route et avancés sur le bord même du fleuve, veillait à la sûreté des habitants et des voyageurs, mais néanmoins les Tchetchènes pillards trouvaient moyen de voler le bétail, de tuer des hommes ou d'enlever les belles femmes cosaques qui, du reste, étaient toujours rachetées par leurs maris ou leurs parents. Les cosaques de la ligne formaient des régiments qui se composaient de plusieurs villages et devaient fournir six cents hommes à cheval pour le service régulier extérieur, excepté le service intérieur, qui comprenait la défense du village et le service si fatigant de la sûreté de la route, dont je viens de parler, et qui demandait le concours de presque toute la population mâle du village. Aussi presque tous les travaux des champs et d'économie domestique se faisaient-ils par les femmes, hautes, fortes, robustes et d'une rare beauté. Cependant cette beauté n'était pas le partage de toutes les femmes de la ligne; cela dépendait du pays d'où étaient venus les colons. Quelques-uns de ces colons étaient venus du Wolga, du Don ou de l'intérieur de la Russie, invités par le gouvernement qui leur offrait des terres à condition de prendre service comme cosaques; ceux-là n'avaient pas le type remarquable : ils ne se distinguaient en rien du type assez beau, mais ordinaire, du paysan russe ou du cosaque du Don. Mais quelques régiments avaient une autre origine. Le régiment de Greben, par exemple, était une colonie de Streletz qui, ne voulant pas servir les Tzars de Moscou, allèrent conquérir, sous Jean le Terrible, un royaume à eux dans les vallées du Caucase. La tradition du régiment raconte que les aïeux des cosaques de Greben s'emparèrent d'une partie de la plaine des Koumicks et de la vallée de l'Achtash, et qu'ils y fondèrent un village nommé, d'après le nom de leur chef, village d'Andrée. Ce nom se retrouve dans le nom du village Koumick Endery, placé sous les canons de la forteresse Vñesapñaia. Ce fut Pierre le Grand qui, en passant par le Caucase, en 1721, reçut leur soumission et leur donna les terres qu'ils occupent aujourd'hui sur la rive gauche du Terek.

Pendant qu'ils vivaient dans les montagnes, les Streltzy, comme de nouveaux Troyens, enlevèrent des filles aux Tchetchènes, dont ils firent leurs femmes; plus tard ils s'entre-marièrent avec les Tchetchènes et la grande loi du croisement des races produisit un des plus beaux types qui existent. Aussi les femmes du régiment de Greben, et particulièrement du chef-lieu de ce régiment, Tchervlenaia, sont les créatures les plus adorables par leur beauté, leur développement physique, leur intelligence et leur coquetterie. Les cosaques de Greben sont ce qu'on nomme raskolnik, ou schismatiques; ils détestent l'odeur du tabac comme plante du diable et ne mangent ni ne boivent dans un vase quelconque qui a servi aux Russes, et cependant ils étaient nos grands amis, buvaient sec avec nous (toujours en gardant leur coupe particulière), et fermaient les yeux sur toutes les peccadilles de leurs femmes et de leurs filles. Du reste, le concubinage était dans les mœurs de Tchervlenaia. Chaque homme marié avait sa maîtresse et les jeunes filles avaient ordinairement des amants. Quelques-uns de nos officiers avaient formé de tendres liaisons, qui duraient longtemps et finissaient quelquefois par le mariage. Pour la plupart, nous autres qui ne faisions que passer par Tchervlenaia, nous nous amusions à faire notre cour aux veillées, qui étaient très-gaies, très-animées. Une maison avec une grande chambre, quelques livres de bonbons et de pain d'épice, du vin pour les vieux cosaques et les vieilles femmes faisaient les frais de cette soirée, où l'on riait comme des fous et où toujours s'entamaient des tendres liaisons.

Mais voici le jour du départ; il y a bien des yeux où brille une larme. Les jeunes femmes et les jeunes filles nous accompagnent jusqu'à l'enceinte. « Adieu ! nous criaient-elles; qui de vous manquera au retour ! »

Au sortir de Tchervlenaia l'ordre régnait; les jours de gaieté sont passés, les officiers sont plus sévères qu'à l'ordinaire; on traverse à neuf verstes (kilomètres) de Tchervlenaia le pont de Nikolaeffsk, on va coucher au Vieux-Jurt. Le lendemain, en s'approchant de Grosnaia, on marche en ordre; à cinq ou six kilomètres de la ville nous voyons une troupe considérable de cavaliers qui s'approche de nous : c'est le chef du flanc gauche, qui sera aussi à la tête de l'expédition, qui vient à cheval, accompagné de son état-major et d'une centaine de cosaques, saluer les troupes qui arrivent pour l'expédition.

A quelques toises en avant du chef galope un porte-étendard, qui tient une espèce de bannière en soie aux armes ou avec la devise du chef : c'était un usage au Caucase, chaque chef avait sa bannière de fantaisie qui l'accompagnait partout et servait à indiquer la place où il était. Cela me rappelle que le général E., chef de l'aile gauche, s'était fait faire une belle bannière de soie cramoisie avec une aile blanche brodée dessus et la légende « *la gauche* ». Un plaisant, M***, major commandant d'une petite forteresse, se fit faire une bannière tout à fait pareille et fit broder dessus *une plume*, avec cette légende : « *de la gauche* ».

Nous avons déjà parlé du général-lieutenant Nestéroff qui commandait l'aile gauche; après le salut d'usage, il retourne à Grosnaïa avec son état-major, nous accélérons notre pas, car nous tardons à nous livrer au repos. A la porte de Grosnaïa des députations d'autres régiments casernés à Grosnaïa nous attendent. On sait que nos chariots n'arrivent que vers le soir, attardés par le verglas et un tas de difficultés qui se rencontrent dans un train de trois cents ou quatre cents chariots. Des dîners nous sont offerts; les compagnies offrent de l'eau-de-vie et un dîner prêt à nos compagnies, les officiers offrent à dîner aux officiers. Cela se pratiquait toujours au Caucase. Nous acceptons avec reconnaissance, on nous montre nos logements, nous y laissons nos soldats d'ordonnance avec ordre d'y mener nos bagages quand ils arriveront, nous mettons un peu d'ordre à notre toilette et nous allons au repas homérique offert par l'hospitalité des officiers de Grosnaïa.

Au dîner on devise sur l'expédition à venir, on fait de la politique, le porter coule à flots (c'était une boisson très-aimée au Caucase, tandis qu'on n'aimait pas le champagne). Après le dîner on forme des parties où l'on va faire sa sieste, avec la promesse de se réunir le soir. Nous trouvons à nos logements nos bagages arrivés, et quoique tous nos gens soient gris, fêtés par les compagnies hospitalières de Grosnaïa, nous trouvons nos lits faits, nos valises défaites, notre linge prêt, enfin ce chez soi possible dans une vie vagabonde. Nous nous jetons sur nos lits de camp et nous nous réveillons vers les six heures du soir frais et dispos, avec l'agréable perspective d'une joyeuse soirée.

Mais voici un sous-officier d'ordonnance, avec une invitation de passer la soirée chez le chef. Sapristi que c'est ennuyeux : il faut s'habiller, car la redingote de campagne n'est pas convenable; cependant on ne refuse pas, à moins de raisons majeures, l'invitation flatteuse du chef de l'aile gauche, mais on se promet bien de s'esquiver le plus tôt possible pour aller ponter au pharaon monstre à la soirée de nos camarades.

Chez le chef il y a une vingtaine de personnes, les généraux et les officiers supérieurs de l'état-major; on y parle à voix basse, on fait du mystère sur les mouvements de la colonne, on fait un whist solennel; enfin, à dix heures on soupe, puis on se retire. Les jeunes gens, ainsi que les personnes plus âgées, vont bien vite finir leur soirée à cette orgie caucasienne, qui est toujours si amusante.

A une centaine de pas de la maison, on entend déjà un brouhaha de voix et les voix aiguës des chantres d'une des compagnies. Ces chantres, chaque compagnie en a; les instruments dont s'accompagne ce chœur sont ordinairement la clarinette, le tambour de basque, la grosse caisse, le triangle et les timbales. Il y avait quelquefois des voix magnifiques, et quelques chœurs avaient une réputation établie. Quelquefois un loustic ou un ténor qui disait les couplets faisait la réputation du chœur. J'avais dans la compagnie que je commandais un tambour, Shoulgine, qui s'était signalé par des actes de valeur peu commune et était décoré de la croix de Saint-Georges. Du reste, c'était un ivrogne, mais comme chef de chœur et loustic, il était impayable : il avait une manière de dire la romance ou des couplets amusants vraiment remarquable.

Nous entrons dans la maison remplie de fumée de tabac; le chœur fait entendre un bruit horrible, un immense bol de punch flambe sur la table, des parties de cartes sont engagées, mais dans la pièce suivante l'orgie est au comble. Deux tables de jeux sont réunies pour donner de la place aux joueurs : on ponte assis, debout, par-dessus les épaules; des masses d'assignats et des tas de pièces d'or sont éparpillées sur la table. Le banquier est un homme jeune encore, mais pâle et maigre; on sait et il sait lui-même qu'il a une maladie de cœur dont il doit mourir; mais chez lui le jeu est la passion dominante (1). C'est un beau joueur, froid, impassible, tenant toujours la banque, ne pontant jamais, faisant les calculs les plus compliqués dans un moment et étendu le lendemain sans mouvement, pâle défait par suite des émotions de la veille. C'était aussi un enfant de la grande Bohême, qui disait franchement que la vie lui pesait et qu'il venait trouver la mort au Caucase.

On joue, on jure; cependant, les plus raisonnables s'en vont à minuit, car le lendemain on doit marcher sur la forteresse de Wosdwijenskaia, qui sera le point de réunion générale et d'où les troupes entreront en ordre de bataille dans la grande Tchetchna.

Entre Grosnaia et Wosdwijenski, comme je crois déjà l'avoir dit, s'élèvent deux gigantesques collines,

---

(1) Il eut cependant le bonheur de mourir d'une balle, tué raide au siége de Kars.

ou plutôt deux véritables montagnes, couvertes de forêts, qui doivent certainement avoir 2,000 pieds de hauteur et, je crois, une trentaine de kilomètres de circonférence à leur base. Je les nomme collines parce qu'elles sont isolées au milieu de la plaine qui s'étend de Grosnaia à Wosdwijenskaia, et une de ces montagnes, qui baigne le côté méridional de sa base dans l'Argoune, était occupée par des aouls ennemis qui, sur le sommet de cette montagne et protégés par de profonds ravins et des bois presque impénétrables, pouvaient impunément espionner nos mouvements et envoyer leurs agents dans la Tchetchna (en passant l'Argoune à gué), ou même allumer des bûchers comme signaux, ce qu'on avait déjà remarqué. Disons, en passant, qu'un an plus tard ces aouls étaient détruits et la guerre de la Tchetchna prenait un tout autre aspect. Pour le moment, le défilé de Khan-Kala, entre les deux montagnes dont je parle, était dangereux pour les petites colonnes, mais comme nous avancions avec une formidable armée caucasienne, — car quatre bataillons et quelques canons étaient une armée dans la plaine, — nous passâmes sans tirer un coup de fusil; du reste, Shamil avait concentré toutes ses forces dans les bois de la Tchetchna, et ce n'était pas à des escarmouches que nous devions nous attendre.

Au débouché du défilé nous voyons à notre gauche le beau fleuve Argoune, et plus loin, enveloppée d'un brouillard bleu, la mystérieuse Tchetchna, dont les sombres forêts remontent en amphithéâtre jusqu'aux montagnes Noires qui forment le rideau du fond, apparaît à nos regards. Tout est tranquille, rien ne rappelle la guerre, rien n'interrompt le solennel silence d'un matin d'hiver dans ces plaines solitaires. On ne croirait pas à la possibilité d'une guerre à outrance dans ces calmes contrées, si ce n'est que l'œil ne rencontre nulle part dans ces belles et fertiles plaines les traces du travail de l'homme. Tout est inculte et désert, quoique la nature soit riche et fertile. Ce n'est qu'en approchant de la forteresse de Wosdwijenskaia, sise sur une haute terrasse au-dessus de l'Argoune, et ayant en bas, près du fleuve, son faubourg, son pont et sa tête de pont, qu'on remarque des jardins potagers et quelques champs ensemencés qui appartiennent à l'aoul soumis qui s'est abrité sous les canons de la forteresse. Wosdwijenskaia est une grande et belle forteresse qui forme le défilé étroit d'où l'Argoune s'échappe en mugissant dans la plaine. Plus-haut, le corridor étroit de l'Argoune est peuplé de Tchtchènes indépendants, qui nous faisaient la guerre, mais obéissaient aussi très-peu à Shamil, car ils étaient sûrs de l'impunité que leur donnait leur forte position.

Devant Wosdwijenskaia s'étendait le panorama de la grande Tchetchna; c'était l'angle de cet amphithéâtre et la construction de cette forteresse, ainsi que du pont qui était jeté sur l'Argoune, avec des tours jetées en avant du pont, qui nous avaient coûté beaucoup de sang en 1844.

Nos compères, le 40° des chasseurs, qui sont chez eux à Wosdwinjenskaia, nous reçoivent avec cette cordialité et cette amitié que je n'ai trouvées entre divers régiments qu'au Caucase. Les numéros correspondant des compagnies offrent l'hospitalité à leurs homonymes. Les sergents-majors et les sous-officiers forment une société à part et se grisent gravement en causant affaires, après avoir, cependant, fait leur rapport journalier, donné et reçu les ordres. Les soldats se grisent plus bruyamment et plus tôt, et s'embrassent en se jurant une amitié éternelle.

Enfin, le voilà le matin; à cinq heures la générale se fait entendre, les troupes se rassemblent et descendent vers l'Argoune, où elles passent le pont et vont se placer en ordre de marche en pays ennemi. Toute la colonne d'expéditon est présente; la marche est ouverte par la cavalerie, qui se composait, en 1850, de deux escadrons de dragons et de six cents cosaques. L'expérience de cette année fit remarquer que notre cavalerie était trop faible pour être utile. La cavalerie est accompagnée de quatre canons de l'artillerie à cheval.

Les dix bataillons d'infanterie, qui formaient la véritable colonne d'expédition, se groupent dans l'ordre ordinaire reçu au Caucase pour les grandes comme pour les petites colonnes. Elles sont formées d'une avant-garde, d'une arrière-garde et de deux bataillons aux flancs, qui, au moyen de leurs chaînes de tirailleurs, enveloppent dans un immense carré toute la colonne et le train de chariots qui est au centre. Nous verrons plus tard que le rôle le plus difficile était toujours celui de l'arrière-garde, car c'est elle que l'ennemi attaquait toujours de toutes ses forces, tâchant de saisir l'occasion de se jeter sur les angles où devaient se lier les chaînes de tirailleurs des flancs et de l'arrière-garde.

La colonne s'avançait lentement en descendant le cours de l'Argoune par la rive droite. A notre gauche on voyait le défilé de Khan-Kala et la plaine de la rive gauche que nous avions remontée la veille; à notre droite, à 5 ou 6 kilomètres de distance, commençaient les noires forêts de Tchetchna, qui se retirent de l'Argoune et font place à une vaste plaine où nous devions camper. On marchait en silence; chacun se recueillait; les troupeaux mêmes de sangliers et de chèvres qui fuyaient à notre approche en se levant des buissons de la rive basse de l'Argoune ne pouvaient attirer l'attention du soldat. Il est difficile d'exprimer le charme de la sensation qui s'empare de l'âme quand on savoure les beautés de la nature la veille d'un danger.

Pendant cette belle et froide matinée d'hiver, entrevoyant à travers une faible gaze de brouillard la belle contrée qui nous environnait, nous sentions doublement la beauté de la nature, sous l'impression que le moment actuel seulement nous appartenait, que le lendemain était non-seulement inconnu, mais encore précaire. Il semblait que ces beautés éternelles grisent l'homme; on se sentait un transport dans la poitrine dont je n'ai jamais connu le pareil. Même aujourd'hui, quand je suis à cheval seul dans une forêt enveloppée d'un brouillard, le cœur me palpite comme à vingt ans, les larmes me montent aux yeux : l'odeur de la forêt et du brouillard me rappellent la grande Tchetchna et devant moi apparaissent les fantômes du passé, et du fond de leurs tombes se lèvent ceux que j'ai connus, que j'ai aimés...

> A spirit pass'd before me : I beheld
> The face of immortality unveil'd.
>
> (BYRON.)

A 9 ou 10 kilomètres de Wosdwyenskaia, la colonne fut arrêtée : c'est là que nous devions camper pour faire chaque jour des excursions dans les forêts.

L'Argoune, comme presque toutes les rivières des montagnes, a une rive à deux terrasses. La terrasse d'en haut est la plaine de la Tchetchna ; la rive véritable du fleuve, submergée pendant les grandes eaux du mois de juin (la fonte des neiges dans le haut des montagnes) forme une seconde terrasse, sèche pendant l'hiver, qui est au-dessous de la plaine à une centaine de pieds. La colonne expéditionnaire, sur l'ordre du chef, envoya ses officiers d'ordonnance et ses jalonneurs, et les bataillons entrèrent dans les intervalles qui leur furent assignés. Nous occupions les deux terrasses de l'Argoune : la terrasse d'en haut était occupée par quatre bataillons et la cavalerie, avec huit canons. Le camp formait un carré oblong adossé au bord de la terrasse. Un bataillon formait la face droite; nos trois bataillons du 39° des chasseurs formaient la face de devant, et à notre gauche était la cavalerie formant la face gauche. Entre les bataillons on disposa les canons par deux.

Le premier rang était occupé par les tentes des soldats, derrière étaient les tentes des officiers, un peu plus loin étaient les tentes des officiers supérieurs commandants des bataillons et du chef du régiment. Au centre du carré se trouvaient nos chariots et les tentes de nos vivandiers. Enfin, au bord de la plaine, sur la face de derrière du carré, se trouvaient les tentes de l'état-major et du général Kosloffsky, chef de l'infanterie. Le chef de l'expédition et les six autres bataillons campaient sur la terrasse basse, près de l'eau. Les places du campement choisies, on nomma immédiatement un bataillon pour tracer et terminer deux chemins commodes qui relieraient la terrasse haute à la terrasse basse et trois bataillons pour couper et apporter le bois nécessaire au chauffage de la colonne.

Il ne faut pas oublier qu'au mois de janvier le thermomètre tombe jusqu'à 15 et même 20 degrés de froid dans la grande Tchetchna, et que des neiges profondes couvraient la terre en 1850. Les coupes de bois qui n'étaient pas les coupes systématiques dans une certaine direction, mais de simples coupes d'approvisionnement, se faisaient cependant avec toutes les précautions nécessaires et le plus près possible. Tous les chariots vides de la colonne et des soldats sans armes, avec des haches, de tous les bataillons de la colonne, suivaient les trois bataillons armés, avec les deux canons, qui devaient leur servir de garde de sûreté. A 5 kilomètres du camp, les trois bataillons occupèrent de leurs tirailleurs une partie de la lisière du bois, et le travail se fit sans encombre. Trois heures plus tard on pouvait voir une forêt ambulante s'approcher du camp ; non-seulement tous les chariots, mais encore tous les soldats s'étaient chargés d'immenses bûches qu'ils portaient au camp.

Pendant ce temps le camp s'installait, mais attendait le bois pour terminer ses préparatifs. On ne pose pas une tente directement sur la neige : la neige doit être enlevée jusqu'à la terre, et sur ce petit carré on fait préalablement un bon feu qui sèche le sol. Ensuite on pose la tente (pour les officiers elle est double) et l'on recouvre les bords de la tente avec de la neige, qui garantit parfaitement l'intérieur du vent. Enfin au milieu de la tente on fait un petit enfoncement d'un pied et demi de longueur sur un pied de largeur, qu'on remplit de charbons ardents pris dans les bûchers qui brûlent jour et nuit devant les tentes.

Ces charbons remplissent la tente d'une douce chaleur, qui permet de faire très-confortablement sa toilette. Des lits de camp se posent des deux côtés de ce calorifère improvisé, une petite table se place dans le fond, et voici une maison pour deux mois, pas trop commode, il est vrai, mais habitable.

Les arrangements ont pris toute la courte journée

d'hiver : la faim se fait sentir, les marmites des soldats sont prêtes, les serviteurs des officiers préparent à la hâte un dîner tant bien que mal. Le lendemain nous aurons des cuisines et des fours faits avec le talent d'invention qui distingue le soldat russe, éminemment fait pour la guerre des pays sauvages. Il est vrai que ces cuisines ont l'air de tombeaux : on descend dans un fossé et l'on se trouve en face d'un four creusé dans la terre, avec un trou dans le sol même pour cheminée; mais nous dînons très-bien avec ces fours. Ajoutons que les expéditions d'hiver, sous le point de vue d'approvisionnement, ne laissaient rien à désirer. Le soldat ne manquait pas de viande fraîche et même de pain frais, qu'on apportait tous les jours de Wosdwijenskaia. Pour les officiers, ils nageaient dans l'abondance, en tant qu'elle était compatible avec leurs moyens. Les vivandiers en général, et surtout un vivandier célèbre dans nos annales, le marchand Lebedeff, avait dans sa tente, non-seulement de la viande et du mouton (1) excellent, toujours frais, mais encore des vins fins, les liqueurs les plus rares, le poisson et le caviar frais, qu'on lui apportait du Terek, toutes sortes de conserves de poisson, de légumes, de homards; des terrines de Nérac et des pâtés de Strasbourg, enfin tout ce qu'on trouve dans les meilleurs magasins de comestibles. Il est vrai aussi qu'il s'était fait une fortune avec son trafic, car pendant l'expédition les officiers

---

(1) Disons par parenthèse que le mouton du Caucase est la plus grande délicatesse, en fait de chair. que je connaisse. Cette chair est blanche comme celle d'un veau de lait, mais infiniment plus délicate. Le welch-mutton, si estimé en Angleterre, et qui paît aussi sur les fraîches montagnes du pays de Galles, rappelle le mouton caucasien, mais lui est beaucoup inférieur. Je crois que le Toboso-ham doit rappeler le mouton du Caucase.

les plus rangés se permettaient des extra qu'ils tâchaient de combler ensuite par une économie rigoureuse. Aussi, sauf les quelques pertes que nous avions à déplorer, l'expédition avait l'air d'une fête. Chaque brillante affaire était suivie d'une de ces bonnes causeries sur des tambours, autour d'un immense bûcher, qui nécessite un bol de punch flamboyant et quelques hors-d'œuvre appétissants ; et comme les affaires et les combats avaient lieu tous les jours, il existait mille raisons pour se réunir et causer le soir.

La première soirée on n'avait pas, il est vrai, de récits à faire ou à écouter, mais on attendait les ordres, qui nous étaient transmis ordinairement par les sergents-majors, si la gravité du cas n'exigeait pas des ordres secrets remis par le chef aux aides de camp ou aux chefs mêmes.

Vers les sept heures du soir nous sommes assis autour du bûcher, nos verres de thé en main ; les tambours de toute la colonne répètent le signal du tambour de l'état-major. Deux coups simples, c'est l'ordre aux sergents-majors d'apparaître avec leurs scribes dans la tente de l'état-major. Un des officiers dicte les ordres reçus du chef pour le lendemain ; l'adjudant du régiment et les sergents-majors écoutent ; les scribes à genoux ou sur des coins de tabouret, ou sur le dos d'un autre scribe, écrivent les ordres.

A huit heures arrivent les sergents-majors qui se présentent à leurs chefs de compagnie ; ils transmettent les ordres reçus de vive voix et présentent les ordres écrits. Après avoir entendu les dispositions du lendemain, les chefs de compagnie donnent leurs ordres aux sergents-majors : tel soldat doit être laissé au camp pour cause de maladie ; cet autre le remplacera dans la chaîne des tirailleurs. La chaîne sera menée par un tel, sous-officier. Il faudra dire aux soldats de s'envelopper chaudement les pieds, vu qu'il fait froid; qu'on inspecte l'habillement des jeunes soldats qui ne connaissent pas encore ce genre de vie; qu'on laisse au camp un tailleur pour recoudre et mettre des pièces de toile aux tentes qui ont craqué sous le poids de la neige, etc., etc. Un bon chef de campagne, qui connaît ses soldats et leur vie, est comme une bonne ménagère qui trouve toujours à faire quelque chose pour le bien-être de ses subordonnés.

Pendant la première soirée les ordres reçus sont peu clairs, il n'y a qu'ordre général d'être prêt. On va se coucher, ne sachant à quelle heure on fera le mouvement. A huit heures, le coup de canon du soir se fait entendre, suivi de la retraite. Le camp devient de plus en plus silencieux; seulement on entend de temps en temps un sifflement aigu dans la chaîne des éclaireurs posés autour du camp, qui répondent ainsi au signal de la patrouille et de l'officier supérieur de service, qui visite les postes. Le sifflement avait été introduit au lieu de la réponse verbale, parce qu'il donne moins de prise à la carabine des Tchetchènes, qui souvent s'avançaient en rampant vers la chaîne et attendaient la voix de la sentinelle pour envoyer leur balle.

Voici l'aube, tout le monde se lève et se prépare; mais le temps passe, il est huit heures..... Holà ! trois coups de tambour, on demande les aides de camp. Dix minutes après nous les voyons s'élancer au galop vers les troupes: « On marche dans une demi-heure », nous crient-ils. L'artillerie attèle, la cavalerie selle ses chevaux, l'infanterie se rassemble devant les tentes; tous les trois bataillons de notre régiment marcheront. Un bataillon de mousquetaires reste à garder le camp supérieur; deux bataillons restent dans le camp inférieur.

Le reste marchera faire une reconnaissance pour déterminer le point et la direction des coupes systématiques. Quatre des plus anciens colonels, qui mèneront les colonnes, accompagnent la reconnaissance pour recevoir sur place les instructions nécessaires.

Il faut avouer que la première reconnaissance fut timide ; nous ne nous enfoncions que peu dans le bois, et après avoir levé à la hâte le plan topographique du terrain et déterminé le point où les coupes devaient commencer dans la direction du défilé de Weden (qui était à environ 70 kilomètres dans le fond de la Tchetchna), nous nous retirâmes avec la fausse conviction que nous avions devant nous des forêts continues, dont les coupes nécessitaient des années de travail et une perte énorme. Et cependant un an plus tard nous obtînmes la connaissance du fait, que ce que nous regardions comme une forêt continue n'était qu'un rideau de forêt, 3 ou 4 kilomètres au plus de largeur, après lequel commençaient de vastes clairières qui s'étendaient avec de petites interruptions jusqu'à Guéldiguén, aoul fortifié qui fermait le passage du défilé de Weden. A mi-chemin, entre cet aoul et nos coupes actuelles, il y avait de profonds ravins boisés et une rivière nommée Bass; mais ces obstacles étaient, comme l'a prouvé l'expédition de 1852, de peu d'importance. Cependant, en 1850, il fallait faire la part de l'inconnu et de l'injonction formelle du général en chef du Caucase d'agir avec circonspection et de tâcher d'éviter les grandes pertes qui affaiblissent les troupes et relèvent le moral de nos ennemis.

Nos coupes commencèrent le 10 janvier et durèrent jusqu'au 18 sans graves interruptions, accompagnées seulement d'escarmouches dans la chaîne des tirailleurs, qui nous coûtaient 10 à 12 soldats par jour. Les colonnes se formaient ordinairement de quatre bataillons avec 6 ou 8 canons et deux ou trois centaines de cosaques. Cependant le 19 le colonel M. Z*** avait une assez chaude affaire, et pendant la nuit du 19 au 20 janvier, des espions vinrent annoncer au chef de l'expédition que deux canons venaient d'arriver au camp ennemi et que Shamil avait ordonné un grand rassemblement de troupes.

La colonne du 20 janvier, sous les ordres du colonel Wrelfsky (après général-lieutenant, tué dans l'expédition de 1858 dans les montagnes de Lesghié), se mit en marche comme à l'ordinaire vers les quatre heures du matin, pendant une nuit sombre et froide, et arriva à sa destination vers les cinq heures. En arrivant, on s'avançait dans le bois en l'occupant en forme de carré par la chaîne des tirailleurs soutenus de leurs compagnies. Ce carré était la tâche du jour. Quand les troupes étaient sur place, avec les canons placés le plus avantageusement possible, alors entraient dans le carré les soldats travailleurs, avec des haches et sans armes; ils devaient faire la coupe et brûler tout le bois coupé. Ces soldats étaient tirés des bataillons qui restaient dans le camp et ne comptaient pas parmi les troupes de défense. Remarquons encore que les bois de la Tchetchna étaient des bois de feuilles et qu'il était impossible de les brûler sur pied, même pendant les plus grandes chaleurs de l'été. Ces coupes, faites d'après un plan général, devaient former une percée dans la direction du sud, c'est-à-dire des montagnes Noires.

Le travail, commencé à cinq heures et demie du matin, était rarement interrompu avant dix heures. Ce n'est que vers ce temps que les Tchetchènes et les Tavliens, qui aiment leurs aises, apparaissaient dans le bois pour faire le coup de feu avec nos tirailleurs. Pendant ce temps des bûchers énormes étaient entassés dans l'intérieur du carré et des nuées de fumée blanche dessinaient nettement notre position. Ceci donnait à l'ennemi une singulière facilité de pointer ses canons, et comme les coupes se prolongeaient jusqu'à deux ou trois heures de l'après-midi, il faut avouer que notre position était peu enviable; car c'est une sensation des plus désagréables que d'être exposé au feu de l'ennemi pendant cinq heures sans occupation aucune. Il était de rigueur d'avoir les nerfs assez bien faits pour ne pas sourciller au sifflement et au bruit des projectiles qui tombaient à droite et à gauche dans l'intérieur du carré, et il fallait (c'était reçu) pouvoir faire la conversation, assis tranquillement sur des tambours autour du feu, sans que la voix trahisse la moindre émotion. Encore plus était-ce de rigueur de ne jamais baisser la tête au sifflement du boulet qui passait par-dessus, et celui qui se serait rendu coupable par inadvertance d'une telle faiblesse aurait été poursuivi d'un tas de traits piquants, lancés près du bûcher du soir où l'on se rassemblait toujours.

Je me rappelle une anecdote très-drôle : Un vieil officier, Kw-sky, avait fait un jour ce mouvement de tête, qu'il avait tâché de déguiser par un éternuement; mais son grand ami B-tch avait vu la chose et ne lui donna pas de repos avec le rhume de cerveau qu'il avait, disait-il, attrapé. Pendant quelques jours il lui apporta des pâtes de guimauve, des flacons de toutes sortes de soi-disant spécifiques excellents contre les refroidissements, etc. Le vieux Kw-sky supportait tout, ne soufflait mot, mais attendait sa vengeance. B-tch était un officier d'une valeur brillante. Un jour, à la coupe, il était assis près d'un fort brave officier supérieur, L***, et ils étaient très-occupés de leur conversation, quand un obus vide, lancé par l'ennemi, passa à peu de hauteur au-dessus de leur tête. Ces obus vides produisent un sifflement infernal, et ce bruit vint si brusquement que B-tch et L*** baissèrent simultanément la tête et se cognèrent l'un contre l'autre. B-tch, sachant que Kw-sky lui gardait une dent, se retourna vivement pour voir si le vieux l'avait remarqué ; mais Kw-sky paraissait regarder avec beaucoup d'attention un nuage qui passait, ce qui fit penser à B-tch que Kw-sky n'avait pas vu le choc ridicule. Cependant, le soir, quand nous étions près du bûcher et que nos sergents-majors recevaient nos ordres, Kw-sky, saisissant un moment de silence et élevant la voix, donna l'ordre suivant à son sergent-major : « De plus, vous ordonnerez aux soldats, pendant les coupes, de ne pas s'asseoir trop près l'un de l'autre, vu que j'ai remarqué que des têtes fortes étaient gravement endommagés en se cognant quand elles baissent la tête pour éviter le boulet. » B-tch pensa tomber du tambour sur lequel il était assis à force de rire et s'écria : « Alors tu l'as vu, mon vieux ! — Je vois tout, répondit gravement Kw-sky, et je t'enverrai des onguents pour guérir la bosse que tu dois avoir à la tête.

Ordinairement on déjeunait pendant les coupes, mais très-modérément, vu que chacun sentait la nécessité d'avoir la tête parfaitement libre.

Le 20 janvier nous occupâmes, comme je l'ai dit plus haut, une partie de la forêt vers les cinq heures du matin. Les coupes précédentes avaient déjà préparé une percée, pas trop large, mais qui permettait à la colonne de pénétrer assez loin dans la forêt.

Une petite clairière fut choisie par le colonel W*** pour les canons. Les tirailleurs des deux bataillons occupèrent les côtés droit et gauche du carré et le travail commença. De l'autre côté de la clairière, à cent cinquante pas, vis-à-vis de nos canons et du bataillon qui leur servait de garde, nous vîmes, vers les dix heures du matin, un certain mouvement qui dénotait l'approche de l'ennemi. Quelques coups de mitraille nettoyèrent la lisière, mais quelques secondes après nous reçûmes une décharge d'artillerie qui nous enfila obliquement et une volée de coups de fusil qui nous tua beaucoup de monde. Dès ce moment un feu bien nourri s'engagea sur toutes les faces du grand carré que nous occupions. Les quatre canons des ennemis postés, comme ils en ont l'habitude, derrière des retranchements préparés d'avance, tiraient avec une précision remarquable. Nos six canons, posés sans défense aucune et ne pouvant distinguer l'artillerie ennemie, ne purent les faire taire; aussi nos pertes furent-elles considérables, et vers les deux heures, qui étaient le terme ordinaire du travail, nous n'avions que juste ce qu'il fallait de cartouches pour la retraite.

La retraite, comme je crois l'avoir dit plus haut, était le mouvement le plus difficile de notre guerre. Il fallait garder l'ordre et la liaison entre les chaînes des tirailleurs de l'arrière-garde et des côtés, et ne pas permettre à l'ennemi d'approcher de trop près de la colonne. L'ennemi, de son côté, savait ce que ce mouvement lui donnait d'avantages et tâchait de saisir le moment propice pour se jeter sur les angles de la chaîne. C'est alors justement que les talents des officiers subalternes et des chefs de compagnie avaient beau jeu. Remarquons par parenthèse que laisser non-seulement un blessé, mais un mort, ou même un fusil tomber au pouvoir de l'ennemi était la plus grande honte dont pouvait se couvrir une compagnie. Elle était presque regardée comme infâme dans l'opinion générale, et moi, du reste, je n'ai jamais vu rien de pareil; et cependant, dans une affaire d'arrière-garde, il va sans dire que des centaines de soldats et quelques officiers tombaient blessés ou morts; tous devaient être emportés dans l'intérieur de la colonne (où il y avait toujours des chariots pour les blessés et les morts), ce qui compliquait sérieusement le devoir de l'arrière-garde, et ce qui n'était pas facile quand le nombre des blessés et des morts était considérable.

La colonne marchait toujours lentement pour donner à l'arrière-garde le temps de faire son devoir, mais cependant un mouvement trop lent prolongeait inutilement le temps du combat, qui se terminait immédiatement quand la colonne et l'arrière-garde étaient sorties du bois. Mais la grande difficulté était d'abandonner sans grandes pertes la lisière de la forêt. Le lecteur doit comprendre qu'au moment où la chaîne de l'arrière-garde quittait la lisière, cette dernière était immédiatement occupée par ces excellents tireurs à carabine, les Tchetchènes, qui profitaient de ce qu'ils étaient à couvert pour décimer la chaîne qui se retirait et qui, comme je viens de le dire, devait emporter tout homme tombé. Or un homme tombé n'est emporté facilement que par trois ou quatre hommes, ce qui affaiblissait continuellement la chaîne, quoiqu'elle fût immédiatement renforcée par les réserves et les hommes qui revenaient en courant après avoir déposé leur fardeau dans les chariots. Pour faciliter la retraite nous avions inventé plusieurs moyens qui avaient fait la haute réputation dont jouissaient le 39e et le 40e des chasseurs dans la guerre du Caucase. Superbes à l'attaque et à l'assaut des retranchements, ces deux régiments avaient cependant une réputation encore plus brillante, comme les troupes les plus sûres de l'arrière-garde, — et chaque chef des grandes colonnes confiait presque invariablement le soin de l'arrière-garde dans les forêts à ces deux régiments. Entre autres moyens pour combattre dans la forêt à l'arrière-garde, nous employions les chaînes roulantes et les secrets. Les chaînes roulantes étaient deux chaînes parallèles au lieu d'une seule. Celle qui était avancée vers l'ennemi devait, à un certain signal, faire une décharge générale, faire mine de s'élancer sur l'ennemi et retourner immédiatement, en courant à travers la seconde chaîne qui était debout ou à genoux, selon les circonstances, et attendait le fusil à la main que la retraite de la première chaîne ait amené l'ennemi au bout de son fusil. Dans les moments favorables les deux chaînes se réunissaient quelquefois et se jetaient sur l'ennemi pour recommencer ensuite la même manœuvre. Les secrets étaient des pelotons entiers, disposés en échec, qui se retiraient dans les intervalles et engageaient de cette façon l'ennemi à essuyer le feu croisé des deux pelotons de côté. On comprendra aisément que pour exécuter ces manœuvres dans un bois, pendant une fusillade meurtrière, il fallait que non-seulement l'officier et le sergent, mais encore le soldat, fussent intelligents, développés et sachant conserver tout le sang-froid nécessaire. Et il faut dire que j'ai vu de ces manœuvres exécutées par nos nobles soldats du 39ᵉ des chasseurs, avec toute la précision d'un champ de manœuvres et tout l'entrain martial d'une bataille, que c'était un vrai bonheur à voir.

Le 20 janvier, nous n'avions pas besoin de ces manœuvres au bois, car la colonne n'avait à traverser qu'une distance peu considérable; mais pour quitter la lisière, nous employâmes, avec le concours de l'artillerie, une manœuvre semblable; quand la chaîne de l'avant-garde (devenue à la retraite celle de l'arrière-garde), avec les angles des chaînes de la droite et de la gauche, furent arrivées à la lisière, elles s'arrêtèrent et commencèrent un feu bien nourri contre l'ennemi. Pendant ce temps on disposa à une centaine de pas de la lisière les huit canons que nous avions et les réserves des deux bataillons qui devaient, quand la chaîne quitterait la lisière, concentrer obliquement des deux côtés leurs feux sur la forêt. Le signal devait être donné, comme il se faisait toujours, au moyen d'un mouchoir blanc. Les officiers et les sous-officiers devaient voir ce signal et transmettre l'ordre de la retraite de vive voix. Le soldat, dans notre guerre, connaissait la voix de son chef et savait obéir instantanément. On ne donnait pas de signaux à la trompette pour ne pas divulguer le moment de la retraite à l'ennemi.

Au signal donné, une dernière décharge des fusils de la chaîne des tirailleurs, et la chaîne quitte la lisière et se retire vers la colonne en courant; quelques secondes plus tard une masse formidable d'ennemis, dans leurs tuniques jaunes, apparaissent à la lisière, mais au même moment une décharge formidable de mitraille et de balles les assaillent, et ils disparaissent dans le bois, emportant leurs morts et leurs blessés. Le combat est fini; nous sommes en plaine rase et il n'y a pas de force ennemie qui ose nous y attaquer. Cependant des boulets nous poursuivent à deux ou trois kilomètres du bois, mais on n'y fait plus attention. Je rappellerai encore une fois qu'il faut avoir des soldats et des artilleurs bien intelligents pour exécuter une manœuvre comme celle que je viens de décrire, pour ne pas avoir à craindre ou à déplorer un malheur dans l'excitation du moment.

Nous emportions ce jour-là près de deux cents soldats blessés et plus de quarante tués. Je crois que nous avions perdu aussi trois officiers; mais l'affaire était bonne, l'ordre avait régné partout et l'on se félicitait d'une si belle journée.

Dans la chaîne, tout près de moi au sortir de la forêt, était un jeune médecin, B***, qui fut blessé ce jour au bras. Une balle lui avait traversé les muscles de l'avant-bras droit. Ce brave garçon, qui voulait subir un examen de docteur en chirurgie, était au désespoir, craignant qu'il perdrait par suite de sa blessure la force du bras et serait incapable de faire les opérations chirurgicales, qui étaient sa spécialité. Dans la suite il guérit parfaitement; mais je m'arrête à sa blessure pour raconter un fait et une anecdote qui s'y rattachent.

Sa Majesté l'Empereur de Russie actuel, étant encore héritier, fit vers la fin de 1850 un voyage au Caucase. Pendant qu'il était à Hassaff-Jurt et visitait les divers établissements militaires, il vit en entrant à l'hôpital le jeune médecin B*** avec son bras en écharpe. Après lui avoir demandé avec sa bonté et sa bienveillance ordinaires pourquoi il portait ainsi son bras, et ayant entendu qu'il avait été blessé dans la chaîne même des tirailleurs, il se tourna vers ceux qui l'accompagnaient et dit : « Voici, Messieurs, encore une preuve comme nos médecins font noblement leur devoir au Caucase. » Nous n'avions pas compris toute la portée de ces paroles, jusqu'à ce qu'un aide de camp du grand duc Cezarévitch ne nous eût raconté le fait suivant :

C'est un fait connu au Caucase, qu'au mois de septembre 1848, une petite forteresse dans le Daghestan, nommée *Achti*, fit une héroïque résistance à quelques milliers de Tavliens, menés par Shamil, pendant plus de trois jours, au bout desquels arriva le général lieutenant Argoulinsky avec le secours si désiré, qui fit lever le siége.

La résistance de la forteresse, qui était commandée par le colonel Roth, et défendue par deux cents soldats dont le tiers était malade, offrait plusieurs épisodes touchants et héroïques. La fille du commandant et deux ou trois dames pansaient les blessés sur le rampart même, ou derrière les sacs de farine qui servaient à boucher les brèches faites au faible rempart par les canons de l'ennemi. Des officiers et des soldats blessés ne quittaient pas leur place pour mourir en faisant leur devoir. Ce bel épisode du Caucase inspira un certain colonel M***, à Saint-Pétersbourg, qui écrivit là-dessus une pièce de cirque à grand spectacle : des escadrons de montagnards, des canons traînés par des chevaux, l'explosion de la cave à poudre, enfin toute la pièce fort joliment écrite, attirait tout Saint-Pétersbourg au cirque. Mais le colonel M*** fit une faute grave : il se permit de charger du rôle comique d'un poltron le médecin qui figurait dans la pièce. Ceci indigna les médecins militaires, dont plusieurs avaient fait des campagnes au Caucase et ailleurs, mais personne ne prit si fort la chose à cœur que le médecin du grand-duc héritier, Henochine, un homme d'une honnêteté et d'une fermeté remarquables. Il alla directement demander une audience à l'Empereur et lui exposa avec chaleur les justes réclamations des médecins. L'empereur Nicolas, qui comprenait parfaitement tout élan noble, donna immédiatement l'ordre de défendre la pièce si le rôle du médecin n'était pas changé. Le soir même, ajouta le narrateur, les spectateurs furent étonnés de voir le médecin, le sabre à la main, accomplir des actes de vaillance.

tandis que le rôle comique de poltron fut transféré à un vivandier censé être d'origine juive. Or, comme toute cette affaire avait fait grand bruit à Saint-Pétersbourg, les paroles du grand-duc héritier, en voyant le médecin B*** avec son bras en écharpe, se rapportaient aux nobles réclamations d'Henochine, qui avait défendu ses confrères.

Après l'affaire du 20 janvier, excepté une petite escarmouche du 23, nous n'eûmes pas d'affaire sanglante jusqu'au 6 février. Les Tavliens et les Tchetchènes de Shamil avaient subi de grandes pertes et attendaient, comme nous le sûmes plus tard, des renforts.

Nous avions toujours des espions parmi les Tchetchènes, qui venaient pour une cinquantaine, ou même pour une vingtaine de francs, nous raconter ce qui se passait parmi eux ou nous faire savoir les bruits qui couraient. Ordinairement le chef avait à sa disposition une certaine somme, selon l'importance de la place qu'il occupait ou de la forteresse dont il était commandant, pour ces dépenses vraiment indispensables; car autrement on serait sous le coup d'une attaque imprévue, d'une embûche ou de tout autre malheur. Il y avait des Tchetchènes qui faisaient le métier depuis longtemps et avaient toute la confiance du chef, car c'étaient des gens qui mettaient de la bonne foi dans leur métier. Du reste, ce métier-là n'était pas regardé comme vil parmi les Tchetchènes pour plusieurs raisons : d'abord les premières années de fanatisme avaient fait place au calcul, et Shamil avait raison en regardant avec méfiance les Tchetchènes, race intelligente, peu fanatique, railleuse, et qui commençait à trouver que le joug qu'elle portait était lourd. Plus tard nous verrons quel était ce joug et comment un homme de talent sut attirer les Tchetchènes et préparer la conquête matérielle par une conquête morale. Ensuite, le métier d'espion, qui était menacé de mort si les acolytes de Shamil le prenaient sur le fait au moment d'entrer au camp russe, et aussi menacé de mort s'il n'avait pas assez de présence d'esprit en se trouvant la nuit en face des sentinelles russes, était un métier plein de dangers, et le danger suffisait pour le faire estimer au milieu de ceux qui le connaissaient. Enfin, un Tchetchène ne venait que pour donner des nouvelles concernant Shamil et les Tavliens qu'il détestait et méprisait, et jamais ne venait dénoncer les mouvements de ses compatriotes qui, du reste, ne jouaient dans l'armée de Shamil qu'un rôle secondaire, mais qui se battaient en perfection seulement dans les bois de leur propre contrée.

Ordinairement les espions qui désiraient communiquer avec le camp et recevoir la pièce ou les deux pièces d'or qu'on leur donnait pour leurs nouvelles, s'avançaient en rampant vers les éclaireurs et, sûrs de ne pas tomber dans les mains des Tavliens, — qui étaient souvent envoyés par Shamil pour guetter les espions, — ils mettaient leur bonnet fourré au bout de leur fusil et prononçaient le mot « *Lazoutchik* » (1) qu'ils connaissaient tous. Deux ou trois soldats s'approchaient doucement et avec précaution, pour ne pas tomber dans une embuscade, prenaient les armes à l'espion et le menaient au piquet, qui le renvoyait à la tente de l'état-major. Ordinairement on donnait du thé au Tchetchène et on le menait au chef, qui était assisté d'un dragoman. On le laissait partir vers les deux heures du matin, après l'avoir payé. Quelquefois, si les nouvelles étaient importantes, on lui propo-

---

(1) Il exprime l'idée du mot anglais « informer ».

sait un prix considérable (jusqu'à 200 roubles), mais à condition qu'il resterait en otage jusqu'à ce que ces nouvelles se vérifiassent. Quelques-uns acceptaient cette condition, d'autres déclaraient ne pouvoir rester, vu que leur absence pourrait donner des soupçons. En ce cas on leur donnait la paye ordinaire et on les laissait partir, car jamais on n'arrêtait un espion.

La veille du 6 février, comme d'ordinaire, des espions tchetchènes vinrent au camp et fournirent l'importante nouvelle que Hadji-Murat, un des meilleurs généraux de Shamil, venait d'arriver avec une troupe considérable de Tavliens; seulement, les espions ne savaient pas si ce renfort servirait à la défense des bois que nous occupions, ou si Shamil n'avait pas en vue de créer une diversion en jetant ces troupes sur quelque autre partie de la contrée, ou de piller un faubourg d'une de nos forteresses.

Comme ces informations n'avaient rien de précis, on ne crut pas devoir renforcer la colonne ordinaire qui faisait tous les jours le service dans le bois. Elle se composait de quatre bataillons avec six canons et deux centaines de cosaques; elle était commandée par un excellent officier, le colonel ***, d'une grande expérience militaire. Pour l'intelligence du récit, il faut dire que le 6 février nous avions déjà une percée large de deux portées de fusil et qui laissait entrevoir des clairières dans le lointain. La percée que nous avions faite était cour   dans toute sa largeur, à l'entrée du bois, par un ravin tortueux, peu profond, mais qui pouvait cacher un homme à cheval.

Nous avancions en ordre et approchions du bois vers les cinq heures du matin; on pouvait déjà clairement entrevoir les objets, quoiqu'il faisait un peu de brouillard, et le chef de la colonne, qui marchait à quelques centaines de pas en avant de la colonne, escorté seulement des cosaques, crut entrevoir dans le ravin les bonnets des Tartares (1). Il comprit immédiatement que c'était une embuscade qui voulait nous laisser approcher à une demi-portée de fusil pour nous foudroyer d'un feu de quelques milliers de fusils et se jeter, s'il était possible, sur les troupes saisies de panique.

Le colonel *** envoya immédiatement un aide de camp pour faire arriver les six canons chargés à mitraille, au galop, tout en avançant à petits pas avec ses cosaques vers le ravin et tâchant de cacher par ce paravent de cosaques le mouvement des canons et de l'infanterie. Il désirait faire croire à l'ennemi que sa présence n'était pas devinée. Les canons s'élancèrent au galop, avec les artilleurs assis sur les canons; l'infanterie de l'avant-garde, chargée spécialement de servir de garde à l'artillerie, s'élança avec elle (2), et les canons se mirent en position dès qu'ils rejoignirent les cosaques. Ces derniers, sur l'ordre du colonel, firent place à l'artillerie, qui mitrailla le ravin.

En ce moment nous étions à deux cents pas tout au plus du ravin et nous vîmes cette masse de tuniques circassiennes et de pelisses tavliennes se lever du fond du ravin et fuir vers le bois, saisis de terreur. Hadji-Murat, avec une troupe de deux à trois mille hommes à cheval, tâcha de prendre sa revanche en débouchant du bois sur notre flanc droit; mais le bataillon qui formait

(1) On donnait indifféremment le nom de Tartares à tous les musulmans, sujets de Shamil.
(2) Il nous est arrivé de faire jusqu'à deux lieues ou huit kilomètres en courant, comme le 3 octobre 1854, quand nous volions à la défense d'une petite forteresse et d'un aoul attaqués par des forces considérables.

ce côté du carré avec ses tirailleurs lui lança une volée presque à bout portant et se jeta à la baïonnette sur la cavalerie indigène, qui prit la fuite. Que ceux qui n'ont fait que la guerre d'Europe ne sourient point ; j'en appelle à nos frères les officiers français de l'Algérie et les officiers anglais de la guerre du Pundjab.

Une bonne infanterie européenne ne se met jamais en carré devant une attaque de la cavalerie irrégulière indigène ; elle la méprise trop pour ne pas l'arrêter par la chaîne des tirailleurs seule ; de plus, il est impossible d'arrêter l'élan de la chaîne qui se jette à la baïonnette sur une masse de cavaliers, et ces derniers n'ont jamais eu, que je sache, le courage de supporter cette attaque ou d'y répondre par une autre. Je le répète, nous subissions quelquefois des revers dans les bois, mais jamais dans la plaine, et une compagnie avec un canon menait ce qu'on appelait une « occasion » d'une forteresse à une autre et se moquait de l'apparition d'une troupe ennemie de 1,000 cavaliers qui voltigeaient autour de la colonne, mais n'osaient l'approcher.

Le ravin fut occupé immédiatement par notre avant-garde, et les canons, l'ayant passé, se mirent de nouveau en position et envoyèrent leurs obus et leurs boulets dans les masses de l'ennemi à pied et à cheval qui fuyaient vers le bois.

En passant le ravin, nous vîmes à droite de notre percée des constructions solides en bois, qui avaient tout l'air de petites forteresses. Le colonel *** résolut de s'occuper à les détruire avant de commencer la coupe, et nous allâmes attaquer ces espèces de redans à gorge ouverte, qui devaient, à ce qu'il paraît, servir de batteries aux canons de Shamil. Nous les attaquâmes immédiatement, en lançant simultanément la chaîne dans le bois, auquel ces redans étaient adossés, et de petites colonnes d'attaque sur les redans mêmes. Ces redans ne firent qu'une faible défense, car ils virent qu'ils étaient tournés par la chaîne lancée dans le bois; mais dans le bois même une fusillade meurtrière s'engagea, à laquelle, cependant, nous mîmes bientôt fin en attaquant résolûment le bois et en nous emparant, la baïonnette à la main, de quelques corps morts et de quelques prisonniers.

Quand on pouvait s'emparer des corps morts de l'ennemi, c'est que véritablement il était en déroute; aussi la fusillade finit-elle par s'éteindre de ce côté, et nous nous occupâmes à brûler les batteries en bois que l'ennemi avait construites en une nuit. Ceci nous prit du temps, et pendant ces travaux les quatre canons de Shamil, posés cependant cette fois à une distance énorme, nous envoyaient leurs projectiles qui, arrivant en ricochet, ne nous firent pas grand mal. Le colonel ***, cependant, voulant prouver à l'ennemi qu'il l'atteindrait partout, quitta le côté droit de la percée (où se trouvaient les redans que nous venions de détruire) et s'élança encore sur la lisière gauche, et, l'attaquant vivement, nous eûmes encore quelques trophées de la victoire.

Maintenant il était trop tard pour commencer la coupe systématique : il était près de deux heures et demie, et nous commençâmes à nous retirer en montrant nos dents, mais inutilement, car les indigènes démoralisés ne nous poursuivaient plus. Il est aussi probable qu'ils manquaient de cartouches; nous aussi nous avions dépensé presque toutes les nôtres, et nous n'avions plus de mitraille pour nos canons.

Pendant ce temps, en entendant une forte canonnade dans le bois, le camp n'était pas rassuré sur notre compte; cependant on ne s'inquiéta pas trop jusqu'à une heure, quand arriva au galop un de nos Tchetchènes, homme probe, connu du chef de l'expédition, qui s'élança vers la tente du général N*** et lui expliqua qu'il venait de recevoir l'assurance d'un de ses amis qui habitait la grande Tchetchna que notre colonne avait affaire aux forces venues du Daghestan avec Hadji-Murat, réunies à celles que Shamil avait déjà sur place. On sonna immédiatement l'alarme ; tout le camp, à l'exception de peu de troupes indispensables au service intérieur, se mit en marche à notre aide et nous rencontra à la sortie du bois, heureux de notre belle affaire. Le général N***, qui était un cœur brave et généreux, était pâle comme la mort ; il croyait avoir à déplorer une perte considérable. Quand les coups de canon avaient cessé, il était au désespoir ; il pensait que la colonne avait péri et qu'il y avait de sa faute. En nous voyant gais comme des pinsons, il embrassa le colonel *** (1) et, se tournant vers notre régiment et le 40ᵉ des chasseurs, il nous remercia dans les termes les plus flatteurs.

Ce jour, comme de raison, un repas monstre eut lieu, qui se termina par un pousse-café qu'on nommait les lampions. Les lampions étaient fort en vogue dans nos camps d'hiver et étaient tout bonnement du rhum allumé sur une soucoupe avec un morceau de sucre au milieu.

Après l'affaire du 6 février, qui nous coûta jusqu'à deux cents morts et blessés, nous n'eûmes pas d'affaires sérieuses ; il n'y eut au bois que quelques escarmouches, et toujours cet éternel canon qui venait comme la fatalité tonner à dix heures du matin et nous ennuyer

---

(1) J'ai dit plus haut que le colonel *** était le chef de notre régiment.

de ses projectiles qui, du reste, faisaient peu de mal, car la terre devenant molle, ils ne ricochetaient plus et venaient s'embourber en tombant. Au commencement du mois de mars, on annonça la fin de l'expédition. On leva le camp et nous reprîmes le chemin que nous avions déjà fait, avec la certitude d'une mention honorable dans les bulletins de l'armée. Et vraiment bientôt après notre arrivée, le général en chef envoya au régiment deux croix de Saint-Georges pour chaque compagnie. Remarquons, par parenthèse, qu'il y a une grande différence entre les croix de Saint-Georges des officiers et celle des soldats. Les premières ne se donnaient que dans des cas extrêmement rares, comme à l'assaut d'une forteresse, la prise d'un canon à l'ennemi et une défense héroïque d'un fort, et je ne crois pas qu'il y eut plus de dix croix de Saint-Georges de tous les degrés accordés au Caucase dans l'espace de trente ans. Les croix de Saint-Georges pour les soldats étaient la seule décoration militaire qu'un soldat pouvait avoir; on lui donnait seulement la rosette de cette croix quand il l'avait méritée une seconde fois. Ordinairement chaque belle action ou expédition brillante etait suivie d'une ou de deux croix de Saint-Georges données à chaque compagnie. J'expliquerai immédiatement comment ces croix étaient accordées à l'individu; j'ajouterai seulement que la récompense des officiers ne se faisait que par présentation spéciale et devait être soumise à la sanction de l'Empereur. Pour ce qui est des croix des soldats, il y avait deux genres de récompenses: l'une, la récompense accordée à l'individu qui avait personnellement accompli une action d'éclat; c'est ce qu'on nommait la croix « personnelle », car le bulletin de l'armée indiquait le soldat qui avait mérité la croix. Mais dans les expéditions où l'individu n'avait que peu de chances de se distinguer personnellement et où la gloire revenait à cette admirable unité qu'on nommait la compagnie, on donnait une ou deux croix à la compagnie même, qui faisait choix de l'individu au scrutin. C'est ce qu'on nommait la croix « de vote ». Ils faut dire que généralement les croix de vote étaient données avec une impartialité parfaite et toujours à des gens très-dignes, non-seulement par leur courage, mais encore par leur conduite. En général, la compagnie, comme être collectif, détestait les ivrognes et ne leur accorpresque jamais de croix. Il faut ajouter encore qu'il était reçu que le chef de la compagnie n'exprimât jamais son opinion d'avance sur le choix à faire pour donner toute latitude au vote.

CHAPITRE IV.

Retour de l'expédition; la forteresse Vnesapnaia; les tumulus des Nomades; récit d'un officier captif; le comte de K***; le grand-Duc héritier visite le Caucase; l'expédition de 1851.

Nous revenions donc au régiment, et ce retour était une véritable fête. Au régiment des cosaques de Tchervlenaia les jeunes filles nous reçurent à l'entrée du village en nous saluant comme des amis échappés au danger; les vieux cosaques venaient demander des récits détaillés de l'expédition. Nous passâmes à Tchervlenaia deux jours, mais il nous tardait de rentrer chez nous, de revoir ce « home » que nous nous étions fait tant bien que mal à Hassaff-Jurt, mais qui cependant était le coin de la terre qui renfermait nos livres, tout ce qui faisait nos habitudes, et..... le dirai-je, — qui nous attirait aussi parce que chacun de nous avait une liaison avec une des jeunes femmes ou filles des soldats mariés de Hassaff-Jurt. Je sais bien que les rigoristes se récrieront contre cette monstruosité; mais je crois que partout et toujours les hommes et les passions sont les mêmes, sauf la teinte plus ou moins pharisaïque.

Nous étions jeunes, nous étions environnés d'un danger toujours présent; la vie avait ses droits, et je ne crois pas qu'un homme puisse vivre longtemps dans la condition dans laquelle nous passions notre existence, sans que quelque plaisir ne le rattachât à la vie, trop tendue pour être agréable.

Je crois l'avoir dit plus haut, la plupart de ces femmes étaient jolies, très-souvent gracieuses, ne se donnant que par attachement, quelquefois par amour. Ces liaisons ne se produisaient jamais au grand jour : elles restaient secrètes ou tâchaient de s'entourer de mystère. Ce n'était pas le dévergondage échevelé d'une troupe de bacchantes, c'était plutôt la liaison qu'on forme avec une grisette, avec la différence que ces jeunes filles et quelques jeunes femmes craignaient très-sérieusement leurs pères et leurs maris, pour lesquels leurs folies restaient ordinairement cachées.

Revenus à nos foyers, nous recommençâmes notre train de vie ordinaire, c'est-à-dire les coupes de bois, les occasions et les colonnes à fourrage qui remplissaient tout notre temps. Ordinairement une fois par semaine une « occasion » marchait vers Vnesapnaia, forteresse avancée dans la vallée de l'Achtash, et qui dominait un vaste aoul koumick qui entourait presque la forteresse. L'emplacement était magnifique : l'Achtash, torrent des montagnes, baignait le pied de la colline sur laquelle la forteresse était construite et ses rives formaient un défilé étroit, boisé et très-pittoresque. C'était une forteresse qui dans le temps avait joué un rôle fort important dans la guerre ; mais depuis que les opérations militaires étaient transportées dans la grande Tchetchna, ce défilé de l'Achtash n'étant pas la route des troupes expéditionnaires, la forteresse même, quoique en bon état, n'était plus un chef-lieu et ne renfermait que deux compagnies qui ne recevaient leur correspondance et ne communiquaient avec Hassaff-Jurt qu'une fois par semaine. Ce n'est que l'été, quand on préparait le foin sur les prairies élevées qui se trouvaient dans le fond de la vallée de l'Achtash, en plein pays ennemi, que six ou sept compagnies, avec quatre ou cinq canons, venaient loger à Vnesapnaia, d'où ils marchaient tous les jours pour faucher le foin dans l'ordre que j'ai indiqué plus haut.

Vnesapnaia était remarquable sous beaucoup de rapports. Pendant le règne d'Ivan le Terrible, au XVIe siècle, lors de la colonisation des Streletz, après cosaques de Tchervlenaia, l'endroit occupé par la forteresse et par l'aoul koumick actuel était occupé par les Streletz (comme je l'ai dit plus haut), qui fondèrent ici leur village d'André, d'après le nom de leur chef. Ce village, après que les Streletz eurent quitté la vallée de l'Achtash, chassés par les montagnards, porte cependant toujours le nom d'Endery, ou village d'André, quoiqu'il fût habité par les Tchetchènes et les Koumicks. Cet aoul Endery avait une grande réputation de courage et jouissait d'une supériorité marquée, peut-être même exerçait-il une espèce de souveraineté sur les villages indigènes de la vallée de l'Achtash et d'une partie de la plaine des Koumicks. Cette suprématie lui était due, non-seulement parce que sa population était brave et nombreuse, mais encore parce que l'emplacement de l'aoul était véritablement la clef du défilé important de l'Achtash. Lors de l'expédition de Pierre le Grand en 1721 à Derbent, quand ce pays ne nous appartenait pas encore, son infanterie fut transportée par mer, mais sa cavalerie devait suivre le bord de la mer Caspienne. Pendant cette marche un régiment de Reitares, sous le commandement d'un chef de brigade Vétérani, traversait pour abréger le chemin, la plaine des Koumicks et voulait passer par le défilé de l'Achtash, pour gagner par le Salatau le bord de la mer Caspienne; mais il fut arrêté à l'entrée du défilé par les habitants d'Endery, qui lui livrèrent bataille, et le rejetèrent avec une grande perte. En revenant de l'expédition, Pierre le Grand, pour punir les habitants d'Endery et les Koumicks en général, engagea le khan des Kalmoucks Ajuka, qui était son allié fidèle, à entrer dans la plaine des Koumicks pour piller la plaine et détruire l'aoul; Ajuka remplit sa promesse, mais ne put détruire l'aoul Endery, qui occupait une place si forte. Les Koumicks montrent encore aujourd'hui la place où leurs aïeux combattirent les hordes kalmoucques.

A l'entrée du défilé de l'Achtash se trouve une assez vaste plaine, fortement inclinée vers Hassoff-Jurt. Sur cette plaine toujours verdoyante et bordée de petits bois charmants, se trouvent deux immenses tumulus ou petites collines qui ressemblent à tous les tumulus que l'on trouve dans toute l'étendue des steppes de l'Asie centrale, des contrées au nord de la mer Caspienne et dans toute la Russie du Midi. En montrant les tumulus près de Vnesapnaia, le vieux Koumick raconte encore aujourd'hui qu'un de ces tumulus fut fait par les Kalmoucks pour y placer la tente du khan Ajuka et l'autre pour la tente de ses femmes.

Disons par parenthèse que je suis de l'avis, comme je crois l'avoir dit dans un de mes articles dans les *Nouvelles annales des voyages* (1), que le tumulus élevé pour y placer la tente du chef est un souvenir de la plate-forme cyclopique qui était la base obligée du palais du roi. Les tumulus, en tant que j'ai pu les observer moi-même, indiquent décidément la direc-

---

(1) Voir, *Bisoutounn et la religion de Zoroastre*. Mars, 1863, et *les tribus caucasiennes*. Avril, 1859.

tion que suivaient les hordes nomades. On pourrait facilement et l'on devrait dresser une carte spéciale de tous les tumulus du midi de la Russie en Europe et en Sibérie, et si cela était possible, de l'Asie centrale. Je suis sûr qu'on verrait des lignes indiquées par ces tumulus, depuis les sources du Hoang-Ho et de la Corée, qui seraient les lignes de migration des peuples. Tous les tumulus que j'ai observés forment des lignes de l'Orient à l'Occident, tous sont construits le long des rivières et des pâturages. La distance entre les tumulus est celle d'une petite étape; tous ont au milieu une petite excavation qui correspond à la place où l'on fait le feu dans les kibitka (1) kalmoucques. Il faut faire certainement une distinction entre le tumulus-fosse ou cimetière et celui dont je parle, qui était élevé à chaque étape pour le chef du peuple. Ce dernier ne contient rien et se distingue encore du premier en ce qu'il est formé simplement de la couche supérieure du terrain qui l'environne. Le tumulus-fosse contient toujours une cave souterraine, au-dessous du sol, et cette fosse est comblée par la terre du sous-sol. Enfin le tertre qui servait pour les inhumations comme, par exemple, prés du Kertch, dans le Chersonèse Tauridique, est ordinairement plus grand que le tumulus dont je parle. Entre les relais de poste Soldatskaia et Prohladnaia il y a des tumulus qui proviennent aussi des peuples nomades, mais qui sont des cimetières; ils indiquent l'endroit où Timour-Leng combattit Tochtamish qui marchait à sa rencontre avec les tartares de la Crimée. Ces tumulus, qui recouvrent les

---

(1) La Kibitka est une tente en feutre, avec une ouverture en haut pour le passage de la fumée. Amédée Thierry a déjà soupçonné que les Kalmoucks étaient parents des Huns, sinon les Huns noirs mêmes.

ossements des morts dans ce combat, sont en grand nombre, tandis que les tumulus que je regarde comme points d'étape des peuples nomades sont toujours solitaires ou accompagnés d'un autre tumulus plus petit.

Mais nous nous éloignons de notre sujet. La forteresse de Vnesapnaia, comme on l'a vu plus haut, était une place importante par sa position et avancée dans le pays ennemi. De mon temps, cette forteresse fut témoin d'une autre scène que je vais raconter :

Une nuit, comme nous le sûmes plus tard, une voix plaintive se fit entendre près de la poterne de la forteresse qui donnait sur le pays ennemi. La sentinelle coucha en joue l'individu qui était à peine visible pendant une nuit sombre et froide. Cet individu, courbé dans la neige, criait en russe qu'il était officier et qu'il mourait de faim et de froid. Mais comme la consigne était sévère et que le pays était très-dangereux, la sentinelle, tout en le couchant en joue, appela à haute voix le sous-officier qui arriva et crut devoir demander l'ordre de l'officier de garde et du capitaine de service. Quand ils arrivèrent, l'individu était à demi évanoui et semblait près de mourir. Une escouade de soldats sortit avec précaution de la forteresse et l'on porta le malheureux à l'infirmerie où, pendant quelques jours, il fut en proie au délire. Les jambes étaient gelées et enflées; enfin après beaucoup de soins, sa santé, la jeunesse aidant, se rétablit, et il arriva à Hassaff-Jurt, où il nous raconta l'histoire de sa captivité.

J'ai dit plus haut ce que c'était qu'une occasion. Il était strictement défendu à qui que ce fût de la quitter, afin d'arriver plus tôt à la forteresse où on allait, même si cette forteresse était en vue. C'est que de petits partis ennemis, qui croisaient continuellement dans le pays, attendaient toujours des occasions pareilles pour s'emparer des individus qui avaient devancé l'ocsasion ou qui étaient restés en arrière. Il était hors de doute que tant que l'ocsasion marchait par un endroit tant soit peu boisé ou dans un terrain tourmenté, il y avait toujours des yeux ennemis qui la suivaient, mais qui n'entreprenaient rien si la marche se faisait en ordre. Tout le monde le savait, mais très-souvent un soldat insouciant restait en arrière pour allumer sa pipe et était brusquement saisi dans un pli de terrain où l'occasion ne pouvait le voir et était emmené captif pour servir d'esclave dans les montagnes. Si par hasard on apercevait l'ennemi, le captif était poignardé sur place et les Tchetchènes fuyaients sur leurs chevaux agiles. Mais ce qui était encore moins pardonnable, c'est que les jeunes officiers, et je l'avouerai, moi entre autres, nous nous faisions un plaisir de jouer gros jeu, de quitter l'occasion en nous fiant à la vitesse de nos chevaux ou à la bonté de nos armes. Quand la forteresse où nous nous approchions était en vue, tous ceux qui n'étaient que voyageurs dans l'occasion se séparaient de la colonne pour arriver au galop à la forteresse. Un vieux capitaine qui menait l'occasion nous menaça un jour de nous envoyer des balles dans le dos si nous nous permettions de quitter l'occasion pour arriver plus vite. Un de nos officiers, R***, eut à soutenir un jour un véritable steeple-chase de Gersel-Aoul à Hassaff-Jurt, dans lequel l'enjeu était sa propre tête ou un honteux esclavage. Par bonheur il avait un cheval d'une rare valeur, et il eut la chance d'apercevoir dans le lointain une caravane de Koumicks armés sur leurs arbats qui revenaient d'un bazar. Il s'élança vers ces tartares qui, étaient nos vassaux et qui saisirent leurs armes pour le défendre.

En 1848, notre régiment revenait d'une expédition

dans le Daghestan; l'expédition avait été brillante, on avait pris Gergebil. Quelques officiers avaient été tués, mais ce n'était pas ces braves et leur mort qu'on déplorait; on racontait avec beaucoup de douleur que deux officiers, Z. et S., avaient quitté la colonne qui s'approchait déjà de Tchir-Surt, sur le Soulak (un pays comparativement sûr), et venaient d'être enlevés par un parti de quarante Tavliens placés en embuscade dans un terrain assez accidenté. Les officiers étaient ordinairement enlevés par les montagnards, dans le but spécial de tirer une rançon considérable; mais officiellement, il était défendu de rançonner qui que ce soit, ce n'est qu'en cachette que les camarades des officiers captifs pouvaient mener des pourparlers avec des députés montagnards pour délivrer les captifs. Il y avait des raisons majeures qui ne permettaient pas au général en chef de permettre ce trafic, car, d'un côté, le captif était toujours fautif lui-même s'il tombait au mains des ennemis, et, d'un autre côté, quand la rançon était permise, il y eut des cas où des traitres Koumicks vendaient leur soi-disant amis pour partager ensuite la rançon avec les Tchetchènes qui avaient pris l'officier par trahison ou par surprise. Bref, on regardait un captif comme un officier mort, à moins qu'il n'ait la chance de s'échapper ou d'être échangé contre des prisonniers montagnards très-importants. Aussi, en 1848, les pauvres officiers Z. et S., pris sur le chemin, avaient-ils peu d'espoir de revoir leur patrie quand on les menait dans un aoul du Salataw où il furent enfermés dans une cave faite comme un puits, avec une muraille de bois tout autour. « Pendant la route, disait S., qui avait duré dix mortelles heures, nous étions attachés derrière des cavaliers tavliens, ayant une main liée derrière le dos et l'autre liée au ceinturon du cavalier. Nous nous arrêtâmes la nuit dans un aoul où l'on nous descendit immédiatement dans un puits infect, avec une cruche d'eau et un morceau de galette de blé de Turquie. Le lendemain, vers les neuf heures, on nous tira du puits pour nous montrer au peuple qui nous bafoua, nous cracha au visage et nous jeta des pierres. Attachés derechef sur des chevaux, nous passâmes des ravins profonds et arrivâmes vers les cinq heures dans l'aoul auquel appartenaient nos ravisseurs. Ici, nous eûmes une scène à subir : après des affronts sans fin, la foule nous conduisit sur un roc à pic, au-dessus d'un précipice, et dix hommes se mirent à charger leurs fusils, quand une troupe de femmes se jeta entre nous et les fusils pour intercéder en notre faveur. Enfin, après de longs pourparlers et des cris déchirants, on nous conduisit à un puits pareil à celui que nous connaissions déjà et l'on nous fit dire par un soldat, esclave ou déserteur, d'écrire des lettres pour demander une rançon de 5,000 roubles (20,000 fr.) par tête, en ajoutant que nous serions tués si la rançon n'était pas payée.

Nous soupçonnions déjà que la scène du roc était une comédie pour nous impressionner vivement et nous faire écrire des lettres piteuses et larmoyantes sur notre rançon. Nous fûmes convaincus de la justesse de notre conjecture, quand nous vîmes arriver la nuit un vieillard vénérable, qui s'exprimait tant bien que mal en russe et qui venait nous consoler. Il nous raconta comme quoi il habitait il y a bien longtemps un aoul vassal de la Russie, comment il y avait commis un meurtre et fut envoyé en Sibérie d'où, après avoir fait son temps, il revint au Caucase, mais ne voulut pas vivre sous la dépendance des Russes et s'éloigna dans les montagnes. Il nous citait son exemple pour nous faire reprendre courage, et ajouta qu'il ne fallait pas craindre quand on nous menacerait de nous tuer, car, dit-il, sachez que vos ravisseurs ne le permettront jamais; vous leur appartenez de droit, et ils ne voudront pas perdre leur butin.

Le lendemain on vint nous apporter des morceaux de papier avec un crayon; mais moi (c'est toujours S*** qui parle) je refusai nettement d'écrire qu'on me rançonnât pour 5,000 roubles argent. Tout ce que je puis vous promettre, disais-je, c'est 1,000 roubles (4,000 fr.), que mes camarades pourront peut-être réunir avec beaucoup de peine, mais pas plus. Z***, qui connaissait un peu la langue tartare (1) et un soldat russe déserteur, qui parlait le tavlien, traduisaient. Une grêle de coups me tomba sur les épaules quand les montagnards comprirent ce que je disais; mais je tins bon et leur répétai plusieurs fois que s'ils me traitaient de la sorte je me suiciderais. Cette menace eut l'effet désiré; ils connaissaient un exemple pareil d'un officier captif que les mauvais traitements poussèrent au suicide. J'entendis des centaines de voix crier que c'était un grand péché; des mollahs s'approchèrent de moi en me disant que la vie avec ses souffrances était

---

(1) Remarquons, à propos de la langue tartare (dont le turc est un dialecte), qu'il y a deux langues avec lesquelles on peut faire le tour du monde : le français et le tartare. Si, par exemple, nous prenons Tiflis pour point de départ, il va sans dire qu'avec le français on traverse aisément la Turquie, la Grèce, l'Italie, l'Espagne, le nord de l'Afrique, les États-Unis, le Mexique, l'Archipel de l'Océan pacifique et les côtes de la Chine. Avec le tartare, on traverse tout aussi aisément l'Aderbidjan, l'Afganistan, la Buchara, Kashgar, Jarkadn, le Tibet, le nord des Indes et toute la Chine. Le tartare (une langue fort facile et très-élégante) est le français des pays musulmans et boudhistes, comme le français est la langue connue dans tous les pays chrétiens.

courte et que l'éternité était longue, et ainsi de suite. J'y gagnai qu'on commença à me ménager, et enfin j'écrivis la lettre qu'ils me demandaient, et de leur consentement je nommai la somme que j'avais indiquée moi-même c'est-à-dire 1,000 roubles argent. La même somme fut demandée pour l'autre officier Z***. Quand les lettres furent écrites et le messager parti, on nous donna pendant le jour un peu de liberté. Une de nos jambes restait, il est vrai, emprisonnée dans un cep de bois assez lourd, mais nous pouvions marcher autour de la maison de notre gardien, nous asseoir au soleil et causer avec les montagnards, qui venaient nous demander toutes sortes d'informations sur la Russie, Saint-Pétersbourg, Moscou, la vie des plaines, les blés qu'on y cultivait, etc. Z***, qui était plus fin que moi, tâchait de se mettre dans leurs bonnes grâces, en faisant dévotement ses prières le matin et le soir, à genoux à la vue de tout le monde. Les montagnards ne m'ayant jamais vu prier, me firent des remontrances là-dessus, et disaient qu'il fallait beaucoup prier, que Dieu est le même pour les chrétiens que pour les musulmans, qu'il est vrai que nous sommes pollués par la chair de porc, mais la miséricorde de Dieu est infinie ! Bismillah !

Cependant, quand le messager arriva à Hassaff-Jurt, les camarades de Z*** et de S*** rassemblèrent immédiatement la somme de 2,000 roubles en métal et la montrèrent aux envoyés, en leur enjoignant de porter immédiatement cette nouvelle aux captifs et aux ravisseurs et de revenir proposer les conditions de l'échange des prisonniers contre l'argent. Mais cet empressement même fut fatal à nos camarades, car dès que les ravisseurs entendirent que la somme était prête, ils envoyèrent de nouveaux députés dire que la somme devait être doublée. Comme on ne savait à quoi s'arrêterait la rapacité des montagnards, on fut de l'avis de se tenir à la première somme et l'on renvoya les députés. Je laisse de nouveau la narration à S***.

« Quand les députés arrivèrent pour la seconde fois avec le refus de payer plus que la somme stipulée, les montagnards furent furieux, mais je leur dis avec calme que c'étaient eux qui étaient fautifs, qu'ils savaient bien que je leur avais dit qu'on ne payerait pas plus et qu'une fois qu'ils avaient consenti au marché ils devaient tenir leur parole. Mais ils ne voulurent rien entendre, et quoiqu'ils ne revinrent pas aux coups, ils résolurent de nous transférer dans un aoul encore plus éloigné pour nous faire perdre tout espoir de fuite. Dans ce nouvel aoul, plus petit et plus pauvre que le premier, on nous enferma derechef dans une cave, cette fois assez spacieuse. Résolu d'essayer de fuir, j'observai cette cave souterraine avec soin. C'était une grande fosse, habillée tout autour de grosses poutres et recouverte de la maison de celui qui nous gardait. On entrait dans la cave par un trou qui était pratiqué dans le plancher de la salle de la maison. La nuit on y étouffait. Il fallait, pour sortir de la cave, miner un souterrain dont l'issue serait en dehors des murs de la maison. Dès le commencement les poutres me semblaient un obstacle insurmontable ; mais un jour que Z. et un jeune prince koumick, prisonniers comme nous, étaient en haut, je restai seul dans la cave et j'essayai les murs de la prison. Par bonheur, les poutres étaient posées à la tartare, c'est-à-dire qu'elles étaient posées sans rainure, et je parvins à en tourner une, qui me livra un petit passage par lequel je m'introduisis entre les poutres et la terre. Je gardai le secret, et chaque nuit, quand mes compagnons dormaient, je m'introduisais dans le vide derrière les poutres et, avec un morceau de fer que j'avais trouvé, je creusais dans la direction que j'avais choisie d'avance, tout en calculant mes distances, que j'avais prises quand on nous permettait de sortir. La terre que j'enlevais, je la déposais tout autour des poutres où il y avait assez d'espace. Cependant une nuit, quand je revenais de mon travail, le jeune prince Koumick, qui parlait très-bien le russe, s'approcha de mon oreille et me dit : « Je devine ce que tu fais, je ne suis plus un enfant; seulement, prends-moi avec toi. » Je lui promis de lui dire quand mon travail serait terminé et je communiquai le lendemain à Z. mon plan d'évasion, mais je stipulai que je sortirais le premier et que chacun serait libre de choisir sa direction. Du reste, le travail était presque terminé; il ne restait qu'à ouvrir à coups de couteau la couche supérieure du terrain qui fermait encore l'issue du souterrain. Il fallait aussi se dépêcher, car une pluie pourrait délayer et faire enfoncer cette mince couche, qui tenait encore parce qu'il gelait assez fortement. Enfin, pendant une nuit froide de février, nous sortîmes tous les trois, moi le premier; mais comme je n'étais pas sûr de la fermeté de caractère de mes compagnons, qui pouvaient rester au dernier moment indécis s'ils devaient fuir ou rester, je ne les attendis pas et me jetai dans l'intérieur du pays, tout en m'orientant sur la direction à suivre (1). Je marchai toute une journée dans une direction opposée à celle que j'aurais dû prendre pour m'approcher des forteresses russes, dans

---

(1) Disons ici que Z et le jeune prince Koumick marchèrent ensemble et rencontrèrent par bonheur un homme qui était l'obligé ou l'ami de la famille du musulman. Cet homme les cacha dans sa maison et les guida pendant deux jours vers les postes Russes.

le but de dépister la poursuite. Je devais errer dans les forêts, car je n'osais pas approcher des habitations, où l'aboiement des chiens aurait découvert l'approche d'un étranger. Quand je retournai le lendemain vers le nord par une autre route, je me trouvai heureusement dans la vallée de l'Achtash, mais je calculai que j'avais au moins pour deux jours de chemin et, exténué comme je l'étais avec des blessures à la jambe que le cep m'avait faites, presque privé de nourriture, car je n'avais pu emporter que quelques morceaux de galette, et mal vêtu, je sentais que j'avais peu de chances de parvenir jusqu'à nos forteresses; cependant, rassemblant mon courage, je marchai toujours en me tenant à distance des villages et me cachant dans les broussailles au plus léger bruit. Comme il faisait un clair de lune, je résolus de marcher la nuit, mais je faillis périr en roulant dans un ravin, et ce n'est que vers l'aube que je repris des forces pour continuer mon voyage. Mes provisions étaient épuisées, ma chaussure était déchirée, mes vêtements en lambeaux, et il faisait un froid de 8 à 10 degrés. Je crus, le second jour, que j'étais prédestiné à périr; j'eus un moment le désir d'aller me rendre à un aoul à quelques pas, mais ce ne fut qu'un moment; le souvenir des indignités que j'avais souffertes me donna du courage, et je continuai mon chemin nu-pieds, affamé, mais avec la ferme intention de périr plutôt que de me constituer captif. Vers le soir du second jour, je commençai à reconnaître les endroits; il me semblait que j'étais sur les prés qui n'étaient pas loin de Vnesapnaia et que je connaissais pour y être allé avec les troupes. Mais il fallait attendre la nuit, car un aoul ennemi n'était pas loin, et l'aboiement des chiens qui se rapprochaient me fit craindre que ma piste ne fût découverte; aussi m'enfonçai-je dans un bois où je restai jusqu'à nuit close, engourdi, presque mort de froid. Enfin je me mis en route, mais j'avais toutes les peines du monde à me mouvoir ; j'étais saisi d'un violent désir de m'endormir, et cependant je comprenais que si je me livrais au sommeil je ne me relèverais plus. A mesure que je marchais, la circulation du sang revenait ; je marchais, il est vrai, avec peine, à cause de mes pieds gelés, blessés et nus, mais l'idée que dans une heure ou une heure et demie mon but était atteint me soutenait. Enfin, j'entendis de loin le signal ordinaire des sentinelles pendant la nuit (1), et je remerciai Dieu de m'avoir mené aux portes de la forteresse. Mais une idée me traversa l'esprit : s'approcher d'une forteresse à portée de voix pendant la nuit n'était pas chose facile ; on pouvait être tué avant qu'on puisse se faire comprendre. De plus, on pouvait tomber sur un secret (2) et être tué à bout portant. Je ne m'approchai qu'avec beaucoup de précaution et je commençais à appeler à mon aide d'aussi loin que je pus. »

On connaît le reste ; le pauvre garçon fut trouvé à demi mort dans la neige, mais se remit, grâce aux forces de la jeunesse et à sa constitution robuste. Ce jeune homme était un élève d'une école militaire et avait reçu une bonne éducation. Quelques mois plus

(1) Les sentinelles, sur les remparts, se renvoyaient toutes les cinq minutes le cri : « attention ! ». La patrouille passait toutes les demi-heures ; l'officier de service faisait sa ronde au moins deux fois pendant la nuit.

(2) Un secret est un peloton de 10 à 12 hommes, quelquefois avec un officier, qu'on pose au dehors des murs de la forteresse pour surprendre les montagnards qui viennent quelquefois tirer sur les sentinelles. Le secret est couché et éveillé toute la nuit ; chaque homme qui passe à portée de fusil reçoit la décharge du peloton.

tard apparut dans notre régiment un officier supérieur remarquable, autour duquel se groupèrent bientôt tous les élèves des écoles militaires et, en général, tous ceux qui avaient une certaine instruction.

Pendant l'été de 1850, nous vîmes arriver au régiment un jeune colonel-lieutenant, ci-devant officier d'état-major, aide de camp de Sa Majesté, âgé de près de trente ans, mais grave comme un homme de cinquante, quoique très-aimable et très-poli. On savait bien que ce jeune homme de bonne famille, le comte K***, était destiné à commander plus tard le régiment, mais il semblait le seul qui paraissait ne pas s'en douter, car il sut gagner sous peu, par la simplicité et l'affabilité de ses manières, le cœur de ces naïfs enfants du Caucase, qui détestaient la morgue et l'affectation, mais savaient aussi parfaitement déchiffrer l'homme intérieur. Bientôt le comte K*** attira cependant à lui un cercle intime; il avait une excellente bibliothèque et ceux qui aimaient à lire puisaient à pleines mains dans ses livres. Il organisa chez lui un jeu militaire qui occupa beaucoup les jeunes têtes; mais je crois que son influence se manifestait le plus dans les causeries de ses après-soupers, quand il revenait par goût aux sujets religieux. C'était un chrétien convaincu, ayant beaucoup étudié le sujet qui l'occupait, et il tenait à faire passer sa conviction dans l'esprit et le cœur des autres. Nous avions parmi nous de ces jeunes têtes folles qui traitaient le sujet avec indifférence; il y en avait d'autres qui se disaient matérialistes, n'ayant du reste jamais considéré sérieusement les matières religieuses, et qui se disaient athés plutôt par bravade que par conviction. Chez le comte K***, les conversations du soir étaient très-intéressantes, et beaucoup de jeunes gens, qui jusques-là n'avaient aucune idée de la littérature, non-seulement religieuse, mais encore de cette honnête littérature anglaise, basée sur le christianisme, furent très-étonnés d'apprendre qu'il y avait non-seulement des hommes d'esprit, mais encore des hommes de talent et de génie qui étaient les défenseurs des doctrines chrétiennes et qui avaient publié des traités scientifiques où la Bible était considérée comme le document le plus authentique et une autorité sans appel. Dire ce que cette influence du comte K*** produisit de bien serait écrire un traité de psychologie, et l'histoire du développement de la pensée chez des jeunes gens qui jusqu'alors n'avaient pas entendu la parole raisonnée, grave et douce d'un véritable chrétien. Aussi n'entreprendrai-je pas cette tâche, je dirai seulement que cette belle et sympathique figure du comte K*** restera éternellement présente à ma mémoire et certainement à celle de plusieurs autres.

Je ne dois pas passer sous silence que notre cercle fut renforcé bientôt par un officier étranger protestant, qui venait goûter notre vie et nos émotions du Caucase. C'était un brave et spirituel garçon, très-bien élevé, très-instruit et très-avide d'élargir ses connaissances sur toutes sortes de sujets. Comme à son arrivée il ne parlait pas le russe et recherchait de préférence la société de ceux qui connaissaient les langues, nous nous voyions très-souvent.

Un jour il arriva que le vieux Kw., dont j'ai parlé à propos des boulets, mourut. Il avait badiné même sur son lit de mort, en priant quelques amis, qui étaient venus le voir quelques heures avant son décès, de le sécher au soleil après sa mort et d'en faire une relique (il était étique et d'une maigreur affreuse). Ce Kw. était catholique, et comme l'aumônier catholique des troupes (1) n'était pas présent, Kw. fut, comme c'était la coutume, porté dans l'église russe orthodoxe, où un service de mort fut célébré et d'où on le porta au cimetière russe, qui était le cimetière général. Nous assistâmes tous au service funèbre, et l'officier étranger, que je nommerai P***, y assistait comme les autres; mais après la cérémonie il entra chez moi pour demander des explications. Il n'avait pas cru qu'un chrétien d'une autre confession puisse être enterré avec tous les honneurs que l'Église orthodoxe accorde à ses membres. Alors je lui citai des exemples que non-seulement notre Église accorde les honneurs de la sépulture chrétienne aux catholiques qui, du reste, ne diffèrent de l'Église grecque que par peu de points, mais que tout chrétien, qu'il fût protestant, méthodiste, quaker ou unitaire, a le droit au même respect et aux mêmes cérémonies, si le prêtre ou le pasteur de sa confession était absent. Ceci nous mena à une longue et intéressante conversation, pendant laquelle j'indiquai la fausseté des croyances qui existaient en Europe sur l'Église orthodoxe; je développai mes idées russes sur la liberté des cultes et de conscience, qui se manifestaient dans le soldat même, qui serait indigné si un honnête officier comme Kw. n'avait pas reçu la sépulture avec tous les honneurs (2). Je terminai

---

(1) Chaque division, c'est-à-dire quatre régiments, avait un aumônier catholique et un pasteur protestant pour les officiers et les soldats de ces confessions. Ils étaient payés par le gouvernement et faisaient leur tournée deux fois l'an.

(2) Je dirai, par parenthèse, que plus tard dans ma vie j'eus l'occasion d'être convaincu, en étudiant la vie du peuple, de la vérité de mes assertions. On ne sait peut-être pas que la moitié des villages en Russie sont sectaires, quelques-uns sont attachés simplement aux vieux rites tombés en désuétude dans l'Église établie, mais il y a aussi des Bogomiles ou Cattarrhes, qu'on

par l'observation que l'Église orthodoxe, avec ses doctrines saintement consacrées par la tradition, a un grand avenir, parce qu'elle est régie, non par un homme, mais par des conciles et des synodes, qui représentent l'Église, comme elle était représentée aux temps apostoliques, et aussi parce qu'elle traduit les saintes Écritures et célèbre la messe dans toutes les langues de la terre (1). Je ne cachai pas que cette Église est stationnaire, qu'elle est pétrifiée pour le moment, comme l'a dit plus tard Palmer, mais j'affirmai, comme c'est ma conviction, qu'elle contient le germe d'un grand avenir, dès qu'une liberté parfaite de tous les cultes sera établie.

P*** consentait en partie, en partie me réfutait, mais me demanda de lui faire en français la traduction de notre messe, ce que j'exécutai l'année même.

Vers la fin de 1850, comme je l'ai dit plus haut, le grand-duc héritier, actuellement Empereur, visita le Caucase, accompagné du prince Bariatinsky, qui fut plus tard lieutenant général de sa Majesté au Caucase. Le vieux prince Worontzoff faisait les honneurs du

---

nomme Hlisti et Shalopouti (les exaltés de leur secte sont les Skopzi ou Eunuques); il y a de véritables quakers ou méthodistes, qui portent les noms de Malakani et Douchobori, des sectes chrétiennes, judaïques, etc. Je fus étonné moi-même de voir comme les paysans strictement orthodoxes étaient peu fanatiques et n'aimaient pas qu'on se mêlât de la liberté de conscience. Il existe généralement dans le peuple le sentiment que chacun a le droit de suivre les impulsions de sa propre conscience. Les sectaires, même les eunuques (qui font parfois, dit-on, des conversions au moyen d'argent), n'ont jamais à redouter aucune persécution de la foule orthodoxe.

(1) La messe et l'évangile et une partie de la Bible sont traduits et la messe est célébrée en mongol, en mandjou, en tartare (langue turque). La plupart des prières sont traduites dans une quantité d'idiomes de la Sibérie.

pays qu'il administrait et le grand-duc héritier emporta un souvenir et une idée qui plus tard portèrent fruit. J'affirme que cette visite de Sa Majesté en 1850 fut le premier pas vers la conquête définitive du Caucase. Sa Majesté ne resta qu'un jour à Hassaff-Jurt et partit pour Grosnaia et Wosdwijenskaia pour voir de ses propres yeux l'exécution du plan conçu par Worantzoff. Ce fut là que s'aventurant avec une centaine de cosaques dans la forêt, il courut un danger réel et essuya une volée de coups de fusils tchetchènes qui, par bonheur, ménagèrent cette vie précieuse, qui plus tard engendra la nouvelle vie de la Russie.

Au mois de décembre de cette même année, un camarade T. (mort plus tard en 1852) et moi furent promus au grade de major. Les épaulettes d'officier supérieur, quand on les reçoit à vingt-quatre ans et après une campagne un peu meurtrière, font véritablement plaisir. Un banquet monstre fut organisé par nous deux, et nos aimables dames voulurent bien honorer de leur présence notre bal et notre souper.

Entre autres types de la grande Bohême, nous avions dans notre régiment un homme d'une cinquantaine d'années, long, osseux, avec de larges moustaches grises descendant jusqu'aux épaules, gastronome, homme de goût, panier percé, et qui n'avait que le rang peu élevé de sous-lieutenant. Son histoire n'est pas longue à raconter : fils d'une très-bonne famille, et ayant hérité d'une jolie fortune, il entra aux hussards où, après avoir fait des folies et à demi ruiné, il quitta le service avec le premier rang d'officier. Depuis, membre de tous les clubs, admirateur de toutes les jeunes Bohémiennes (1), possesseur de l'art de manger délicate-

(1) Il y a à Moscou des chœurs bohémiens qui sont célèbres

ment, ami de toutes les femmes du demi-monde, il finit par se ruiner complétement, et poursuivi par ses créanciers, il vint se réfugier sous les drapeaux de notre régiment. Quelques années plus tard, étant introduit dans un célèbre club de Moscou, je fus assailli de questions sur son compte, et les vieux membres du club se racontaient avec une évidente satisfaction la nouvelle que « notre membre » avait reçu la croix de Sainte-Anne pour sa valeur militaire. Cet aimable vieux était un brave garçon, fort ami à moi et très-serviable. T. et moi nous le priâmes de se charger de l'arrangement de notre bal et de la haute inspection de notre souper. Quatre chambres assez étroites et assez mal éclairées, mais de gentilles dames, et la gaieté de cœur de la jeunesse suffisaient pour rendre toute réunion attrayante. Notre bal eut un brillant succès et fut la dernière réunion de la saison, car quelques jours après nous devions de nouveau entrer dans la grande Tchetchna pour continuer les travaux de l'année précédente.

La colonne expéditionnaire qui devait entrer dans la grande Tchetchna, en 1851, était beaucoup plus considérable que la colonne de 1850. L'expérience nous avait appris que nos canons de l'artillerie légère ne suffisaient pas pour tenir à distance l'artillerie ennemie, que nous manquions de cavalerie régulière, et que pour avancer les coupes il fallait renforcer le nombre de l'infanterie. Aussi en 1851, vers le commencemeet du mois de janvier, nous établîmes un camp sur l'Argoune (plus bas sur le cours du fleuve que l'année

---

par leurs chansons bachiques et érotiques. Les Bohémiennes sont gracieuses, très-jolies, et ont inspiré des passions folles. Il y eut des cas de mariage entre des gens très comme il faut et ces Bohémiennes.

précédente) d'une vingtaine de bataillons, d'une vingtaine de canons dont la moitié était des canons de gros calibre, et de douze centaines de cosaques avec quatre escadrons de dragons et quatre canons d'artillerie à cheval. L'infanterie et la cavalerie avaient des chefs séparés sous l'ordre général du chef de l'expédition. De plus, nous avions quelques batteries de fusées à pied et à cheval qu'on avait formées pour faire l'expérience de ce nouveau genre d'armes que les Autrichiens avaient mis en vogue, en 1848-49, pendant la guerre contre le Piémont. Quelques pièces de fusées monstres étaient aussi apportées sur des chariots, dans notre camp, pour les essayer contre les fortifications en terre que l'ennemi avait construites; enfin un peloton de mineurs, avec quelques batteries galvaniques, accompagnaient les troupes pour faire sauter ces fortifications si cela était nécessaire.

L'ennemi n'était pas resté oisif pendant l'été de 1850. Après que la colonne d'expédition se fut retirée, Shamil avait ordonné de construire un immense rempart qui fermerait la percée que nous avions faite dans le bois. Ce rempart ou mur, formé en partie de bois et recouvert de terre, était placé derrière le ravin, où nous avions rencontré l'année précédente le parti nombreux de Hadji-Murat. Le ravin, dont on avait tiré parti comme d'un fossé, était élargi et approfondi pour en tirer la terre qui recouvrait les monceaux de bois qui formaient le corps du rempart. Cette ligne de fortifications était flanquée de deux redoutes très-bien construites adossées au bois des deux côtés de la percée et avait un aspect formidable.

Quand nous commençâmes notre expédition, nous pensâmes qu'un assaut serait nécessaire, dans la conviction que les fortifications s'étendaient dans le bois même et que l'ennemi, après avoir pris tant de peine à les construire, aurait au moins l'idée de les défendre. Les jeunes gens rêvaient la croix de Saint-Georges, mais nous fûmes très-désappointés. Il va sans dire que dès les premiers jours on fit une forte reconnaissance dans le bois pour voir si l'on pourrait tourner les fortifications, et l'on s'aperçut que le rempart et les redoutes se laissaient facilement prendre par derrière, et que ce n'était qu'un travail de plus à faire aux troupes pour les démolir. Nous verrons dans la suite que l'ennemi tâcha de tirer quelque parti de ces fortifications au moment de la retraite des colonnes, mais cela ne dura que tant que dura le froid qui rendait la tâche de démolition très-difficile. Avec les premiers jours de soleil et de dégel ces fortifications furent rasées, car au commencement de l'expédition il faisait un froid atroce. Nous commençâmes notre ouvrage par des coupes de bois qui isolaient les redoutes des bois qui les entouraient, et nous fîmes avec grand'peine trois ou quatre ouvertures dans le rempart pour faciliter le passage des troupes.

Ensuite commencèrent les coupes régulières qui étaient, comme toujours, accompagnées du canon de l'ennemi qui nous tuait, par-ci, par-là, quelques hommes, des escarmouches dans le bois, et, au moment de la retraite, quand l'ennemi s'empressait d'occuper le rempart que nous venions de quitter, pour nous poursuivre d'un feu bien nourri. Plusieurs fois on avait lancé la cavalerie dans les ouvertures faites dans le rempart pour tâcher de prendre quelques prisonniers ou les canons que l'ennemi plaçait quelquefois dans les redoutes quand nous étions déjà à une distance assez considérables, mais sans succès.

Le 23 janvier il semblait que l'ennemi voulût nous

livrer une bataille décisive. A la gauche de la percée et du rempart, dans la forêt que nous coupions, des masses de Tavliens apparurent. On pouvait toujours les distinguer des Tchetchènes par leur haute stature, leurs traits beaucoup plus grossiers et par quelques particularités de leur costume (1). Quand les Tavliens apparaissaient en masse, c'est que Shamil avait résolu d'entamer une affaire sérieuse, car il ne se fiait pas aux Tchetchènes qui n'étaient parfaits que dans les escarmouches de bois et quand ils défendaient leurs habitations, mais qui n'agissaient que mollement sous les ordres de Shamil et de ses généraux. Un feu continu dura toute la journée; dans le bois nous eûmes beaucoup de blessés dans la chaîne, dont plusieurs officiers, et entre autres le comte K***, dont j'ai parlé et qu'on aimait tant. Ce dernier eut la gorge traversée d'une balle, et au premier moment on pensait qu'il n'en reviendrait pas, ce qui affligea profondément tout le régiment. Sur la percée adossée au rempart nous avions notre batterie composée de canons de douze, et de fusées. Les canons de l'ennemi ne tiraient qu'à intervalle et étaient placés comme toujours derrière quelques arbustes ou épaulements qui les rendaient invisibles. De plus, ils changeaient de position après chaque coup, de sorte que notre artillerie ne pouvait les détruire par un feu bien pointé. Du reste, le mal qu'ils nous faisaient était purement accidentel, et ce 23 janvier un petit boulet de trois emporta un de nos jeunes officiers de l'artillerie, Ogigoff, qui com-

---

(1) Nous dirons plus tard ce que sont, d'après notre conviction, les ancêtres des Tavliens et des Tchetchènes. Quant au costume, le Tavlien porte la pelisse longue, avec des manches étroites qui tombent jusqu'à terre. Le Tchetchène porte la demi-pelisse qui prend la taille et la tunique en drap de chameau par-dessus.

mandait la batterie des fusées. Ce jeune homme fumait une cigarette, le côté droit tourné vers l'ennemi, quand un petit boulet lui entra dans les côtes et lui traversa le corps. La cigarette fumait encore qu'il avait cessé de vivre.

A trois heures après-midi, comme à l'ordinaire, commença notre retraite, avec les manœuvres qu'on connaît. Nous eûmes le plaisir d'envoyer une des plus belles décharges de mitraille, au moment où les Tchetchènes occupèrent la lisière du bois. Mais le rempart, dès que nous le quittâmes, offrait à l'ennemi une défense plus sûre, et nous eûmes à essuyer, en nous éloignant, un feu bien nourri qui nous emporta une vingtaine de soldats et deux officiers. De plus, des masses considérables ayant occupé la redoute de la droite, quand nous fûmes à distance, ils y placèrent leurs canons, et nous prenant en biais, nous envoyèrent des projectiles qui traversèrent en ricochetant la colonne.

Les boulets ne nous emportèrent que peu de monde, mais pour punir l'audace de l'ennemi, on lança la cavalerie qui, cette fois, sabra quelques tartares ce qui fit immédiatement retirer les canons que l'ennemi conservait avec soin. La cavalerie fit quelques prisonniers; l'infanterie, qui s'était jetée à la baïonnette dans le bois, avait fait deux prisonniers, dont un, blessé à mort, expira avant d'arriver au camp. C'était un Tavlien d'une taille gigantesque et bâti comme un Hercule. Par hasard, le chef de l'hôpital de Wosdwijenskaia, — qui était toujours la forteresse sur laquelle nos opérations s'appuyaient, — était venu au camp, et en voyant le Tavlien mort, il le demanda pour en faire un squelette pour les études des jeunes médecins. On le lui donna, et il l'emporta à Wosdwijenskaia,

7.

où on le fit bouillir pour dégager les chairs des os. Ceci fut ébruité parmi les tartares, et une nuit le chef de l'expédition reçut une députation des Tavliens qui vinrent lui reprocher l'outrage fait au mort : « Nous te « connaissons depuis longtemps, disaient-ils; tu as « toujours fait la guerre en loyal guerrier. Pourquoi « donc maintenant fais-tu bouillir ceux qui sont hono- « rablement morts sur le champ de bataille? » Le chef de l'expédition ne savait rien de ce qui s'était passé et resta tout ébahi à cette apostrophe. Quand on lui expliqua la chose, il tâcha de les calmer en leur disant qu'il donnerait ses ordres pour que tous les corps fussent rendus immédiatement à leurs parents pour être ensevelis (1) et qu'il ne permettrait jamais d'en user autrement. Et vraiment, si l'ambulance avait pris les ordres du chef de l'expédition, qui con- naissait les mœurs des montagnards de longue date, celui-ci n'aurait jamais permis de faire un squelette du Tavlien, sachant quelle mauvaise impression cela pro- duirait sur les montagnards. Les députés, plus calmes dès qu'ils eurent acquis la certitude, que ce cas excep- tionnel ne serait pas appliqué à tous les corps morts, se retirèrent en ajoutant cependant qu'ils conseillaient au médecin qui avait bouilli le montagnard de se te- nir sur ses gardes. Cet avis n'était pas à dédaigner, car bientôt le médecin lui-même fut informé par quelques amis qu'il avait parmi les Tchetchènes que les parents du Tavlien mort avaient juré de l'enlever et de le faire

(1) Quand nous emportions nos morts du champ de bataille, nous ne faisions que suivre la coutume des montagnards qui regardent comme une honte de ne pas ensevelir leurs morts. C'est pourquoi, après chaque affaire, les parents de ceux dont les corps étaient restés entre nos mains, arrivaient en suppliants pour qu'on leur rendît les corps de leurs amis ou parents. On avait toujours égard à cette prière.

bouillir vivant. On donna une garde au médecin; une sentinelle veillait autour de sa maison et quatre soldats armés l'accompagnaient toujours quand ses devoirs l'appelaient pendant la nuit dans les rues de la forteresse. Ces précautions ne furent pas inutiles, car deux fois il fut sur le point d'être pris dans les rues mêmes du faubourg, et une fois il faillit être tué par deux coups de fusil dirigés Dieu sait d'où, quand il sortit un jour des portes de la forteresse.

Vers le commencement du mois de février le dégel commença; la terre, devenue molle, permettait les travaux de la pioche, et l'on se mit en devoir de démolir le rempart; mais avant qu'on eût terminé ce long et pénible travail on joua un tour aux montagnards, qui arrêta une fois pour toutes leur coutume de venir occuper les redoutes et le rempart après notre retraite.

Un jour, quand on fut certain de la présence d'un grand parti, on prépara une mine dans la redoute de droite, et on la chargea assez fortement de 2 à 300 livres de poudre. On posa les fils conducteurs de la batterie galvanique et l'amorce et l'on fit retirer la batterie à une centaine de pas de la redoute. Vers la fin de la coupe, on fit ostensiblement les préparatifs de départ et l'on se retira peu à peu pour donner le temps aux montagnards de remplir la redoute, ce qui nous coûta peut-être quelques blessés ou tués, mais fut suivi de l'explosion de la mine, après quoi nous chargeâmes la redoute. Notre espoir était que les montagnards y perdraient un ou deux de leurs canons, mais nous ne trouvâmes rien, excepté les corps de quelques malheureux que l'explosion avait tués. Les montagnards avaient fui et depuis ce moment ils n'occupèrent jamais ni les redoutes ni le rempart. On s'occupa alors à démolir et à raser ce mur de terre et de bois (1), qui servit à combler le ravin naturel sur lequel il était construit. En dix jours ce travail fut terminé et nous nous préparâmes à nous enfoncer dans les profondeurs des bois qui, comme nous le supposions, s'étendaient sans interruption jusqu'au défilé de Weden.

Le chef de l'infanterie, le prince Bariatinsky, ayant sous ses ordres cinq bataillons, avec toute la cavalerie, fut le premier qui déchira le voile qui couvrait encore la grande Tchetchna. Avec la décision qui forme la partie proéminente de son caractère, il se porta avec la cavalerie, quatre canons de l'artillerie à cheval et deux compagnies de tirailleurs placées en croupe de quatre centaines de cosaques vers la sombre forêt qui semblait fermer au loin la percée que nous avions faite et qui, comme on pouvait le distinguer, descendait dans les profondeurs d'un ravin qui nous barrait le passage. L'infanterie en croupe devait servir à occuper en tirailleurs le bois et à garder les flancs de la cavalerie qui était embarrassée dans un bois touffu. Les bataillons devaient suivre au pas de course la cavalerie qui s'ébranla au galop vers le bois lointain. Nous vîmes de loin la fumée du feu roulant que la cavalerie essayait; nous vîmes nos tirailleurs y répondre et nous étions tout haletants pour arriver plus vite au secours

---

(1) Par parenthèse, je dirai que nous employâmes, pour en faire l'expérience, les fusées-monstres à la démolition du rempart, mais elles ne firent qu'un médiocre effet, quoiqu'elles fussent chargées à leur bout de petites fougasses qui faisaient explosion quand la fumée s'enfonçait dans le mur. L'entonnoir était si petit que deux ouvriers armés de pioches pouvaient faire mieux en une demi-heure. Il est probable que les fusées lancées contre une escarpe en pierre, déjà ébranlée par les coups de canon, pouvait produire un éboulement, mais contre des travaux de terre elles étaient nulles.

de la cavalerie; mais, comme par enchantement, le feu avait cessé, et quand nous approchâmes du ravin, nous reçûmes l'ordre de l'occuper, ainsi que le bois à droite et à gauche, et de commencer immédiatement la coupe. Un bataillon passa le ravin et là, à notre étonnement, nous vîmes que le bois n'était qu'un rideau qui nous cachait d'immenses plaines légèrement boisées qui s'étendaient à perte de vue jusqu'à la rivière Bass, qui brillait à 4 ou 5 kilomètres plus loin et au delà jusqu'au défilé qu'on pouvait distinguer par le dessin des montagnes boisées, dites Noires, qu'on voyait dans le lointain.

Simultanément avec la coupe on s'occupa à faire de bonnes routes à pente douce dans le ravin, qui vers la fin de la journée fut entièrement nettoyé de sa végétation et offrait maintenant un chemin sûr pour le mouvement des colonnes. Il ne nous restait qu'à couper le bois à distance de deux portées de canon, comme nous l'avions fait en préparant notre percée, et ce travail fut terminé en huit jours par les colonnes qui, comme à l'ordinaire, furent envoyées tous les jours du camp.

Les escarmouches que nous avions n'étaient que fort faibles, c'était un jeu d'enfant; à peine avions-nous une dizaine d'hommes tués par jour. Quant au canon, l'ennemi le plaçait toujours à une distance énorme et envoyait de loin ses projectiles, qui certes tombaient au milieu de la colonne qui occupait quelquefois 6 à 8 kilomètres carrés et était nettement marquée par la fumée des bûchers du bois qu'on brûlait. Mais nous n'avions pas le temps de faire des attaques et de courir après l'ennemi pour tâcher de lui enlever ses canons, et, du reste, nous finîmes par ne pas nous en inquiéter. Je me rappelle un accident très-drôle arrivé à un jeune soldat à deux pas de notre groupe d'officiers assis sur les tambours à déjeuner : nous entendons le frôlement particulier d'un boulet qui arrive, nous entendons le coup sec qu'il frappe en tombant et nous entendons un cri : « il m'a enlevé une dent ! » Nous nous levons en riant pour voir ce drôle qui prétendait qu'un boulet lui avait enlevé une dent, et nous voyons un jeune soldat avec la bouche ensanglantée, qui tient à la main une dent qu'il jure avoir été frappée par le boulet. Au bout d'un moment tout s'explique. Un vieux soldat raconte en riant qu'il avait vu le boulet frapper un tronc d'arbre et faire voler des éclats de bois, et que c'était sûrement un de ces éclats qui avait frappé le jeune soldat. « Et voici, ajouta-t-il sentencieusement, ce que c'est que d'avoir la bouche ouverte quand on va en expédition. » Le jeune soldat fut vivement frappé de cette sentence et parut convaincu qu'il était fautif d'une grave infraction aux us et coutumes de la guerre.

Vers la fin de l'expédition, le 25 février, le général baron Wreffsky, ayant posé l'infanterie pour la coupe, s'avança avec toute la cavalerie pour faire une reconnaissance, et ayant surpris dans un ravin un parti ennemi, le fit sabrer et prit quelques prisonniers.

Ce fait détaché n'aurait pas eu d'importance, s'il n'avait donné à Shamyl la malheureuse idée de former ce qu'il nommait le Nizam, c'est-à-dire une espèce de troupes régulières. Convaincu faussement que ses montagnards pourraient tenir contre nous s'ils formaient une grande masse compacte, pareille à nos bataillons, il ordonna de rassembler ses fidèles Tavliens et en forma son Nizam, en lui assignant un chef et en lui ordonnant de nous tenir tête quand nous avancerions vers le fleuve Bass.

Dans la nuit du 26 au 27 février, des espions nous

firent connaître ces préparatifs, et le lendemain avant l'aube un détachement formé de six bataillons, avec de l'artillerie et de toute la cavalerie avec les quatre canons de l'artillerie cosaque, s'avança, sous les ordres du prince Bariatinsky, dans la direction du fleuve Bass. L'infanterie, comme à l'ordinaire, fut occupée à couper les touffes de bois qu'on voyait çà et là au milieu de ces riantes plaines, et à couper quelques rideaux de bois qui s'avançaient vers la grande route que nous avions créée; vers midi la cavalerie s'avança, soutenue d'un bataillon, à la recherche du Nizam. Par malheur pour ce dernier, il fut aperçu occupant une position assez bien choisie; mais quoique formant une masse imposante de 5 à 6,000 individus, c'était une troupe peu à redouter au milieu d'une plaine, où nos troupes régulières étaient toujours les maîtres. Sur l'ordre du prince Bariatinsky, toute cette masse de 1,200 cosaques et de 400 dragons, précédée de son artillerie, se rua sur ces malheureux. L'artillerie à cheval cosaque, une des plus brillantes artilleries qu'on puisse voir, s'élança vers le Nizam, et s'arrêtant devant cette foule à une portée de pistolet, lui envoya sa décharge de mitraille, qui fut suivie immédiatement de l'attaque irrésistible des dragons et des cosaques. Bref, le Nizam se débanda immédiatement et commença à fuir vers la forêt qui se trouvait à quelques pas; mais la forêt n'arrêta plus la cavalerie, elle se jeta à la poursuite des fuyards et fit un grand carnage parmi les montagnards. Le prince Bariatinsky, connaissant à fond la guerre des bois et sachant que la cavalerie n'était pas forte dans des forêts, ordonna de sonner la retraite. Les trompettes répétèrent le signal, et au bout d'un quart d'heure toute la cavalerie était rassemblée dans une clairière. Le bois fut occupé par le bataillon qui avait suivi au pas de course la cavalerie; mais un escadron des dragons, commandé par le prince T., manquait. Cette nouvelle fit dresser les cheveux du chef de la colonne. Avait-il péri cet escadron emporté par la poursuite ou était-il tombé dans une embuscade? S'élançant à la tête de la cavalerie dans le bois, le prince Bariatinsky marcha résolûment pour retrouver ce malheureux escadron; mais à peine la cavalerie avait-elle fait mille pas, qu'elle se trouva en face de cet escadron qui s'en revenait tranquillement en s'essuyant le visage ruisselant de sueur. Où avez-vous été? Pourquoi n'avez-vous pas obéi au signal? demanda le prince Bariatinsky au chef de l'escadron. Celui-ci répondit très-naïvement qu'il n'avait pas entendu le signal et qu'il poursuivait les fuyards. Combien d'hommes avez-vous perdus? demanda le chef de la colonne. — Trois blessés et un homme tué, répliqua le chef d'escadron. — « Quoique vous n'ayez pas essuyé de défaite et que votre escadron se soit conduit bravement, continua le chef, vous, comme chef de l'escadron, vous avez agi imprudemment. Vous n'avez pas écouté le signal; vous avez lancé votre escadron sans calculer toutes les chances qu'il courait dans le bois et sans vous rappeler que vous n'êtes qu'une partie de la colonne et que vous n'avez pas le droit d'en agir à votre tête. Aussi en remerciant les soldats, je vous arrête et vous ferai juger par un tribunal militaire. » Le pauvre T. résigna le commandement de l'escadron et se retira, frappé au cœur, derrière la colonne. C'était un brave et noble officier, qui s'emportait pendant les attaques, un véritable officier de cavalerie, centaure et Hercule qui ne connaissait pas d'obstacles. Pendant le trajet au camp, le chef des dragons, le colonel T., s'approcha du chef de la colonne et le pria de vouloir bien, en l'honneur de cette brillante affaire, ne pas mettre en jugement le prince T, qui était un excellent officier. Le prince Bariatinsky, qui comprenait parfaitement les troupes et les aimait, ne voulut pas gâter la joie du jour et répondit au colonel T. : « Dites au chef de l'escadron, le prince T., qu'on ne juge pas celui qui est victorieux (1). Le prince T. vint remercier le prince Bariatinsky, qui lui serra la main, et la colonne rentra joyeuse et le cœur léger au camp. J'oubliais de dire que pendant que la cavalerie revenait par la percée, l'infanterie revenait en fouillant le bois à droite de la percée, mais elle n'y trouva personne. La forêt était parfaitement déserte.

Le lendemain, 28 février, fut le dernier jour d'expédition dans le fond de la plaine de la grande Tchetchna. Le général en chef de toute la colonne expéditionnaire, le général Kozloffsky, avec presque toutes les troupes du camp, entreprit une reconnaissance jusqu'au fleuve Bass, que nous n'avions pas encore approché. Du reste ce ne fut qu'une promenade militaire, importante parce qu'on put rectifier quelques détails topographiques de nos plans, mais parfaitement paisible, car on ne voyait nulle part l'ennemi. Les Tavliens, disaient les espions, démoralisés par la défaite du Nizam, étaient partis, sans en demander la permission, vers leurs aouls du Daghestan, et les Tchetchènes étaient trop fins pour s'aventurer hors des bois devant nos troupes. On vit bien, quoique nous eûmes à combattre les Tchetchènes encore quelques années, qu'ils n'agissaient que mollement, souvent à contre-cœur, et qu'ils n'étaient plus dévoués à Shamyl, qui ne pouvait les défendre contre nos invasions.

---

(1) Un dicton populaire, mis en vigueur dit-on par la grande Catherine II.

Nous verrons plus tard comment ce sentiment de défiance des Tchetchènes contre Shamyl se transforma, par des mesures profondément raisonnées, en un amour de leurs anciennes coutumes (que Shamyl persécutait), et comment cette époque de renaissance des Tchetchènes fut l'époque de la conquête morale de la Tchetchna, qui plus tard fit sa soumission.

CHAPITRE V.

Prise de Khan-Kala; l'expédition de 1852; la marche à travers la Tchetchna du 17 et du 18 février; expédition du 21 mars; duel et mort de Tr***.

En 1851, presque trois ans après être venu goûter cette vie aventureuse du Caucase, je fis un voyage à Saint-Pétersbourg; mais mon congé écoulé je m'élançai de nouveau vers cette terre promise du Bohémien, et j'arrivai au régiment au mois d'octobre. Ici on me dit que le prince Bariatinsky venait d'être nommé chef de l'aile gauche, à la place du pauvre général Nestéroff, qui se mourait.

Nous qui avions servi sous les ordres du prince Bariatinsky quand il commandait notre régiment, nous connaissions la largeur de ses vues et nous étions sûrs que de grands coups seraient frappés dans la grande Tchetchna.

En racontant l'expédition de 1850, j'avais parlé de la haute montagne solitaire qui, placée sur les bords de l'Argoune et habitée par des Tchetchènes ennemis, servait à la grande Tchetchna de poste avancé qui espionnait nos mouvements. Le premier acte du prince Bariatinsky, après sa nomination au poste important de chef de l'aile gauche, fut de s'emparer des villages tchetchènes situés sur cette montagne de Khan-Kala et de les détruire. Une nuit on ordonna aux troupes qui étaient à Grosnaia de se rassembler. Personne, pas même les chefs de régiment, ne connaissait le but du mouvement qui se préparait. Le prince Bariatinsky marcha directement vers le défilé, et, après avoir disposé la cavalerie dans la plaine tout autour du pied de la montagne boisée par l'Argoune, pour ne laisser échapper aucun de ceux qui voudraient fuir ou chercher du renfort, il gravit avec l'infanterie les chemins difficiles de la montagne couverte d'un bois touffu, et arriva vers l'aube aux aouls situés dans un site d'un accès difficile. Surpris à leur réveil, les habitants saisirent leurs armes et une affaire sanglante s'engagea; mais le chef de l'aile gauche n'était pas homme à reculer devant un obstacle : un des aouls fut pris d'assaut; les troupes restèrent campées la nuit sur la montagne, et vers le matin une députation des montagnards de tous les aouls de Khan-Kala arriva en demandant grâce, et en promettant de se soumettre à toutes les conditions qu'on leur imposerait. Ces conditions n'étaient pas lourdes. Les Tchetchènes devaient quitter immédiatement la montagne, avec leurs familles, leur bétail et leur bien, et accepter des terres fertiles sur la plaine près de Grosnaia, où ils deviendraient sujets russes. Jusqu'à ce qu'ils aient construit leurs maisons sur les terres qu'on leur donnait, ils devaient vivre chez leurs compatriotes, sujets russes, qui occupaient un très-grand village sous les canons de Grosnaia. Quelques habitants de cet aoul, connus comme des personnes fidèles, avaient accompagné notre expédition et ils certifièrent aux Tchetchènes de Khan-Kala qu'ils seraient reçus hospitalièrement dans les maisons de l'aoul. Les conditions imposées furent acceptées immédiatement, et ce jour même les familles des Tchetchènes furent menées à l'aoul de Grosnaia, où elles s'installèrent chez des amis ou des connaissances, et le lendemain des chariots tchetchènes, pris en quantité à l'aoul de Grosnaia, transportèrent les ustensiles de ménage et une partie des maisons mêmes de ceux qui devaient habiter dorénavant la plaine. Des troupes furent laissées sur la montagne jusqu'à ce que l'opération fût terminée, et ces troupes firent des coupes, préparèrent des chemins et brûlèrent définitivement tout ce qui restait des villages tchetchènes pour rendre la montagne accessible à tout moment.

Pour ce qui est des Tchetchènes, ils gagnèrent immédiatement leur pain et plus facilement que dans leur montagne, car c'était une partie de notre politique de trouver une occupation utile à ceux qui venaient eux-mêmes ou étaient forcés de venir s'établir sur nos terres. Ordinairement on leur donnait la permission, fort briguée, de transporter la farine et l'avoine qu'on recevait du Terek. Les prix du transport par sac d'un certain poids, du Terek à Grosnaia et à d'autres forteresses, étaient déclarés d'avance, et nous avions toujours de cette manière à notre disposition plus de chariots tchetchènes que nous n'en avions besoin; aussi la permission de participer à cette opération était-elle fort prisée de ces gens, qui ne voyaient que rarement l'argent dans les montagnes. Un chariot à deux bœufs gagnait, par jour de travail, de 8 à 10 francs, et au bout de deux mois on ne reconnaissait plus ces Tchetchènes qui nous arrivaient déguenillés. Ils apparaissaient fiers dans leur tunique neuve avec des poignards à manche d'argent; leurs femmes portaient des chemises et des shalwars de soie, et c'était la meilleure manière de les attacher à nos intérêts, car, par la suite, il nous arrivait de menacer quelques mauvais sujets, de les renvoyer dans les montagnes chez Shamyl, ce qui ne manquait pas de produire un effet salutaire.

Quand le prince Bariatinsky s'emparait de Khan-Kala, au mois de décembre 1851, et la rendait inhabitée, il préparait son expédition de 1852 qui, comme nous le verrons, ne pouvait s'accomplir sans cette première manœuvre.

A la fin de décembre, trois bataillons de notre régiment marchèrent, comme à l'ordinaire, par Grosnaia à Vosdwijenskaia et occupèrent au commencement du mois de janvier l'emplacement du camp de 1851. Quelques coupes eurent lieu, mais une nuit tout le camp s'ébranla et marcha dans la direction de la rivière Bass. Ceux qui ne connaissent pas les troupes caucasiennes auront peine à croire ce que l'infanterie peut faire par jour. Mise en marche à deux heures du matin, les troupes passèrent le Bass vers les dix heures et marchèrent sans interruption jusqu'à cinq heures du soir, ayant fait, d'après le calcul le plus modéré, 70 kilomètres.

Le but du prince Bariatinsky était de s'emparer d'un grand aoul ennemi Guéldigen, situé sur le versant des montagnes Noires et près de l'entrée du défilé qui menait à Weden. Ce mouvement avait un double but: de frapper l'ennemi de terreur par l'audace et la vitesse du mouvement et de faire une reconnaissance qui nous servit plus tard, quand le prince Bariatinsky, devenu général en chef du Caucase, entreprit et termina la conquête de la partie orientale du Caucase. Vers les cinq heures du soir, la cavalerie s'empara de l'aoul, dont les habitants avaient fui en voyant l'approche des troupes. Bientôt après arriva l'infanterie, qui organisa la garde du camp, car les troupes devaient y passer la nuit. L'aoul même devint la scène d'une chasse aux volailles que les habitants n'avaient pu prendre dans leur fuite. Toutes les troupes étaient affamées, n'ayant qu'un peu de biscuit dans leur havre-sac, et tout le monde tenait à ajouter un rôti ou une soupe à sa maigre provision. On tirait les poules et les oies à balle, tout en riant comme des fous. Quant aux officiers, ne connaissant pas le but du mouvement, ils n'avaient rien, et ce furent nos bons soldats qui vinrent leur apporter de leur biscuit, avec une poule tant bien que mal braisée. Il n'y avait que deux ou trois personnes qui avaient pensé à emporter derrière leur selle quelque thé, et ces bienheureux étaient fort enviés.

Le lendemain à l'aube, le prince Bariatinsky poussa avec la cavalerie sa reconnaissance vers le défilé de Weden, et ayant longé le pied des montagnes Noires et fait ses observations, il donna l'ordre du retour. Ce jour-là on arriva au camp exténué de fatigue, vers les dix heures du soir, n'ayant eu aucune escarmouche, car les Tchetchènes restaient dans leurs aouls, prêts à fuir avec leurs familles si nos troupes entreprenaient d'autres mouvements; mais le grand but de ce mouvement était atteint : nous avions vu de nos propres yeux les plaines de la Tchetchna, dans la direction de Weden. Après quelques jours de repos, une nouvelle excursion eut lieu vers un coin de la Tchetchna qui ne nous était pas connu.

Si l'on se rappelle ma description, on saura que l'Argoune descend des montagnes du Sud-Ouest au Nord-Est et que sur sa rive gauche se trouve la forteresse Vosdwijenskaia, qui a un pont par lequel les colonnes expéditionnaires entraient dans la Tchetchna. Les colonnes descendaient l'Argoune et campaient sur le fleuve (qui représente la corde de l'arc de l'amphithéâtre de la Tchetchna), presque au centre de cette corde. Elles faisaient leurs coupes directement devant elles, dans la direction de Weden. La dernière excursion était dans cette même direction. Maintenant le prince Bariatinsky entreprit une reconnaissance à droite, vers le coin très-boisé de la grande Tchetchna, qui était voisin de la rive droite de l'Argoune, à la hauteur de Wosdwijenskaia. On s'empara ici de plusieurs petits aouls; on leva des plans et on se retira avec une assez grande perte, car le pays était d'un accès fort difficile.

Ce n'est pas la grande Tchetchna seule qui devait subir les coups du chef de l'aile gauche. Grosnaia, le chef-lieu de ce gouvernement, était au milieu d'une grande plaine, entourée d'un côté des bois de la grande Tchetchna, et de l'autre des montagnes boisées de la petite Tchetchna, qui s'étend entre Wosdwijenskaia et Wladicawcas et forme un autre amphithéâtre de montagnes Noires, dernières ondulations de la chaîne principale. Ce fut là qu'une nuit deux colonnes furent lancées par le prince Bariatinsky, l'une sous ses ordres immédiats, l'autre sous ceux du baron Wreffsky. Les deux colonnes s'enfoncèrent dans les bois de la petite Tchetchna, célèbres par les sanglantes batailles qu'on y avait livrées. Toutes les deux jetèrent la consternation parmi les aouls de la Tchetchna et servirent à développer le prestige qui commençait à entourer le nom du nouveau chef de l'aile gauche. Nous eûmes cependant à déplorer l'honorable mort du général de cavalerie Kroukoffsky, tué dans cette affaire, et celle de plusieurs officiers.

Pendant cette première partie de l'expédition, je commandais par intérim un bataillon à Hassaff-Jurt, et je répète les faits comme je les ai entendus raconter par mes camarades. Un des chefs de bataillon de mon régiment ayant été grièvement blessé, je reçus l'ordre d'arriver immédiatement au camp pour commander le deuxième bataillon qui faisait partie de l'expédition.

A Tchervlenaia je rencontrai le chariot qui portait les derniers restes d'un jeune officier de notre régiment tué dans la dernière affaire. Ce jeune homme, à peine âgé de vingt-trois ans, beau, riche, possesseur de talents remarquables et doué d'un caractère délicieux, était aimé de tout le régiment. J'y trouvai une masse de cosaques et de femmes cosaques qui pleuraient en saluant son corps qu'on portait à Hassaff-Jurt pour l'y ensevelir.

Les cosaques de Tchervlenaia sont sectaires. On sait que les Streltzi dont ils descendent étaient ce qu'on appelle *staroveri* (de la vieille confession) ou oppositionnaires aux innovations que le patriarche Nicon introduisit dans le culte (1). Les cosaques de Tchervlenaia sont fortement attachés aux croyances de leurs

(1) Remarquons que les innovations se bornaient à une plus fidèle traduction des Saintes Écritures et des bréviaires; mais ce qui créa le schisme, ce fut que Nicon, fort du soutient de l'administration, voulut faire accepter ses nouvelles traductions de son autorité, sans convoquer de concile. Ceci lui fut formellement reproché par un des chefs du schisme, le prêtre Habbakuk (Avakoum), brûlé vif. Dès lors le schisme devint opposition et les staroveri formèrent une église séparée, non reconnue par l'État, mais parfaitement organisée et vivace. Ordinairement on accuse les staroveri de peu d'intelligence, parce qu'ils restent attachés aux rites, aux expressions, à l'orthographe ancienne des mots; mais peuvent-ils être accusés sérieusement en vue du procédé grossier de Nicon, qui ne tenait compte d'aucune habitude religieuse du peuple. Dernièrement, au mois de décembre 1871, Ffoulkes prouva, document en main, que ce que les bréviaires anglais nomment « *l'Athanasian creed* », la confession de St-Athanase, est un document apocryphe, composé et envoyé au IXe siècle à Alcuin par Paulinus, patriarche d'Aquilée. Cependant l'église anglicane, après une longue polémique, soutenue de la plupart des *fidèles*, n'osa pas rejeter ce document.

pères, et, comme tels, ne boivent ni ne mangent dans des vases qui ont servi aux orthodoxes qu'ils nomment les *mondains*. On dirait que le schisme met une barrière infranchissable entre les uns et les autres, et cependant l'absence du fanatisme exclusif est telle dans le peuple russe en général que, sauf les quelques originalités des cosaques, comme le refus de boire dans un verre qui nous appartenait, ou l'horreur qu'ils professent pour la fumée de tabac, nous ne sentions jamais la barrière qui nous séparait, et, comme on l'a vu plus haut, le village schismatique venait pleurer sur les restes d'un officier orthodoxe (1).

Je me hâtai d'arriver à l'expédition et de prendre le commandement de mon bataillon que je trouvai avec le reste de la colonne, non loin de Grosnaia, sur l'Argoune, au pied de cette montagne de Khan-Kala qui fut dépeuplée au mois de décembre 1851. Jusqu'à la mi-février nous fîmes des coupes systématiques, mais l'ennemi ne se montra pas ; il était sur ses gardes effrayé des coups qui avaient été frappés.

Si l'on a suivi ma description topographique, on a dû remarquer que la demi-ellipse de la grande Tchetchna était explorée jusqu'au défilé de Weden et à la droite de notre position vers l'amont de l'Argoune. Maintenant le prince Bariatinsky se préparait à explorer le côté gauche de la grande Tchetchna, c'est-à-dire

(1) Nous avions quelques officiers mariés à des filles d'officiers supérieurs cosaques, qui sont sectaires comme tous les cosaques. Ces officiers allaient quelquefois passer la fête de Pâques à Tchervlenaia et assistaient, quoique orthodoxes, à la messe de minuit, que les cosaques célèbrent dans leur chapelle. La seule différence qu'on faisait, c'était de ne pas leur permettre de baiser la croix à la fin de la messe, parce que, disait-on, ils avaient la barbe rasée et *buvoient* le tabac (boire est une vieille expression pour fumer).

la partie qui était séparée de la plaine des Koumicks par la chaîne boisée de Katchkalik. Comme je l'ai dit plus haut, sur le versant oriental de cette chaîne se trouvait la forteresse Kourinsk. Le côté occidental de la chaîne, à la hauteur de Kourinsk, c'est-à-dire le versant qui regarde la Tchetchna, forme angle avec la chaîne des montagnes Noires, et à cet endroit fort resserré vient se joindre le petit défilé du Metchik, petite rivière encaissée dans de hauts bords de terre glaise qui descend des montagnes Noires et vient baigner le pied de celles de Katchkalik dans la grande Tchetchna. Ce fut dans cette direction que le prince Bariatinsky résolut de traverser la grande Tchetchna qui était une terre inconnue, et où, depuis les années 1825-1826, nos troupes n'avaient pas pénétré.

Dans la nuit du 16 au 17 février, la colonne expéditionnaire se prépara à marcher. Nous devions avoir du biscuit pour cinq jours; on permettait d'avoir une charrette par bataillon, pas plus, pour le transport des blessés. Les officiers avaient des chevaux de bât qui n'étaient jamais un embarras pour la colonne dans les plaines. A deux heures après minuit la colonne se mit en marche. Nous marchâmes dans le plus grand silence jusqu'à la Djalka, petite rivière sur les bords de laquelle se trouvaient plusieurs villages. A neuf heures du matin retentit le premier coup de canon; la fusillade s'engagea et ne se termina qu'à onze heures du soir quand nous nous arrêtâmes pour bivaquer au pied des montagnes Noires, dans et autour d'un grand aoul nommé Majurtoup.

Les trois bataillons de notre régiment eurent, comme à l'ordinaire, l'honneur de porter la responsabilité et les dangers de l'arrière-garde. Je le répète, l'arrière-garde, quand la colonne s'enfonce dans les bois, est le poste le plus difficile. Elle doit suivre le mouvement de la colonne qui s'engage dans des chemins tortueux et doit avant tout garder la liaison avec les chaînes de la droite et de la gauche dont le mouvement est aussi très-difficile. De plus, l'arrière-garde combat incessammens, car tant que la colonne s'avance, les montagnards sont sur leurs gardes et craignent d'être surpris; ils ne s'aventurent que rarement devant la colonne, mais dès que sa direction est nettement marquée, ils tombent avec toutes leurs forces sur les angles des chaînes qui se lient à la chaîne de l'arrière-garde et sur l'arrière-garde même, et tâchent, en décimant la chaîne, de surprendre un moment propice pour se jeter, le poignard à la main, dans l'intérieur de la colonne. Ce ne sont que des troupes qui connaissent la guerre des bois à fond, et qui dans toutes les circonstances gardent imperturbablement l'ordre, qui peuvent porter sur leurs épaules un fardeau tel que celui qui nous était échu dans cette mémorable marche du 17 et du 18 février 1852. Que de fois, arrêtés par un de nos chariots dont la roue était brisée ou par le pansement d'un blessé sur le chariot, nous devions immédiatement le faire savoir par nos officiers aux chaînes de droite et de gauche qui devaient à leur tour s'étendre et se renforcer, car la tête de la colonne (longue quelquefois de 3 kilomètres) ne s'arrêtait pas dans sa marche.

Que de fois, pour traverser une rivière ou un ravin qui barrait le chemin à notre chaîne et qu'on ne pouvait traverser que dans un seul endroit, nous devions le faire savoir à toute la chaîne et préparer préalablement, de l'autre côté de la rivière ou du ravin, une nouvelle chaîne qui défendrait la rive au moment où la vieille chaîne se réunirait vers le point de passage!

Que de bois touffus, vrais coupe-gorges, parfaitement connus des Tchetchènes et totalement inconnus à nous, que nous ne pouvions traverser avec succès qu'en employant nos chaînes roulantes où nos réserves en échiquier! Qu'on ajoute à cela une marche forcée de vingt heures de suite, et l'on comprendra que notre arrière-garde, arrivée comme de raison la dernière au bivouac, tombait de fatigue. Et toute cette journée pas un moment où l'ordre fût ébranlé! (1)

Mais arrivés à Majurtoup, ayant posé nos sentinelles, nous tombâmes comme morts sur la terre et nous nous endormîmes sans même nous donner la peine de manger un morceau. Je soupçonne fort que les sentinelles dormirent; mais les Tchetchènes étaient tout aussi fatigués et, de plus, le bivouac près d'un aoul occupé par nous et qui était entouré d'une grande plaine rase, n'offrait aucun danger.

Le lendemain, vers les dix heures du matin, le camp se réveilla avec un appétit d'enfer; toutes les provisions furent tirées des havre-sacs, on avait pris en route quelque bétail qui fournit une bonne soupe aux soldats; les théières en cuivre chantaient gaiement sur les bûchers, tout le camp déjeunait et reprenait ses forces en attendant le moment du départ. Car nous étions encore en plein pays ennemi; entre nous et la chaîne de Katchkalik, s'étendait une vaste forêt de noisetiers et, en arrivant au pied de la chaîne, nous avions à passer par cet endroit si étroit et si difficile où les deux chaînes de montagnes font angle et où avant de passer la chaîne de Katchkalik, nous avions à traverser

---

(1) Toute la chaîne des trois bataillons de notre régiment était sous les ordres du comte K***, dont j'ai parlé plus haut et qui avait été blessé à la gorge, mais qui s'était remis de sa blessure, gardant seulement une extinction de voix, qui lui est restée.

le Metchik ayant à notre droite un ténébreux défilé boisé qui servirait d'embuscade aux Tchetchènes.

Nous nous mîmes en marche à huit heures du matin et nous entrâmes dans cette coudraie épaisse de 8 à 10 kilomètres de profondeur qui s'étendait vers la plaine du Metchik. Comme il fallait s'y attendre, une forte affaire s'engagea dans les chaînes de l'arrière-garde; mais ce qui nous étonna, ce fut d'entendre dans le lointain et hors de notre colonne des coups de canon qui semblaient venir de la chaîne de Katchkalik. Quand nous débouchâmes vers midi sur la plaine qui s'étend jusqu'au Metchik et la plaine de Katchkalik, nous eûmes l'explication de ces coups de canon, qui provenaient d'une petite colonne menée par le général Baklanoff, qui venait, selon les ordres secrets envoyés d'avance par le prince Bariatinsky, sortir de la forteresse de Kourinsk, traverser, non sans danger, la chaîne et la rivière du Metchik, où il avait préparé un chemin de descente, et se réunir à notre colonne. Le général Baklanoff était un véritable talent militaire, et tous ses mouvements étaient combinés d'une manière irréprochable.

Après la jonction, les troupes eurent deux heures de repos; nous nous proposions de faire face au danger qui nous attendait au passage du Metchik; l'ennemi se préparait à nous disputer le passage, ou au moins à nous le faire payer cher. Ce qui faisait seulement mal à voir, c'étaient les charrettes remplies de nos blessés, dont quelques-uns, blessés gravement, étaient incommodément couchés et quelquefois entassés sur les charrettes. On faisait tout ce qu'on pouvait pour leur rendre la situation moins pénible, mais nous n'avions que des moyens de transport primitifs, et du reste, pendant une marche de plus de deux jours par un pays ennemi, où l'on ne laissait pas même les morts, il serait impossible, avec deux cents ou deux cent cinquante blessés, de trouver quelque autre moyen de les transporter, car les soldats étaient encore nécessaires pour le dénouement de ce drame militaire.

Vers les trois heures de l'après-midi, mon bataillon, avec deux autres, six canons et un régiment de cosaques, le tout sous les ordres du général Baklanoff, furent avancés vers le bois qui faisait face au passage du Metchik. Notre mission était de former un paravent derrière lequel passeraient le train et le reste des troupes.

Dès que nous occupâmes notre position, nous fûmes assaillis par une grêle de boulets et de mitraille que nous envoya l'ennemi, qui avait construit des batteries pour ses canons sur la lisière de la forêt. Nous eûmes une dizaine de soldats emportés et nous répondions de notre mieux, quand tout à coup la canonnade cessa, et un hourra prolongé retentit à notre droite dans le bois en face duquel nous nous trouvions. Le prince Bariatinsky, pour nous faciliter notre tâche et inspirer à l'ennemi une crainte salutaire de perdre ses canons, lança dans le bois toute la cavalerie, soutenue de deux bataillons d'infanterie. L'ennemi n'attendit pas l'attaque et cacha immédiatement ses canons dans les profondeurs des bois, ce qui nous fit gagner une heure à peu près et nous permit de faire passer le Metchik à notre train de blessés sans les exposer aux boulets de l'ennemi. Nous étions toujours à notre position, quand commença la retraite. Les troupes passaient derrière nous, descendaient le ravin du Metchik et montaient la pente de la chaîne Katchkalik, sur le revers de laquelle se trouvait la forteresse Kourinsk, où nous devions passer la nuit.

Quand les troupes furent retirées du bois, l'ennemi replaça ses canons et recommença la canonnade, que nous fîmes cesser plusieurs fois en marchant à la baïonnette occuper la lisière du bois. Enfin le soleil se coucha, l'obscurité, comme dans tous les pays du Midi, remplaça subitement la lumière du jour. Nos tirailleurs cependant avaient devant eux des masses de tartares qui, irrités de leurs défaites successives, menaient une vive fusillade et attendaient seulement le moment de notre retraite pour se jeter à coups de sabre ou de poignard sur la chaîne de l'arrière-garde; mais ici comme toujours notre manœuvre des réserves en échiquier nous permit de nous retirer avec un plein succès. Seulement cette fois ce ne furent plus des pelotons ou des compagnies qui formaient les réserves, c'étaient des bataillons entiers. Qu'on se rappelle que le ravin du Metchik ne permettait de le passer qu'à un seul endroit fort étroit, et que trois bataillons, six canons et le régiment des cosaques devaient passer ce petit défilé. Les cosaques furent envoyés en avant avec quatre canons, les trois bataillons et les deux derniers canons devaient commencer leur retraite au signal du sifflet, quand les premiers quatre canons auraient pris position sur la pente de la montagne, pour être en mesure de tirer par-dessus nos têtes.

Pendant ce temps la fusillade ne faiblissait pas; cependant au coup de sifflet le bataillon du milieu se retira en courant; les Tartares se jetèrent sur la chaîne, mais furent reçus à bout portant par la décharge de la chaîne des deux bataillons qui restaient sur place. Pendant ce temps le premier bataillon passait le Metchik et occupait de sa chaîne l'autre bord du ravin. A un nouveau coup de sifflet, le second bataillon se retira de la même manière, mais les Tartares épuisés, ou soupçonnant une ruse, ne renouvelèrent pas l'attaque. Enfin, au dernier signal, le troisième et dernier bataillon avec les deux derniers canons se retira vers le passage du ravin, et fut assailli pendant sa retraite par des masses compactes de Tavliens et de Tchetchènes, qu'on voyait à la lueur des batteries en bois qui brûlaient, allumées par nos obus.

Mais notre bataillon était déjà au fond du ravin et les deux premiers bataillons qui occupaient l'autre rive reçurent l'ennemi par une décharge qui lui emporta beaucoup de monde et le décida à une retraite précipitée. En même temps les quatre canons qui s'étaient tus jusque-là, lancèrent par-dessus nos têtes leurs projectiles dans la masse qu'on entrevoyait à la lueur des bûchers, ce qui termina complétement le combat.

Nous montâmes la pente de la montagne sans être poursuivis de l'ennemi et arrivâmes exténués de fatigue vers les neuf heures du soir à la forteresse, autour de laquelle nous bivouaquâmes, car elle ne pouvait contenir toutes les troupes de l'expédition.

Cette marche de deux jours était d'une grande importance, et comme reconnaissance et comme coup moral porté à la puissance de Schamil. Désormais il était prouvé que pas un point de la Tchetchna n'était à l'abri de nos attaques, et la conséquence logique de cet état de choses était que les Tchetchènes devaient tôt ou tard faire leur soumission. Bientôt après l'expédition nous vîmes l'effet qu'elle avait produit : des masses de familles tchetchènes quittaient la grande Tchetchna et venaient nous demander des terres et notre protection. Ils furent établis dans divers endroits, et entre autres à 8 kilomètres de Kourinsk, sur la pente orientale de la chaîne Katchkalik, près d'une source chaude, Isti-Sou, dont l'aoul qu'ils bâtirent prit son nom. Je parle de cet aoul parce qu'il fut le théâtre d'un épisode intéressant que je raconterai plus tard. Mais après la marche dont je viens de parler, l'expédition d'hiver n'était pas encore terminée, nous devions retourner à la plaine de la Tchetchna sur l'Argoune pour terminer nos coupes qui, cette fois-ci, devaient faire une percée dans la direction de la Djalka, c'est-à-dire du chemin que nous avions parcouru. Pour revenir à la position sur l'Argoune, nous fîmes un circuit, nous passâmes près du défilé où la Sounja passe à travers la chaîne Katchkalik et nous longeâmes la rive droite du Terek pour rentrer à Grosnaia. De Grosnaia nous allâmes occuper une troisième position sur l'Argoune, au pied de la montagne de Khankala qui était près du bois que nous devions couper. Nous eûmes quelques combats à coup de canon, mais comme le printemps commençait et la terre était molle, les projectiles ne faisaient pas tant de mal qu'ils pouvaient faire jadis quand ils ricochaient sur un sol gelé.

Je me rappelle qu'un jour nous étions à causer avec le comte K***, à trois pieds de distance l'un de l'autre; tout à coup un projectile tombe juste entre nous deux. Nous ne savions pas si s'était un boulet ou un obus, mais fidèles à notre coutume caucasienne de rester impassibles nous continuâmes notre conversation que, du reste, pendant les vingt ou trente secondes qui suivirent la chute du projectile, il n'était pas assez facile de continuer.

Nous étions au commencement du mois de mars, les troupes avaient besoin de repos; on leva le camp et les troupes revinrent à leurs casernes. Cependant le 21 de mars nous fîmes une petite excursion d'une nuit au delà de la chaîne Katchkalik, qui faillit se terminer malheureusement; six compagnons de notre régiment avec six cents cosaques et quatre canons, sous les ordres du général Baklanoff, marchèrent dans la nuit du 21 au 22 mars pour s'emparer du bétail d'un aoul ennemi qui se trouvait près de la forteresse Kourinsk, sur le versant opposé de la chaîne. Ceci entrait dans le plan général du prince Bariatinsky, qui tenait à préparer d'avance l'expédition de 1853 (comme nous le verrons plus tard), en dépeuplant le versant occidental de la chaîne Katchkalik.

Nous n'eûmes pas de difficultés à détruire l'aoul et nous commençâmes notre retraite vers le matin du 22. Mais par malheur un brouillard enveloppait la montagne et le bois par lequel nous devions passer. La chaîne de gauche perdit son chemin et la continuité de la chaîne gauche avec la chaîne de l'arrière-garde fut rompue à l'angle gauche de l'arrière-garde. Les Tchetchènes se jetèrent dans cet intervalle et faillirent sabrer les artilleurs et s'emparer des canons qui suivaient la route tortueuse et difficile à travers le bois. Par bonheur la chaîne gauche ne s'était pas encore éloignée; le hourra des troupes et le cri des Tchetchènes indiquèrent l'endroit attaqué: l'arrière-garde d'un côté, la chaîne gauche de l'autre se jetèrent sur les Tchetchènes qui s'étaient aventurés dans l'intérieur de la colonne et qui furent presque tous tués. Cependant nous fûmes tous affligés de cet épisode qui ne serait pas arrivé si l'on avait pris toutes les précautions nécessaires. Je raconte ce fait pour démontrer comment dans la guerre des bois les meilleures troupes sont sujettes aux attaques de l'arrière-garde à la moindre déviation des règles établies, ou grâce à un moment d'insouciance. Dans cette affaire je faillis personnellement être pris ou tué, et je me sauvai grâce à mon cheval de la race turcomane. Le brouillard était si épais, la route du bois si tortueuse et le bois si épais, que moi, qui croyais me trouver entre la chaîne et les réserves de l'arrière-garde, je me vis tout à coup seul à quinze pas des Tchetchènes qui nous poursuivaient et dont je voyais parfaitement les tuniques entre les arbres. Je compris que j'étais resté derrière la chaîne et je m'élançai dans la direction que la chaîne devait avoir prise. Du reste, je ne pouvais me tromper, car le sifflement de nos balles m'indiquait clairement où étaient nos tirailleurs. Derrière moi étaient les Tchetchènes, qui s'élançaient sur moi sûrement pour tâcher de faire un prisonnier. Mon excellent cheval bondit sous les éperons, mais s'arrêta subitement dans sa course devant un énorme tronc d'arbre qui nous barrait le passage. C'était un grand platane de plus de quinze pieds et demi de diamètre qui était tombé de vieillesse ou sous la hache du bûcheron. Pour le coup, je croyais être perdu et je saisis mon sabre pour vendre cher ma vie, n'espérant pas que mon cheval puisse franchir cet obstacle et n'ayant pas le temps de le tourner. Mais le cheval en général, et le cheval de sang en particulier, est la bête la plus intelligente que je connaisse. Il dut avoir la conception du danger que nous courions, car rassemblant ses forces il fit un bond prodigieux, franchit le tronc et arriva en deux ou trois bonds au milieu de notre chaîne. Ce fut la dernière marche de l'expédition d'hiver; le printemps commençait, et avec le beau temps on recommençait les travaux de construction et de fauchage dont j'ai parlé.

Cette année nous eûmes à déplorer la mort d'un de nos confrères que j'aimais beaucoup, tué roide dans un duel.

Je crois avoir parlé d'un officier excellent, mais envieux, pétri d'amour-propre, S***, qui n'était pas aimé dans le régiment pour son caractère aigre et soupçonneux.

Le jour de Pâques, en 1852, tombait le 30 mars ; ceci, comme on sait, est un jour de grande fête en Russie. On se faisait mutuellement des visites, et le ci-devant officier aux gardes T***, rencontra accidentellement S*** qui le détestait particulièrement pour sa verve moqueuse. Il paraît que S*** fit en parlant une faute de géographie ou d'histoire qui fut relevée en riant par T***, et que S*** lui répondit par une injure. On me rapporta ensuite cette histoire, car j'étais malade alité ces jours-là ; ce que j'ai su, c'est par le pauvre T*** en personne, qui entra chez moi vers les trois heures de l'après-midi et me tendit la main en disant : « Adieu, je vais me battre, j'ai été offensé par S***. »

« Au nom du ciel, m'écriai-je, ce n'est pas aujourd'hui que vous pouvez vous battre ; on ne vide pas ses affaires jusqu'au lendemain : au moins vous aurez tous les deux votre sang-froid. »

« Nous ne pouvons attendre, car l'affaire s'ébruitera, et nous pourrons être arrêtés, me répondit T***. Adieu, et souvenez-vous de moi si je tombe. » Je l'embrassai, et ce fut la dernière fois que je le vis, car une heure plus tard, deux de ses témoins vinrent me dire qu'il était mort et me racontèrent ce duel vraiment cruel.

Les témoins étaient de braves gens fort honnêtes, mais qui ne connaissaient pas à fond les lois du duel et ne savaient pas qu'ils avaient eux-mêmes le droit d'imposer les conditions du combat au lieu de les accepter toutes faites des deux adversaires enflammés de haine et de colère ; aussi permirent-ils de se battre au pistolet à *quatre* pas. Quand S*** et T*** se placèrent le pistolet à la main et étendirent leurs bras armés, les canons de pistolet se touchaient presque. On donna le signal, deux coups se firent entendre; T*** fit une demi-volte à gauche et tomba sur sa face. S*** resta debout et dit à haute voix : « Rappelez-vous, T***, qu'on ne se moque pas impunément d'un honnête homme. » Les témoins se jetèrent pour relever T***; il était tué roide mort : la balle lui avait traversé le cœur. S*** était en blouse blanche; le premier moment on pensait qu'il n'était pas blessé, mais une fontaine de sang jaillit de son dos et colora la blouse; il avait la poitrine traversée d'une balle. On le pansa à la hâte avec des mouchoirs, mais comme c'était un homme d'une santé robuste, il eut la force de se mettre à cheval et fit le trajet jusqu'à son logement avec un calme si parfait, que plusieurs officiers, qui ne connaissaient pas encore l'affaire et qui le rencontrèrent dans la rue, ne se doutèrent de rien et remarquèrent seulement qu'il était plus pâle qu'à l'ordinaire. S***, après une maladie de deux mois, recouvra sa santé, mais ce qui est vraiment singulier, mourut en 1854, juste le jour de Pâques, comme T*** qu'il avait tué ce jour. Il mourut de je ne sais quelle maladie, n'ayant pas même eu le bonheur d'être tué dans un combat.

CHAPITRE VI.

1852, quelques mots sur les Tchetchènes, leur langue, leurs coutumes. Nouvelles cours de justice créées par le prince Bariatinsky. Affaire du 11 août.

Il me semble nécessaire de dire quelques mots sur ces Tchetchènes que nous combattîmes, avant de décrire les mesures politiques et administratives qui furent prises par le chef du pays pour préparer la conquête définitive de cette contrée.

La partie du Caucase qui avoisine la mer Noire était peuplée, comme nous l'avons dit plus haut, de peuples éminemment aristocratiques qui, d'après les meilleures sources, devaient être les restes de la race des Antes, des débris des Celtes et les restes des colonies grecques et vénitiennes. Le Caucase oriental présente, au contraire, le sédiment des peuples de l'Asie centrale qui, en passant par les portes caspiennes en Europe, laissaient au Caucase des échantillons de leur nationalité.

En commençant par *les Scythes*, qui peut-être laissèrent leurs inscriptions cunéiformiques sur le roc de Tarcou (1), *les Massaguètes*, dont la reine Tamyris ou

---

(1) Faux et Rawlinson affirment que l'élément scythique (sous le nom de Scythes et Tsimri) était nombreux dans la monarchie de Perse, et même dans la monarchie antique chaldéenne. Layard affirmait qu'une des trois inscriptions de Persépolis devait être tracée en langue scythique.

Tamara combattit Cyrus et qui étaient, comme le présume Jules Claproth (*Tableaux historiques de l'Asie*), les Albans ou Alains de Pompée; *les Oigour* et *Ouar Hunnes* ou Hunnes noires, qui sont, d'après Amédée Thierry, les Avares du Daghestan, *les Khazares, Koumani, Polovetz, Petchenègues* et autres races turaniennes marchaient à travers ou le long de la chaîne caucassienne et laissaient leurs colonnes dans la partie orientale de la chaîne, cette grande route des peuples, et quittaient les froides plaines de l'Atil et du Tanaïs pour aller chercher le beau ciel de la Médie, de l'Atropatène et de l'Ibérie. Ainsi toutes les tribus du Caucase oriental étaient des voyageurs venus de l'Orient, qui n'avaient rien de commun et qui ne furent liés entre elles qu'au IX° siècle, au moyen de l'islam qui fut imposé au Caucase oriental par les Arabes sous le général Abou-Mousselin. Entre ces deux colonisations occidentale et orientale du Caucase, qui n'avaient rien de commun, nous trouvons un peuple indo-germanique parfaitement distinct et des hordes hunniques et turques de l'Orient, et des races aristocratiques Adihé de l'Occident. Au milieu de la chaîne caucassienne et entre les races Adihé et les races asiatiques, roule ses eaux, dans un profond défilé, la rivière Argoun, qui descend du versant septentrional de la montagne Barbalo, dans le pays des Kistes, au sommet de la chaîne principale, et sépare la chaîne en deux. Près de ses sources se trouve le village fortifié Kersten-Akh, ou Nehshihé (1), l'ancien Kiolo, comme disent les Tchetchènes, qui fut le berceau de leur race. « D'ici, dit la légende, les Tchetchènes descendirent le long du défilé

---

(1) Kersten veut dire chrétien. Neh-shihé provient du mot *Neh*, gens, pluriel de *Stég*, homme. (*Stu*, femme).

de l'Argoun, jusqu'à Tchah-Kiry (maintenant la forteresse Wosdvijenskaja) et s'établirent plus loin sur la plaine de la grande et de la petite Tchetchna, et dans les défilés du Walerik, du Fartango, de Martan, de Goita, d'Arak-Sou, d'Aksai, de Iaman-Sou, du Metchik, de la Sounja et d'autres petites rivières qui arrosent les plaines des deux Tchetchna, s'emparant de tout le pays boisé, dont une partie, disent les Tchetchènes, appartenait à la race Adihé, ou Antihé (1).

Les Tchetchènes se distinguent tellement par leurs brillantes facultés des races asiatiques du Daghestan, qu'ils regardent avec mépris, qu'on ne saurait douter qu'ils ont dans leurs veines un sang plus noble que le sang des hordes hunniques et qu'ils descendent d'ancêtres qui avaient une certaine civilisation. Cette dernière supposition est fondée sur leur langue, qui ne ressemble nullement au claquement et au coassement des tribus du Daghestan, mais rappelle plutôt les langues européennes, quoiqu'elle est encore trop peu connue pour préciser sa parenté avec les langues indo-européennes. Cependant le peu que je connais de cette langue me fait croire qu'elle est non-seulement parente des langues ariennes, mais encore qu'elle s'est formée sous l'influence d'une langue civilisée. L'emploi de deux datifs indépendants et du datif avec un participe (comme l'ablatif dans le latin et le génitif en grec) est un mode de construction qui ne se retrouve pas chez les sauvages. Les mots *eo*, je vais; *do*, faire; *èller*, parler; *dicer*, dire; *dàa*, le père; *nàana*, la mère; *Déelli*, Dieu (2), rappellent leur origine indo-européenne.

(1) Sur les Adihé, voir mon *Essai sur les tribus caucasiennes*. Les Adihé ou Cabbardiens sont les Antes d'autrefois.

(2) Déelli est positivement le *Deus* des Latins, avec la terminaison Eli, ou Alla des Sémites-Arabes musulmans.

Quoique les Tchetchènes professent l'Islam, comme presque toutes les tribus montagnardes, ils ne sont pas du tout fanatiques, ce qui dépend en partie de l'ignorance de mollahs et des kadis, qui savent à peine lire, mais ce qui dépend particulièrement du genre de l'esprit des Tchetchènes, beaucoup plus libre et indépendant que celui des montagnards du Daghestan qui ont plutôt les facultés d'un troupeau que celles d'un individu, tandis que le Tchetchène, fort de son intelligence, respecte avant tout sa propre personne et sa propre idée.

La politique de Shamil, comme celle des Arabes au commencement de leurs conquêtes, s'appuyait principalement sur la religion, qui seule pouvait lier tant d'éléments hétérogènes qui formaient l'État musulman à la tête duquel se trouvait le chef religieux, l'iman Shamil. Le Tchetchène, avec ses coutumes antiques, ses aspirations d'indépendance, ses traditions qui rappelaient au peuple sa vie aux souvenirs chevaleresques et chrétiens, le Tchetchène qui n'avait jamais embrassé fanatiquement l'islam, inspirait peu de confiance à Shamil.

Le Tchetchène se rappelait, comme me disait un vieillard presque centenaire, Zaur (1), que « son septième père », c'est-à-dire son ancêtre au septième degré, mangeait du porc. On se racontait encore les légendes des chevaliers Tinavinvissou et Huno Karkaloï, qui durent se battre en duel, mais qu'une femme sépara. Il trouvait tous les jours dans sa vie des réminiscences de ce rôle important qu'avait joué la femme, car la coutume qui la faisait protectrice puissante

(1) Voir pour plus de détails l'*Essai historique sur les tribus caucasiennes* déjà cité.

d'un homme menacé qui se mettait sous sa sauvegarde sous le nom de fils de lait, existait encore. Enfin le Tchetchène avait des lois coutumières qu'il n'avait pas oubliées.

Le grand niveleur musulman du Caucase, Shamil, n'avait qu'un moyen de rapprocher et de fondre les nationalités rivales et même ennemies, c'était d'effacer, en tant qu'il lui était possible, toute nationalité, de faire oublier toute tradition, et de mettre à la place du nom et de l'histoire d'une race le nom de vrai croyant et le Koran.

C'est ce que tâcha de faire Shamil dans la Tchetchna, et son but fut atteint en partie.

Parmi un peuple qui n'a pas d'annales écrites, les traditions se conservent au moyen de la chanson et du récit. L'un et l'autre furent sévèrement défendus par Shamil.

Il défendit, sous peine de mort, de chanter autre chose que les versets du Koran. Les vieillards eurent défense de raconter les légendes et les traditions, qui vivaient encore dans la mémoire du peuple; les mollahs qui avaient quelque érudition devaient parcourir le pays et expliquer le Koran. Il envoyait à cet effet des mollahs du fond du Daghestan; un système d'espionnage et de dénonciations fut établi dans le pays, dont profitaient les Naïbs ou gouverneurs envoyés par Shamil (et qui étaient tous Tavliens), qui confisquaient à leur profit et au profit du Baitoul Mack (1) le bien

---

(1) Sous Shamil on levait les impôts suivants :

a) Le Zakiat, le dixième des productions de la terre qui servait à payer les mollahs, à faire des aumônes, et formait le fonds affecté aux dépenses de la guerre sainte;

b) Le Baitoul-Mack, qui était un revenu à la disposition de Shamil, et qui lui servait à faire ses propres aumônes, à soude ceux qui étaient convaincus d'avoir enfreint les ordres de l'imam.

Cette politique de défense porta fruit; de mon temps, c'est-à-dire pendant les années 1848-1857, on commençait à oublier dans la Tchetchna les traditions, et j'eus beaucoup de peine à trouver un vieillard (que je fis venir secrètement du fond de la Tchetchna ennemie), pour raconter les légendes Tchetchènes. Tous ceux que je questionnais sur ce sujet me racontaient des pages tirées du Koran ou des anecdotes sur Mahomet, et soutenaient que c'était de l'histoire tchetchène. La plupart avaient la conviction, inspirée par des mollahs fanatiques, que tous les musulmans ne sont qu'un seul et même peuple qui dépendait du Prophète, et se récriaient avec horreur quand je leur disais que le vieux Zaour m'avait dit que leur septième père était chrétien.

Shamil ne s'arrêta pas à la défense qu'il avait faite de se souvenir des récits et des chansons nationales; il alla plus loin : il lui était indispensable de détruire la partie des traditions qui s'était infiltrée dans la vie du peuple et apparaissait constamment sous la forme de la loi coutumière. L'adate, la justice d'après la cou-

---

lager les blessés, à établir des écoles et à donner des sommes aux Naïbs pour les dépenses extraordinaires. Ce revenu se formait des sources suivantes :

1) Les revenus des terres qui n'avaient pas de propriétaire;
2) Les revenus des terres qui avaient appartenu aux Khans d'Avarie;
3) Tous les biens laissés par testament aux pauvres;
4) Tous les biens confisqués;
5) Toutes les amendes imposées par Shamil ou les Naïbs.
6) La cinquième part de tout butin, et
7) Un impôt particulier, ordonné dans les circonstances extraordinaires par Shamil, qui du reste n'excédait jamais vingt copèques (à peu près 80 centimes) par maison.

tume ancienne, le custom-law, qui découle de la vie d'un peuple et s'appuie sur les exemples du passé, était antipathique à Shamil comme opposition à sa politique. Il défendit, sous peine de sévères punitions, d'évoquer la loi coutumière ou de juger son différend devant les prud'hommes. Le seul tribunal et la seule justice que pouvait connaître un musulman était le tribunal du cadi, jugeant les causes d'après le shariat (1). Tout autre tribunal, même celui des arbitres, était censé illégal et indigne d'un musulman. On comprend que l'antique coutume tchetchène de faire juger ses différents par trois vieillards élus du peuple fut abolie, et la distribution de la justice, avec l'influence immense qu'elle donne, passa dans les mains des cadis et des mollahs, dont le chef spirituel était l'iman Shamil. Mais si la justice était mal faite dans les montagnes, sous le gouvernement de Shamil, il faut avouer qu'elle était encore moins bien organisée dans la contrée peuplée de la race tchetchène, qui était sous notre domination.

Jusqu'à 1854, excepté les cadis qui fonctionnaient dans chaque aoul, nous avions des bureaux qui ne connaissaient que très-imparfaitement le shariat et l'adate et qui devaient soumettre chaque affaire à la décision du chef du district ou du chef de l'aile gauche, qui, avec le meilleur vouloir, ne pouvait donner que des décisions parfaitement arbitraires qui, du reste, n'é-

---

(1) Le shariat est la partie judiciaire du Koran, qui eut plusieurs commentateurs. — Les commentateurs les plus célèbres, qui écriviront des codes civils et criminels basés sur le Koran furent : *Malek*, dont le code est en vigueur parmi les Arabes; *Shafé*, d'après lequel on juge les causes en Égypte; *H'Ambol* et *Abou-Hanifa*. Les Turcs, les musulmans de l'Asie centrale et tout les montagnards du Caucase (Sunnites) suivent l'explication d'*Abou-Hanifa*.

tant presque jamais conciliées avec les causes précédentes, dépendaient de l'intelligence ou du bon vouloir du chef du bureau rapporteur, et finirent par introduire un désordre d'idées tel que la soi-disant justice devenait tout bonnement un acte de despotisme.

En 1851, dès que le prince Bariatinsky entra en fonctions de chef de l'aile gauche, il se mit en devoir de créer une juridiction pour les Tchetchènes, qui présenterait toutes les garanties possibles de justice tout en remplissant un autre but politique dont je parlerai tout à l'heure. Le prince Bariatinsky connaissait tous les défauts de notre administration et de notre juridiction, parce que, en commandant le 39ᵉ chasseurs sur la plaine des Koumik, il était aussi chef civil de ce district, et il avait déjà étudié les besoins du peuple.

Aussi une commission créée en 1851 par le chef de l'aile gauche, et dont il fut lui-même président, élabora-t-elle son projet de loi, qui reçut l'approbation du prince Woronzoff et la sanction de l'Empereur. Cette loi, que je regarde comme le pas le plus décisif vers la conquête de la Tchetchna et dont les conséquences ne purent être appréciées qu'en 1857 et 1858, quand toute la Tchetchna accepta notre souveraineté, fut la création pour les Tchetchènes d'un tribunal national civil et criminel, nommé le Mah-Komeh (1).

---

(1) Plus tard, à mesure que nous terminions la conquête du Caucase oriental, on introduisait le Mehkomeh dans toutes les nationalités, et partout il fut accepté avec reconnaissance. En parlant du Mehkomeh, nous ne devons pas oublier le nom vénéré de Bartholomæi, numismate et archéologue connu, qui en 1852 fut le principal aide et collaborateur en cette affaire du prince Bariatinsky. Bartholomæi mourut à Tiflis en 1872, général-lieutenant, membre du Conseil de l'administration supérieure du Caucase.

Cette institution était basée sur une pensée profonde et juste que ce ne sont pas les nationalités et les races qui nous font la guerre, car leur passé n'était en rien hostile à la Russie, mais que nous avions pour ennemi l'islam seul, qui, en effaçant toutes les nationalités et leur passé, tâche de décolorer la vie des peuples pour en faire une race de moines guerriers, propres seulement au Kazawath, à la guerre aux infidèles.

Donc pour combattre l'islam, il fallait s'appuyer sur les forces vivantes des races mêmes, des forces qui avaient crû et s'étaient développées avant que l'islam eût paru, et qui, par conséquent, lui étaient hostiles.

Une des traditions les plus vivaces et des plus importantes dans la vie tchetchène était le droit de justice d'après l'Adate ou loi coutumière rendue par trois vieillards jurés élus du peuple. Cependant on ne pouvait ignorer la loi du Shariat, qui était appliquée par les kadis d'après le Koran, et qui réglait les droits de mariage et de succession parmi un peuple musulman. D'après ces combinaisons, on créa un tribunal de justice civile et criminelle (1) qui pouvait être saisi de toute affaire et de tout procès entre les Tchetchènes. Ce tribunal (un par arrondissement) se composait du kadi et de trois jurés élus du peuple, et était présidé par le chef militaire (officier supérieur russe) de l'arrondissement. Mais le chef de l'arrondissement n'avait aucun pouvoir ni aucune voix judiciaire : il avait seulement le droit important, après avoir écouté la plainte verbale ou écrite, d'indiquer la direction que l'affaire

---

(1) Le gouvernement, en fait d'affaires criminelles, ne se réserva que les cas de haute trahison, de soulèvement à main armée, de brigandage et de meurtre, à l'exception de la vendetta (Kanli). Ces affaires furent jugées dans des cours martiales régulières.

devait prendre et le mode de justice qui devait lui être appliqué. Ainsi, pour les affaires de mariage, de divorce, de succession, de restitution du khalym (1) et autres cas prévus et indiqués par les commentaires d'Abou Hanifa, le président du Mehkomeh les dirige, à être jugées par le kadi, qui occupe sa droite. Toutes les autres affaires sont soumises au tribunal des trois jurés, qui occupe sa gauche. S'il y a incertitude sur le mode de justice qui doit être saisi du procès (car l'Adate a aussi ses lois coutumières sur les mariages), le président recueille les opinions du kadi et des jurys, et décide d'après la majorité des voix, et s'il y a égalité de voix, sa voix décide de la question sans appel.

Les jurys prononcent leur sentence d'après la loi coutumière et d'après les exemples des temps passés. On comprend comment l'application de cette loi coutumière dut seconder le réveil du souvenir du passé de ce peuple, qui était encore indépendant du Daghestan en 1840.

J'aimais beaucoup les Tchetchènes, dont je tâchai d'étudier la langue, et j'avais beaucoup de relations avec eux, pendant que cette réforme judiciaire se faisait ; aussi étudiai-je avec intérêt l'influence qu'elle aurait sur ce peuple. Au commencement, elle fut accueillie avec assez d'indifférence, mais pendant les cinq années suivantes, je vis son influence grandir et les Tchetchènes s'attacher de plus en plus à ce tribunal, qu'ils s'habituèrent à envisager comme une institution

---

(1) Le khalym a deux significations : c'est le prix que paye l'homme aux parents de la fiancée, mais c'est aussi la dote que la femme apporte à la maison de son mari, et qui doit être restituée à la femme en cas de divorce. Ordinairement le khalym payé par l'homme et la dot que la femme apporte dans sa maison sont de la même valeur.

stable et éternelle : preuve que ce tribunal avait répondu aux nécessités de la justice locale. Les Tchetchènes avaient accueilli au commencement avec indifférence la réforme judiciaire, parce qu'elle ne leur offrait rien de nouveau : le tribunal du kadi leur était connu, la loi coutumière était encore appliquée dans les aouls qui nous étaient soumis ; mais c'était aussi le grand mérite de cette institution, qui n'introduisait rien de nouveau, qui ne changeait en rien les habitudes du peuple, qui s'emparait de ce que le peuple avait produit de bon, pour lui offrir une institution qu'il devait recevoir plutôt comme un fidèle souvenir du passé que comme une innovation.

La force politique de cette institution était, on le comprend bien, dans la masse des affaires jugées par l'Adat qui représentait la voix du passé prémusulman. Et ce passé avait des teintes si poétiques, si humaines, si chrétiennes même, comme par exemple le respect de la femme, qu'il fallait à tout prix le conserver, car il contenait le germe du développement humain de cette belle race. Nous remarquâmes bientôt que l'institution des Mehkomeh étendait son influence sur les Tchetchènes sujets de Shamil.

Si nos Tchetchènes, qui n'avaient jamais perdu le droit de l'Adate, ne firent éclater aucun enthousiasme à la vue de la renaissance de leurs coutumes, il en était autrement avec les Tchetchènes qui vivaient sous le régime sévère et exclusif de l'iman. Bientôt on vit dans la foule des Tchetchènes qui se pressaient comme spectateurs devant le tribunal (1) des figures étrangères, que les présidents des cours reconnaissaient pour

(1) Le tribunal siégait seulement pendant les grands froids dans une salle ; pendant la plupart de l'année il siégait dans ce beau climat en plein air. Il va sans dire que toute la procédure

des Tchetchènes ennemis, qui venaient voir le nouveau tribunal dont on parlait beaucoup dans leurs montagnes. Ces Tchetchènes, qui avaient quelques amis parmi leurs compatriotes sujets russes, se glissaient avec eux dans la cour, sûrs de n'être pas trahis par les Tchetchènes, et croyant n'être pas reconnus dans la foule par les autorités russes. Cependant il se trouvait toujours des amis indigènes du président ou des officiers secrétaires du tribunal, qui les indiquaient au président, qui du reste avait ordre de fermer les yeux sur cette infraction aux lois de la guerre. Ce que voulait justement le chef de l'aile gauche, c'est de donner un grand retentissement à cette forme de justice introduite par les Russes, qui contrastait si heureusement avec la dureté des prescriptions de Shamil. Et il faut le dire à l'honneur des Tchetchènes, jamais nous n'avions à déplorer un meurtre ou un incendie de la part de ces curieux qui venaient secrètement dans les villes mêmes où siégeaient les tribunaux. Il est vrai qu'on savait toujours chez qui ils logeaient, dans l'aoul qui se trouvait près de la ville, et en cas de malheur, la maison tchetchène qui les avait accueillis aurait été responsable du crime commis.

Du reste, comme je l'ai dit plus haut, les Tchetchènes de Shamil arrivaient, non comme ennemis, mais comme des gens avides de s'instruire et enthousiastes de la nouvelle forme du tribunal.

Il faut ajouter qu'ils devaient cacher avec le plus grand soin leur voyage dans les villes russes, aux préposés de Shamil, car s'ils couraient risque d'être faits

---

se faisait publiquement, et les Tchetchènes, très-beaux parleurs, aimaient à se distinguer devant la foule en prononçant leurs discours, quelquefois fort longs.

prisonniers de guerre chez nous, ils en couraient un beaucoup plus grand d'être mis à mort par les Naïbs, comme traîtres et admirateurs des Russes. Shamil avait déjà entendu parler de ce tribunal, et avait donné les ordres les plus sévères pour ne pas permettre aux Tchetchènes de visiter les Russes et d'assister aux délibérations de ces tribunaux, dont il avait immédiatement saisi l'importance. Bientôt cependant on s'habitua tellement chez nous à voir les Tchetchènes de Shamil dans la foule des auditeurs que plusieurs présidents, et notamment celui de Grosnaia, un certain colonel Beliek, homme de beaucoup d'esprit, prit l'habitude d'entamer après la clôture du tribunal des conversations amicales avec ces curieux, qui semblaient fort flattés de cette condescendance, et exprimaient généralement en termes de gens persuadés de ce qu'ils disent, leur parfaite approbation du système.

Aussi ce système porta-t-il ses fruits, dès que nous eûmes la possibilité de nous mettre entre les Tchetchènes et Shamil en 1858, mais auparavant, comme je l'ai déjà dit, des centaines de familles tchetchènes, passaient d'un côté l'Argoun, de l'autre la chaîne Katckkalik, et venaient nous demander l'hospitalité, des terres et du travail pour vivre jusqu'à la première récolte. Quand je fus nommé chef du second bataillon à Kourinsk, j'eus sous ma surveillance un de ces aouls nouvellement bâtis, et j'affirme que c'étaient des gens tellement honnêtes dans leurs relations envers nous, qu'on pouvait être parfaitement tranquille sur leur compte, et ne craindre aucune trahison. Plus tard, quand nos troupes entrèrent dans la grande Tchetchène et dans le défilé de l'Argoun, toute cette race tchetchène se souleva contre Shamil, et fit sa soumission, ce qui facilita singulièrement nos opérations suivantes.

Or je crois pouvoir affirmer que c'est la politique saine et profonde du chef de l'aile gauche qui prépara les événements de 1857-1859, quand la même personne, nommée général en chef du Caucase, frappa les grands coups qui terminèrent la guerre dans la partie orientale des montagnes, guerre qu'on regardait comme interminable.

L'année 1852 fut une année douloureuse par les pertes que subit le régiment. Au mois d'août, une nouvelle excursion au delà de la chaîne boisée du Katchkalik fut ordonnée, et elle prouva encore que c'était une règle fort salutaire de ne pas s'enfoncer dans les forêts pendant l'été.

Le but de l'excursion était, comme je l'ai dit à propos de l'affaire du 22 mars, de dépeupler le versant occidental de la chaîne Katchkalik en détruisant tous les aouls qui demeuraient encore sur la rive du Metchik, qui baignait le pied de la chaîne.

Nous arrivâmes de Hassaff Jurt à la forteresse Kourinsk, moi avec trois compagnies du 3ᵉ bataillon, pour former, avec le 2ᵉ bataillon qui s'y trouvait et les six centaines de cosaques, une colonne expéditionnaire qui devait marcher sous les ordres du général B***. Je ne sais pourquoi on tarda le 11 d'août de se mettre en route, mais nous nous mîmes en marche seulement vers les dix heures du matin. La chaleur était déjà grande et promettait une journée étouffante. Nous dûmes gravir la chaîne, traverser un bois de platanes qui couvrait le sommet, et descendre le versant opposé de la chaîne couvert d'un bois épais et touffu. Il y avait surtout un endroit où un ravin traversait la route, qui devait être un endroit fort dangereux. Plus loin, vers le Metchik, le bois devenait plus rare, et de l'autre côté de la rivière se trouvait, entouré de plantations et d'arbres fruitiers, l'aoul Gourdali que nous voulions attaquer.

Vers midi ou midi et demi, on arriva sur les bords du Metchik, et on lança trois ou quatre compagnies avec les cosaques dans l'aoul. S'emparer d'un village qui n'a qu'une faible enceinte n'est pas difficile, mais pendant l'été, quand des petits champs de maïs entourent les habitations, il est assez difficile de s'orienter. De plus, les habitants de l'aoul se retirèrent dans un coin du village et s'enfermèrent dans les maisons, qu'on dut prendre d'assaut. Nous y perdîmes trois officiers et quelques dizaines de soldats. Enfin, vers les deux heures de l'après-midi commença la retraite. Nous n'avions que trois ou quatre chariots pour le transport des blessés et des morts, et ces chariots étaient déjà pleins. Mais pendant que la colonne était sur le Metchik, un parti nombreux attiré par les coups de canon et de fusil s'était rassemblé, et avec l'intelligence de la guerre des bois des Tchetchènes, s'était emparé du ravin et du bois que nous avions à traverser à notre retour. Quand la colonne avec ses chaînes s'enfonça dans le chemin difficile qui remontait la montagne, elle fut assaillie par des centaines de balles. L'ennemi était partout, à droite, à gauche, dans les buissons, sur les arbres; les hommes tombaient comme des mouches. Par bonheur encore que la colonne marchait en parfait ordre, mais nous ne pouvions avancer que lentement; non-seulement les chariots avaient une charge de blessés et de morts qui dépassait la force des trois chevaux qui les traînaient, mais les canons mêmes, qui n'étaient d'aucune utilité dans le bois touffu, étaient encombrés de corps et de blessés et n'avançaient qu'avec grand'peine sur cette montée difficile. Au fond du ravin, nous eûmes à repousser trois ou quatre attaques à l'arme blanche que firent les Tchetchènes, et le mouvement fut rendu encore plus difficile par la fumée de poudre qui, dans cet endroit couvert, n'ayant pas d'issue, remplissait le bois d'un épais nuage qui nous empêchait de respirer. A la sortie du ravin, les chevaux refusèrent d'avancer, il fallait leur donner le temps de respirer; en même temps le nombre des blessés augmentait; on s'empara de quelques chevaux de cosaques pour faciliter leur transport, mais notre chaîne était visiblement décimée, quoiqu'elle tenait bravement sa place et qu'elle repoussait vigoureusement les attaques des Tchetchènes.

La chaleur était si forte que le chef du 2º bataillon, le major T***, mon camarade, qui était un homme fort et vigoureux, mais obèse, tomba dans le ravin frappé d'apoplexie. Enfin nous pûmes quitter ce malheureux ravin et entrer dans un chemin qui montait encore, mais qui n'était plus si difficile. Les Tchetchènes cependant nous poursuivaient pas à pas, mais si nos fusils, à force de tirer, ne pouvaient plus être chargés, les carabines des Tchetchènes étaient dans le même état, et le combat à poudre se termina presque faute d'armes. Néanmoins, nous qui étions à l'arrière-garde, le comte K***, moi et un troisième officier, K***, avec une quinzaine de soldats (1), nous étions obligés de nous tenir chaque moment sur nos gardes pour repousser les attaques à poignard qui nous menaçaient d'une

---

(1) C'était tout ce qui nous restait à l'arrière-garde, car on portait à bras d'homme les blessés qu'on ne pouvait voiturer. Un blessé demande quatre hommes pour le porter, un cinquième porte les fusils. — Une compagnie de 180 soldats n'existe presque pas, si elle a trente hommes à porter.

centaine de Tchetchènes qui nous suivaient de près. Heureusement que nous avions quatre ou cinq carabines qui pouvaient encore tirer, et qui tenaient en respect les Tchetchènes, qui n'aiment pas à s'offrir à une mort certaine.

Enfin, vers les cinq heures du soir, nous parvînmes sur le plateau où croissait la forêt des platanes et où l'air plus pur et plus frais nous ranima. Ici, hors du bois touffu et sombre, nous étions les maîtres, et nous le montrâmes bien aux Tchetchènes en les attaquant vivement à notre tour et en les rejetant dans les buissons, car notre train, qui marchait sans encombre vers la forteresse, ne nous gênait plus. La poursuite cessa et nous redescendîmes tranquillement le versant oriental de la chaîne. Mais nous avions des douloureux devoirs à remplir. Cinq ou six officiers, plus de trois cents soldats étaient morts ou blessés; nous avions seulement la consolation de n'avoir laissé personne, pas un seul corps mort dans le bois. Cette nuit presque personne ne prit de repos. Nous avions deux de nos meilleurs officiers qui se mouraient, Bogdanovitch, le chef des archers entre autres qui, blessé au bas-ventre, souffrait horriblement. Vers le matin la gangrène se déclara; il cessa de souffrir, mais sentait la mort qui s'emparait successivement de son corps. Avant l'aurore il avait cessé de vivre. Un autre blessé était un jeune officier S***, dont j'ai raconté la captivité; il avait la poitrine traversée d'une balle et râlait; nous croyions qu'il allait mourir, mais sa jeunesse et sa robuste constitution le sauvèrent. Quatre officiers, en comptant le pauvre T***, étaient étendus morts sur leurs lits. Remarquons que nous avions en tout neuf compagnies d'infanterie, qu'une compagnie représente ordinairement deux officiers et cent soixante à cent quatre-vingts hommes, dont une dizaine reste pour toute sorte de besogne aux casernes, de sorte que nous avions en tout près de quinze cents hommes armés et douze officiers à cette expédition. Donc nous avions perdu à peu près la moitié des officiers et le cinquième des soldats de l'infanterie dans cette affaire. Je ne parle pas de la perte des cosaques et de l'artillerie qui était presque nulle, parce que la cavalerie ne put être employée dans le bois, et l'artillerie, qui suivait le milieu de la colonne, était plus ou moins à l'abri du danger qui retombait en entier sur les chaînes qui entouraient la colonne. Cette affaire, si douloureuse qu'elle fût, démontra cependant que nos soldats étaient toujours les plus braves, les plus intelligents et les plus honnêtes soldats du monde. Car qu'on se figure une chaîne qui marche à travers un bois touffu, qui étouffe de chaleur, qui est décimée par un ennemi invisible, et qui trouve des forces de repousser cet ennemi qui l'attaque et d'emporter tous ses blessés et tous ses morts.

Ceux qui n'ont pas vu ces sortes d'affaires ne peuvent avoir une idée de cet enfer où, pour faire son devoir, chaque dernier soldat doit conserver tout son sang-froid et toute sa raison, et faire preuve d'intelligence et de dévouement. Le lendemain de cette affaire nous retournâmes à Hassaff-Jurt, emportant les dépouilles mortelles de nos trois officiers et d'une trentaine de soldats, qui appartenaient aux bataillons casernés à Hassaff-Jurt, pour les y ensevelir.

CHAPITRE VII.

La vie dans une petite forteresse; l'expédition de 1853;
les proclamations polonaises; Gersel-Aoul.

Après la mort du major T***, je fus nommé chef du 2ᵉ bataillon de notre régiment, qui depuis une dizaine d'années occupait la forteresse Kourinsk, poste très-important, vu la proximité de l'ennemi, qui souvent apparaissait dans la plaine, en tâchant de faire quelques razzias sur les troupeau des aouls koumicks et tchetchènes situés dans la plaine.

Six centaines de cosaques formaient avec le bataillon la garnison de Kourinsk. Mais depuis qu'on avait construit l'aoul Isti-Sou, situé à 8 kilomètres de la forteresse de Kourinsk, sur le même versant de la chaîne, on envoyait régulièrement de Hassaff-Jurt un renfort de deux compagnies, qui montaient la garde à leur tour dans la forteresse, et dans l'aoul. Cet aoul Isti-sou situé entre deux ravins, était flanqué de deux petites redoutes, occupées constamment d'une compagnie de notre régiment, pour le défendre contre un coup de main. Les redoutes avaient du canon pour sa défense et ses signaux.

Les Tchetchènes qui habitaient cet aoul étaient encore hier nos ennemis; ils étaient du nombre de ceux qui avaient fui Shamil et étaient venus nous demander l'hospitalité. C'étaient des braves gens fort causeurs, fort gais, et qui jamais ne nous trahirent. Quelques jours après mon arrivée à Kourinsk, un coup de canon à Isti-Sou nous fit savoir, à l'aube du jour, que quelque chose d'extraordinaire venait d'arriver.

Le général B***, qui commandait la réserve, et moi nous nous élançâmes à cheval avec les cosaques vers Isti-Sou, où nous apprîmes qu'un piquet de dix soldats avec un sous-officier qui était placé chaque jour le matin au sommet d'une colline pour surveiller la source où l'on puisait l'eau, se trouva en arrivant à son poste, en face d'une embuscade, d'une vingtaine d'indigènes qui leur tirèrent à bout portant une volée de coups de fusil, et s'enfuirent quand les soldats se jetèrent à la baïonnette. Nous avions un soldat de tué et un autre blessé. Les Tchetchènes de l'aoul, en entendant les coups de fusil, sortirent en masse pour porter secours à nos soldats, et s'enfoncèrent dans le bois des Katchkalik à la poursuite de l'ennemi.

Ils rapportèrent un Tchetchène tué, comme preuve qu'ils avaient fait leur devoir, et demandèrent une fois pour toutes d'envoyer toujours au-devant du poste leurs éclaireurs, pour qu'un pareil accident ne puisse se renouveler.

Ces Tchetchènes venaient souvent à la forteresse Kourinsk voir leurs amis, les chefs de compagnie, et les officiers qui avaient été de service à l'aoul. Bientôt leurs femmes et leurs filles vinrent sans crainte vendre leurs denrées dans la forteresse, et prendre chez les officiers une tasse de thé qu'elles aimaient beaucoup. Cette vie de la forteresse Kourinsk, quoique monotone, n'était pas sans agrément, et je m'en souviens avec plaisir. Il est vrai que nous recevions nos journaux et nos lettres une fois par mois, quand une occasion faisait le trajet de Hassaff-Jurt. Il est vrai que nous recevions une réponse à nos lettres du fond de la Russie au bout de deux mois, mais nous avions nos livres, et puis les officiers de ce bataillon étaient de si braves et honnêtes garçons ; le général B*** et les officiers cosaques vivaient avec nous dans les meilleures relations; nous avions pour nous distraire les courses de presque chaque jour quand un parti ennemi apparaissait dans la plaine. Et puis nous avions nos excursions régulières pour les coupes de bois, qui étaient toujours un prétexte d'un excellent déjeuner et de longues conversations dans le bois, quand le général B***, moi et mes officiers étendus sur des tapis autour du feu, nous passions gaiement deux ou trois heures à deviser sur maintes choses. Et puis le général B***, un homme d'un talent militaire remarquable, étudiait avec assiduité la chaîne Katchkolik, et je l'accompagnai souvent dans ces excursions que nous faisions avec six des meilleurs sous-officiers cosaques, le plus souvent à pied, en laissant nos chevaux avec l'escadron dans quelque éclaircie du bois. De cette manière nous découvrîmes des sources de naphte dans un ravin, et nous étudiâmes les sentiers, ce qui, comme on le verra plus tard, fut d'un grand secours pendant l'expédition de 1853.

La forteresse Kourinsk n'était pas grande, aussi les logements manquaient. Il n'y avait que mon logement qui était assez spacieux, aussi était-il presque chaque soir le rendez-vous d'une assez nombreuse compagnie.

Nous y faisions notre partie de cartes, ou nous nous communiquions les lettres intéressantes que nous avions reçues de l'intérieur de la Russie. Les journaux étaient lus et commentés avec avidité : on faisait de la politique avec cet acharnement que mettent à cette occupation les provinciaux et les moines.

Du reste, nous avions parmi nous des gens d'une

éducation fort soignée, qui savaient parfaitement causer, et dont la conversation était fort instructive et intéressante. Cette vie presque claustrale influait diversement sur les hommes; quelquefois elle menait à l'habitude de l'ivresse, mais quand la forteresse contenait un germe d'homme plus ou moins instruit, comme pendant le temps dont je parle, leur influence se sentait dans le désir de s'instruire qui s'emparait des individus qui n'avaient pas reçu d'éducation. Un de ces pauvres officiers, qui comme on dit en Russie, avait été élevé au prix du cuivre (1), se prit d'une belle passion pour l'astronomie, fit venir une astronomie populaire de Hotinsky, et passait des nuits entières à examiner et à nommer des étoiles, en nous cornant les oreilles des faits qu'il venait de puiser dans son livre.

Mais cependant cette vie si calme (quoique agitée par des excursions journalières) avait en somme une influence salutaire, du moins c'est à cette vie que je dois personnellement beaucoup de temps que je pus consacrer à la lecture, et j'ajouterai que la lecture d'ouvrages sérieux est plus profitable au milieu de cette vie plate et calme qu'au milieu de la vie agitée des grandes villes.

Je comprends parfaitement que des esprits sérieux et avides de science, de calme et de paix, se retirent dans les cloîtres, et je comprends aussi pourquoi les communes des monastères et des ordres bien gouvernés peuvent devenir des sociétés célèbres sous le point de vue de la science, au moins des sciences qui sont tolérées dans le cloître.

(1) Locution proverbiale, qui veut dire que son éducation n'était payée qu'en monnaie de cuivre, c'est-à-dire n'avait rien coûté.

Cependant cette vie calme que nous menions ne durait que pendant l'été et l'automne, cette belle automne du Caucase, avec ses nuits si limpides et si douces, ses brises embaumées, ses aubes si poétiques.

Nous passions souvent des nuits entières dans mon petit parterre qui embaumait de giroflées et de réséda, et nous nous séparions seulement à l'aurore du matin. Quelquefois nous faisions des excursions de chasseurs dans la plaine. Cette plaine qui s'étendait à nos pieds à une distance immense, et qui était peu troublée par l'homme pendant ces temps de guerre et de danger permanent, abondait en gibier de tout genre, en commençant par le cerf, la chèvre et le sanglier, jusqu'au faisan et à la bécassine. La plaine était couverte de ronces et de hautes herbes, mais çà et là on voyait des îlots ou des bouquets d'arbres qui étaient généralement pendant le jour le lieu de repos des animaux divers. On sortait ordinairement pour aller à la chasse vers les sept heures du matin; nous étions accompagnés d'une cinquantaine de soldats amateurs de chasse eux-mêmes, et qui, du reste, servaient de garde de sûreté, car on ne savait jamais ce qui pouvait arriver. On s'approchait en silence de l'îlot d'arbres, on l'entourait; les meilleurs chasseurs choisissaient leurs places, et on faisait la battue du petit bois. Le plus souvent on faisait sortir un sanglier ou une laie avec ses petits, plus rarement on tombait sur une chèvre qui, du reste, le plus souvent, disparaissait comme l'éclair sans être touchée. Le cerf solitaire était rare, mais je me rappelle en avoir vu de tués dans ces chasses. De plus, une masse de volatiles se levait en l'air; les amateurs de ce genre de chasse étaient aux aguets, et le beau faisan doré qui s'élevait verticalement avant de prendre son vol pour s'éloigner, tombait sous le coup du chasseur.

Je connais la plupart des faisans de l'Europe et de la Transcaucasie, mais il faut avouer qu'il n'y a pas de faisan qui approche, par son goût, celui du nord du Caucase. Dans la Tchetchna, et plus loin vers la mer Caspienne, sur les bouches du Terek, dans les bois solitaires de prunelliers, d'aubépines, de poiriers sauvages, le faisan acquiert un goût et une saveur qui en font le gibier le plus délicat que je connaisse, et qui serait digne d'être connu des gastronomes de l'Europe (1).

Mais revenons à notre chasse. Après quelques heures de marche, on s'assied dans un de ces petits bois dont j'ai parlé, on fait du feu, on tire les provisions qu'on a apportées sur des chevaux de bât, on y ajoute celles que l'on vient de conquérir, on fait rôtir à la broche un morceau de chèvre et deux ou trois faisans, et l'on a un festin de roi, arrosé d'un excellent petit vin que fournit la ville de Kisliar, située sur le Terek, et qui fait un commerce considérable de ses propres vins, que lui donnent les immenses vignobles dont elle est entourée.

Quelquefois le caractère de la chasse change. On descend plus bas dans la plaine et l'on s'enfonce dans les marécages couverts de roseaux qui bordent les rives du Terek. Là on trouve des troupeaux entiers de cochons sauvages, qu'on fait sortir des roseaux pendant l'automne, quand le roseau est sec, en allumant les roseaux en demi-cercle dans la direction du vent. Les flammes, en s'avançant dans la direction voulue, font fuir des centaines de cochons sauvages, qui tombent par dizaines sous les coups des chasseurs. Cette chasse était particulièrement une chasse de soldats, qui y ga-

---

(1) Remarquons que tous les autres faisans du Caucase sont peu délicats, les faisans de la Géorgie sont secs, ceux de la Colchide sont sans saveur.

gnaient un plat de luxe ajouté à leur ordinaire. Les officiers n'accompagnaient ces chasses que pour veiller à l'ordre, mais n'y prenaient que rarement part.

Enfin, je dois dire que pendant l'automne, il existait encore un genre de chasse particulier, c'est la chasse aux outardes qui arrivaient en troupes immenses et se reposaient sur notre plaine pendant leur migration. En général l'outarde est un oiseau fort prudent qui place ses sentinelles quand la troupe se repose; mais voici ce qui arrive souvent à l'outarde : elle est fort grasse pendant l'automne et fort lourde; si ses ailes sont mouillées de la pluie pendant la nuit et s'il survient vers le matin une assez forte gelée, comme cela arrive vers la fin de novembre quand l'outarde fait sa migration, cet oiseau ne peut s'élever dans l'air, et alors des bandes de soldats s'élancent, avec la permission de leurs officiers, dans la plaine et tuent une grande quantité de ces oiseaux, soit en les tirant au petit plomb, soit en les frappant simplement des baguettes de leurs fusils.

En parlant des chasses, je ne puis passer sous silence l'intéressant tableau que nous offraient, chaque automne, des troupeaux immenses de cerfs et de chèvres sauvages qui passaient par la plaine, hors de la portée de nos fusils et de nos canons, mais très-visibles à l'œil. Souvent même on le prenait pour un parti ennemi, et plusieurs fois nous les poursuivîmes à cheval, mais toujours sans succès.

Je crois que ces troupeaux de cerfs et de chèvres sauvages faisaient aussi leur migration annuelle, au moins je l'ai entendu dire par les Tchetchènes, que ces troupeaux descendaient des montagnes en automne pour gagner les roseaux et les bois des plaines basses du Terek, où l'hiver est moins rude, et qu'ils revenaient au printemps dans les montagnes, pour y passer l'été, à l'abri des insectes nombreux des marécages et pour paître sur les frais et abondants pâturages des montagnes de la Tchetchna.

Au mois de décembre 1852, notre paisible forteresse se remplit de troupes, on se préparait à une nouvelle expédition d'hiver, mais cette fois-ci le prince Bariatinsky conduisait les opérations militaires du côté de la chaîne Katchkalik, qui était réputée l'endroit le plus difficile pour entrer dans la Tchetchna, car outre les difficultés que présente toujours une chaîne de montagnes boisées, il fallait, pour déboucher dans la plaine, traverser le ravin profond et à côtes verticales du Metchik qui baigne le pied occidental de la chaîne et forme une ligne de fortification naturelle, qui s'étend jusqu'au défilé de la Sounja. Mais le plan du chef de l'aile gauche était de découvrir de toutes parts la Tchetchna, pour y pouvoir pénétrer en tout temps sans difficultés. Il ne se méprenait pas sur l'importance de l'expédition; il savait bien que Shamyl rassemblerait toutes ses forces pour disputer le passage du Metchik, et confierait la défense du fleuve fortifié à ses fidèles compatriotes les Tavliens, qui excellaient dans ce genre de guerre. Du reste, j'avais déjà des nouvelles sur les préparatifs qu'on faisait, et je savais que des fortifications fort imposantes étaient élevées sur la rive gauche du Metchik qui en faisaient une véritable forteresse, car le petit ruisseau, insignifiant lui-même, était encaissé dans deux murs verticaux de terre glaise d'une quarantaine de pieds de hauteur. Des fortifications sur le rebord de ce mur avec des toureiles qui flanquaient le lit de la rivière, ne pouvaient être enlevées en un coup de main, même avec des échelles, sans une perte considérable qu'on tâchait toujours d'éviter si cela éait possible. Les nouvelles du camp ennemi m'étaient toujours apportées par un espion à moi, nommé Kultchi, excellent jeune homme tchechène, qui demeurait dans la plaine de la Tchetchna, mais dont toutes les sympathies étaient de notre côté. Je fis sa connaissance de la manière suivante : Une nuit on m'amena un Tchetchène qui venait, disait-il, donner des nouvelles importantes. Comme c'était une chose fort ordinaire et qui nous arrivait tous les jours, car il y avait toujours des Tchetchènes qui venaient vendre leurs nouvelles pour quelques roubles, je le fis questionner par l'aide de camp du bataillon, avec l'aide d'un drogman. Mais l'aide de camp arriva bientôt en me disant que le Tchetchène apportait une nouvelle importante et que, de plus, il demandait à me voir et refusait de prendre l'argent qu'on lui donnait. Je le fis venir, et après l'avoir questionné sur les informations qu'il voulait nous donner et qui se trouvèrent être vraiment importantes, je lui demandai pourquoi il ne voulait pas recevoir d'argent. « C'est, dit-il, parce que je tiens à demander, pour prix de mon service et de ceux que je vous rendrai encore, une permission de venir trafiquer dans la forteresse, ce qui me rendra facile de te transmettre les nouvelles que je jugerai indispensable de te communiquer. »

« Quel est ton trafic et comment feras-tu pour échapper à la surveillance du naib (gouverneur)? » lui demandai-je.

« Par bonheur nous avons un naib avide d'argent, répondit Kultchi, il a déjà donné son consentement à plusieurs Tchetchènes de trafiquer avec des forteresses, en se faisant payer une dîme de 40 roubles par an. Nous avons beaucoup de productions du sol que nous ne pouvons vendre, et moi je vous apporterai du beurre, de la crème épaisse (kaimak), du miel en rayons, des fruits et des noix de nos jardins. ».

Ce jeune homme avait l'air si bon et si honnête, que je lui accordai la permission demandée, et pendant trois ans je n'eus qu'à me louer de sa fidélité. — Quand il ne pouvait pas venir lui-même, il envoyait la nuit son petit frère, âgé de onze ans, qui venait nous faire savoir ce qui se passait dans les montagnes. Son trafic allait bien, et de plus il recevait de moi des cadeaux; ainsi un jour j'envoyai à sa femme, qui, disait-on, était d'une grande beauté, une pièce d'étoffe de soie, qui fut acceptée avec des grandes démonstrations de joie. — J'ai entendu dire que plus tard, c'est-à-dire en l'année 1858, le pauvre Kultchi fut tué dans une affaire.

La nouvelle que Kultchi m'apporta au commencement de notre connaissance, qui, si je ne me trompe pas, remonte au mois de septembre 1852, n'était pas sans intérêt. — Il vint me dire que quelques Polonais étaient venus se grouper autour de Shamil, qu'ils envoyaient par des émissaires des proclamations et des médailles aux officiers et aux soldats polonais de nos troupes, et qu'il les engageaient à déserter, et à fuir dans les montagnes où on leur ferait le meilleur accueil. — Kultchi me donna comme preuve de son assertion une médaille et une proclamation, qu'il avait reçues du Naïb de Shamil, pour tâcher de la faire parvenir dans une de nos forteresses.

J'envoyai ces documents intéressants au chef de la plaine des Koumicks, en lui écrivant un rapport détaillé sur ce que je venais d'entendre. Mais je m'en veux beaucoup de n'avoir pas gardé ces précieux documents historiques, qui caractérisent le temps qui précédait le commencement de la fameuse guerre de 1853. J'ai toujours cru, et c'était l'opinion générale parmi nous, que la guerre de 1853 était préparée d'avance par Louis-Napoléon, car déjà en 1852, les Polonais qui se trouvaient dans les montagnes ne se gênaient pas de proclamer qu'ils étaient soutenus des Français, et nous nous attendions à voir la France prendre une attitude hostile. Il est presque certain que si le prétexte de la coupole de Jérusalem et de la Turquie manquait, la Russie aurait en tout cas une guerre sur les bras, et très-probablement du côté de la Pologne. — Les circonstances jetèrent les armées de la France sur un autre point, mais la guerre dut être résolue dans l'esprit de Louis-Napoléon en 1852.

La proclamation dont je parle était imprimée en polonais et en russe; seulement le russe était un russe très-incorrect. Dans cette proclamation, on engageait les officiers et les soldats d'origine polonaise à brûler les forteresses, les magasins, le foin des Russes, et de fuir avec leurs armes dans les montagnes.

La médaille en métal composé blanc portait l'effigie de Tchartorisky ou Tzchartorisky « Krul polsky » (roi de Pologne), avec une légende quelconque que je ne puis me rappeler.

Disons ici que ces proclamations n'eurent aucun effet; il semble aussi que les Polonais, — dégoûtés de cette rude vie des montagnes et du mauvais vouloir qu'on leur témoignait, comme le doit chaque vrai croyant à ces chiens de chrétiens, — se retirèrent, car nous n'en entendîmes plus parler. Pendant la guerre ils n'agissaient que parmi les populations aristocratiques de la mer Noire.

Au mois de janvier 1853, une forte colonne expéditionnaire marcha de Kourinsk vers le sommet de la chaîne Katchkalik, juste au point où eut lieu notre excursion du 24 mars 1852, c'est-à-dire en face de l'aoul Isti-Sou, à 6 ou 7 kilomètres de la forteresse. — En cet endroit le passage de la chaîne commence par un assez profond entonnoir, du fond duquel on monte par une côte couverte d'épaisses broussailles jusqu'au plateau élevé qui couronne la chaîne, et qui descend en pente assez douce sur un espace de 4 à 5 kilomètres jusqu'au Metchik. Le plateau était couvert d'un bois de hauts platanes, mais la descente vers le Metchik en ce point était dénuée d'arbres. Aussi quand nous passâmes le bois de platanes, par un beau jour d'hiver, une grande partie de la belle Tchetchnia se déroula à nos yeux.

A gauche de notre position on voyait le défilé du Metchik, et un bois sombre de la forêt Noire où nous avions combattu le 18 février 1852; plus près se trouvait l'emplacement de ce malheureux aoul Gourdali, qui nous avait coûté si cher le 11 d'août; dans le fond gauche adossé aux montagnes Noires, on distinguait parfaitement les maisons blanches de l'aoul Majurtoup, où nous avions couché la nuit du 17 au 18 février 1852, et qu'on avait reconstruit depuis. — Deux rivières, le Goudermesse et le Ghansôl, brillaient dans le lointain près de Majurtoup, comme deux rubans d'argent, et se réunissaient au milieu du coudrier épais que nous avions traversé.

A droite, le long de la chaîne, des bois épais s'étendaient à nos pieds et couvraient toute la plaine; mais des hauteurs où nous nous trouvions, nous pouvions suivre le cours du Goudermesse, qui absorbait le Metchik, comme il avait absorbé le Ghansôl, et poursuivait son cours vers la Sounja.

Devant nous, à nos pieds on voyait le Metchik fortifié, et les masses des Tavliens qui fourmillaient derrière les fortifications; plus loin à perte de vue, le regard longeait la chaîne des montagnes Noires, distinguait le scintillement de la rivière Basse, s'arrêtait à droite aux silhouettes des montagnes solitaires de Khankalà et plongeait dans les profondeurs des bois de la Tchetchna, ne distinguant qu'à peine les lignes du défilé de l'Argoun.

C'était un beau spectacle, car la pensée prenait son essor vers ces temps plus heureux, quand ce théâtre de guerre et de carnage deviendrait la scène enchanteresse d'un paradis terrestre.

Le camp s'établit sur le plateau incliné vers le Metchik, en laissant derrière lui le bois de platanes. Dans les ravins qui bordaient ce plateau, on trouva des sources suffisantes aux besoins du camp. Des postes d'observation furent établis de l'autre côté des ravins qui écoulaient leurs eaux vers le Metchik; mais l'ennemi s'abstenait prudemment de s'aventurer sur la chaîne même, qui quoique boisée, ne lui offrait pas, maintenant qu'elle était occupée d'une grande colonne, assez de sécurité.

Dès le lendemain, des nuées de travailleurs, cette fois-ci sans escorte, se mirent à couper les platanes qui se trouvaient derrière le camp, à frayer des routes, à couper les broussailles qui couvraient le versant de la montagne vers la plaine des Koumicks. — Ce travail nous occupa une quinzaine de jours, ensuite on fit des coupes de l'autre côté des ravins qui bordaient le plateau, et au bout d'un mois cette partie de la chaîne Katchkalik, dénuée de végétation, avec ses belles routes, pouvait offrir à chaque moment un point d'invasion sûr et sans danger pour nos troupes.

Mais la grande difficulté, le Metchik, n'était pas encore surmontée. Enfin, le 16 de février, le soir, nous reçûmes l'ordre de nous préparer à l'assaut du Metchik.

Deux bataillons, un de notre régiment (celui que je commandais) et un du régiment de Paskewitch, devaient descendre avec huit canons à dix heures du matin vers le Metchik et s'arrêter à 100 toises du Metchik pour canonner ses fortifications.

A midi, une colonne d'assaut devait descendre du haut de la montagne et s'avancer avec des échelles vers le Metchik pour emporter les fortifications de vive force. Je ne sais si le 17 février était un jour de prédilection du prince de Bariatinsky, ou si c'était l'effet du hasard, mais deux années de suite ce fut un jour qu'il choisit pour porter ses grands coups et exécuter ses combinaisons.

A dix heures, selon l'ordre, nous descendîmes avec nos canons vers le Metchik et commençâmes à le canonner. Pendant les deux heures que nous restions exposés aux canons et aux carabines des ennemis, nous ne subîmes qu'une perte peu considérable, car nos deux bataillons étaient divisés en petites colonnes qui n'offraient pas assez de prise à l'ennemi et, du reste, il pointait mal ses canons à 100 toises, et nos gros canons de 12 le tenaient en respect. Quant aux coups de carabine, ils nous blessaient par-ci, par-là, quelques individus, mais ces blessures, à cette distance de trois cent cinquante à quatre cents pas, n'étaient que fort légères et souvent n'étaient que des contusions.

Il était près de midi; déjà nous voyions les bataillons destinés à l'assaut se préparer à descendre, quand nos soldats à cet œil perçant qui est une faculté remarquable des originaires des steppes, commencèrent à chuchoter entre eux en suivant leurs regards dans le fond de la Tchetchna.

« Mon commandant, me dit un vieux sous-officier, il se passe quelque chose d'extraordinaire sur le Gansôl dans la forêt derrière l'ennemi; nous y avons vu deux fois l'éclair comme celui de la brosse des baïonnettes d'un bataillon ! »

Je n'eus pas le temps de lui répondre, quand j'entendis les tambours et la musique militaire des 12 ou 15 bataillons qui descendaient vers nous; l'ennemi ne remarquait rien de ce qui se passait derrière lui à 5 ou 6 kilomètres de distance, et continuait avec acharnement sa canonnade et sa fusillade qui emportèrent quelques rangs dans les bataillons qui se rapprochaient de plus en plus du Metchik.

Nous qui étions placés à quelque hauteur, nous voyions clairement ce qui se passait dans la plaine, et vraiment c'était un spectacle émouvant : sur les bords du Ghansôl on commençait à distinguer une masse de troupes; bientôt nous vîmes un escadron après l'autre, une centaine après l'autre s'élancer dans la plaine et former une masse de cavalerie accompagnée de canons, qui s'avançait sur l'ennemi. La brosse brillante de baïonnettes qu'avaient remarquée nos soldats apparut immédiatement après au débouché de la forêt.

Un cri de rage et de désespoir retentit dans les rangs ennemis qui, en quittant les fortifications, s'élancèrent dans la forêt à droite, tandis que d'un côté les colonnes de l'assaut s'emparaient de la rive fortifiée du Metchik, et de l'autre la masse brillante de la cavalerie avec ses canons et soutenue par l'infanterie, s'élançait dans la plaine derrière l'ennemi, pour lui couper la retraite. C'était si beau à voir que le tableau est vivace dans mon imagination au bout de vingt ans. La pensée de cette savante manœuvre appartenait certainement au chef, le prince Bariatinsky, mais l'exécution brillante de ce coup de maître appartenait au général Baklanoff, dont j'ai parlé plus haut. Ce fut à lui que le prince Bariatinsky confia la mission de tourner l'ennemi par des sentiers impossibles, et d'apparaître juste à un moment donné, montre en main, sur la plaine du Metchik. Le général Baklanoff me racontait par suite lui-même sa marche. Deux jours plus tôt il avait exploré seul, avec ses six sous-officiers cosaques, un sentier qui traversait la chaîne de Katchkalik et le défilé du Metchik, et qui entrait dans la forêt des montagnes Noires, là où l'année passée l'ennemi nous disputait le passage du Metchik. Le sentier était étroit, mais jusqu'au Metchik un canon pouvait y passer. Le Metchik, dans le défilé, pouvait être passé sous la condition de démonter les canons et de les transporter à bras d'hommes. Plus loin, dans la forêt Noire, on pouvait se mouvoir facilement, mais il fallait user des plus grandes précautions pour ne pas être découvert, car, en ce cas, le but de l'expédition était manqué et, de plus, la cavalerie et un seul bataillon, entourés dans une immense forêt, pourraient être décimés avant que nous puissions leur porter secours.

La colonne de Baklanoff se mit en marche à deux heures du matin et traversa le Metchik avant l'aube de la manière dont j'ai parlé, c'est-à-dire que les quatre canons de la cavalerie à cheval et les deux canons de l'artillerie à pied furent transportés pièce à pièce sur la rive gauche du Metchik par les soldats. Pour la direction à suivre dans la forêt Noire, Baklanoff avait un guide tchetchène qui marchait (comme c'est l'usage dans ces occasions) entre deux cosaques, qui avaient ordre de le tuer s'il voulait fuir. Mais la marche fut singulièrement heureuse; toutes les troupes de Shamil étaient groupées à la défense des fortifications, et l'on ne rencontra dans la forêt âme qui vive. Vers les onze heures du matin, Baklanoff gagna à couvert la coudraie de Majurtoup que nous connaissions, et apparut au moment donné sur la plaine qui s'étendait derrière les fortifications du Metchik, de la manière brillante que j'avais décrite.

Cette affaire belle, parce qu'elle était le résultat d'une combinaison ingénieuse, remplit de joie le camp qui fêta cette journée par des soupers organisés dans tous les régiments. Cependant, pour ne pas perdre le fruit de cette journée, on organisa à la hâte une redoute sur la rive gauche du Metchik et l'on y laissa un bataillon avec deux canons, qui devait défendre le passage du Metchik. Ce bataillon et ces deux canons se relayaient chaque jour; le bataillon de service allait occuper la redoute vers les onze heures du matin et y restait vingt-quatre heures, ayant toujours des escarmouches avec l'ennemi. Du reste, nous le tenions à distance au moyen de ce qu'on nommait alors les fusils de rempart. Je ne sais si on les emploie aujourd'hui; de mon temps c'était un long fusil de très-gros calibre, qui se chargeait du côté de la culasse et ayant un trépied sur lequel on le posait pour tirer. Il était porté dans les expéditions par quatre hommes. Nous en avions quatre ou cinq dans le camp, mais nous n'avions pas trouvé d'occasion de l'employer jusqu'à l'organisation de ce poste avancé, qui devait tenir l'ennemi à distance du Metchik.

Avouons que de nos temps les armes de l'infanterie étaient détestables. Nous n'avions que des fusils à percussion avec des canons non rayés, qui ne portaient pas la balle à plus de cent ou cent vingt pas, tandis que les Tchetchènes avaient des carabines, quoique à bassinet, mais qui portaient à trois cents et quatre cents pas et étaient d'une justesse désespérante. Cette disparité d'armes était une des difficultés de notre guerre, qui prit un tout autre caractère quand les troupes furent armées de carabines. Aussi ne comptions-nous que très-peu sur nos fusils pour chasser les Tchetchènes et les Tartares qui venaient voltiger autour de notre redoute. Mais quand nous fîmes jouer nos fusils de rempart, les premiers coups produisirent une sensation immense parmi les Tartares; on voyait de loin leur étonnement et la hâte qu'ils avaient de sortir en dehors de l'action de cette arme, qui portait avec précision une grosse balle à mille pas.

Plus tard, quand je revins à Kourinsk, plusieurs Tchetchènes, qui venaient comme espions, s'intéressaient à savoir d'où nous avions pris cet « *oncle de fusil* », comme ils l'appelaient. Ils avaient des dénominations très-drôles pour les armes à feu : ils nommaient le canon le grand-père du fusil, et baptisèrent d'oncle ce fusil de rempart qui était beaucoup plus gros que le fusil ordinaire.

Cette année, nous eûmes à déplorer un accident qui jeta une tristesse profonde sur la forteresse de Kourinsk. Une dame jeune et jolie, parfaite écuyère, comme la plupart de nos dames du Caucase, montait avec beaucoup de hardiesse un joli petit cheval noir, qui n'avait pas cependant les jambes assez sûres. A une promenade qu'elle faisait à cheval en dehors de la forteresse, accompagnée d'une dizaine d'officiers, avec une escorte d'une cinquantaine de cosaques, son cheval s'abattit, et la pauvre femme alla se frapper la tête à une forte racine qui sortait de la terre. Pendant dix jours, elle resta étendue sans connaissance sur son lit et expira à la fin.

Je consigne ce fait parce que, dans notre vie de reclus, une circonstance pareille était un fait important qui jetait un voile de tristesse sur la petite société de Kourinsk pour longtemps. Pendant cette année 1853, mon bataillon passa en garnison à Gersel-Aoul, petite forteresse au débouché du défilé de l'Aksai, où nos troupes sortirent en 1842 et 1845 de l'Ischkérie. Cette forteresse était à mi-chemin de Kourinsk à Hassaff-Jurt, et si nous y gagnâmes à être plus près du chef-lieu du régiment, nous ne gagnâmes rien sous le point de vue du comfort, car exposée comme elle était, cette forteresse, à tous les vents, sur la rive gauche très-élevée de la rivière Aksai, et avec des bâtiments tant soit peu délabrés, elle nous fit soupirer pour notre chère forteresse Kourinsk, où le 2ᵉ bataillon du 3ᵉ des chasseurs était chez soi depuis plus de douze ans. Du reste en 1855 nous retournâmes à notre vieux domicile. Cependant Gersel-Aoul nous laissa quelques agréables souvenirs.

Un beau jour, vers les deux heures de l'après-midi, je reçus une lettre envoyée par exprès (1), du comte de K***, chef du régiment; dans cette lettre il me faisait savoir que lui, quelques dames de Hassaff-Jurt et quelques officiers se proposaient de faire ce jour même ce qu'ils appelaient une razzia chez moi à Gersel-Aoul, et qu'ils menaient avec eux la bande des musiciens du régiment.

Je fis immédiatement tous les préparatifs que permettaient mon logement et les moyens qu'offrait la forteresse et notre vivandier. Les sentinelles eurent l'ordre de faire savoir quand l'occasion de Hassaff-

---

(1) Les exprès, indigènes à cheval, faisaient toujours l'office de courriers entre les forteresses, car avec leur connaissance du pays ils ne couraient pas risque d'être pris, et s'ils étaient pris, ils avaient toujours des amis dans les montagnes qui les faisaient échanger ou évader, de plus ils étaient bien payés.

Jurt paraîtrait, et moi et mes officiers, nous fîmes seller nos chevaux pour aller au-devant des dames qui m'honoraient de leur visite. C'était un beau jour de juillet; vers les cinq heures du soir on signala la colonne qui s'avançait à grand trot, car c'étaient les cosaques qui formaient le convoi. A cinq heures et demie la colonne s'approcha de la rive droite de l'Aksaï, où moi et mes chefs de compagnie nous reçûmes ces dames et le chef du régiment. Quelques dames étaient à cheval, la plupart venaient en calèche; nous guidâmes nos écuyères à travers le gué assez dangereux de l'Aksaï, qui est une rivière impétueuse et presque impassable pendant les grandes eaux qui arrivent au mois de juin, quand les neiges fondaient dans les montagnes, mais qui au mois de juillet n'offre pas ce caractère de torrents.

Avec des petits cris et des amazones mouillées, nos dames à cheval passaient tant bien que mal, s'appuyant dans les moments critiques sur leurs cavaliers; mais en somme le passage s'effectua sans encombre, et nous nous élançâmes sur les hauteurs de la rive gauche, où la forteresse était sise.

Ma chambre à coucher était comme de raison affectée aux mystères de la toilette de nos dames qui avaient, cela va sans dire, apporté dans leurs voitures des robes convenables pour aller danser à la campagne. En même temps un thé à l'anglaise était s‿ i qui offrait aux estomacs impérieux le moyen d'attendre sans trop se presser le souper que mon cuisinier (renommé dans le régiment pour ses beefsteaks et ses rôtis) tenait à présenter dans le meilleur style possible. Mon logement se composait d'une salle assez vide et qui était assez mal éclairée, vu l'absence de lustres et d'un éclairage venant d'en haut, mais qui devait figurer comme salle de bal; de plus, excepté ma chambre à coucher avec un cabinet de toilette, je n'avais qu'une chambre et un immense vestibule qui, pendant ce temps chaud, servit parfaitement de salle à manger, décoré à la hâte de quelques lambeaux d'étoffe et de quelques guidons de jalonniers.

Vers les sept heures, nous commençâmes à danser, ce qui continua avec interruption de promenades sur le rempart, au clair de lune jusqu'à minuit, quand on annonça le souper, ce qui fut accueilli avec grande satisfaction. Le souper se prolongea jusqu'à une heure et demie, après quoi l'on se remit à danser jusqu'à l'aurore quand je fis servir du thé et du café. Enfin les dames, exténuées de fatigue et tombant de sommeil, firent avancer les équipages pour retourner à Hassaff-Jurt; cette fois-ci, nos écuyères ne voulurent point faire le trajet à cheval, excepté la jolie Mme K***, d'origine cosaque, qui, me raconta-t-on, eut encore la force de courir un lièvre que la colonne fit lever pendant le trajet à Hassaff-Jurt

Pendant que nous restions à Gersel-Aoul, nous venions souvent à Hassaff-Jurt, qui n'était distant que de 12 à 13 kilomètres, ce qui nous permettait de sortir à six heures du matin et de revenir la nuit, tout en ayant toute la journée à notre disposition; aussi étions-nous au courant des grandes nouvelles politiques de l'année 1853. Nous suivions avec inquiétude les journaux que nous pouvions recevoir au bout de dix-huit ou vingt jours depuis leur apparition à Saint-Pétersbourg, et au mois d'octobre nous espérions qu'on nous ferait marcher dans la Transcaucasie pour jouer un rôle dans la guerre que la Turquie nous avait déclarée. Mais nous nous trompions dans notre attente; on jugeait la position occupée par notre régiment trop importante pour l'affaiblir, soit en retirant une partie de troupes, soit même en les changeant. La suite des événements prouva qu'on avait raison d'en agir ainsi. Nos compères, le 40° des chasseurs, fut plus heureux : deux bataillons de ce régiment marchèrent vers la frontière de Turquie et se distinguèrent pendant la campagne de 1853-56 dans la Transcaucasie.

CHAPITRE VIII.

L'affaire de Karasou; la guerre de Turquie; la dévastation de Tzinondali; les prisonnières de Shamil; l'affaire du 3 octobre 1854.

Le 23 septembre 1853, pendant une belle nuit d'automne, une colonne de deux bataillons avec quelques cosaques et de l'artillerie, sous les ordres du général comte K***, arriva à l'improviste à Gersel-Aoul pour faire cette nuit même une excursion dans le haut de la vallée du Metchik, dont la source se trouvait derrière les montagnes de Katchkalik, en face de la forteresse. Je ne crois pas que cette excursion ait eu un but particulier, excepté de tenir les troupes en haleine et de faire comprendre à l'ennemi que la guerre dont nous menaçaient les vrais croyants, et dont on parlait beaucoup dans les montagnes, n'affaiblissait pas nos forces.

Mon bataillon avec ses deux canons se réunit à la colonne, et nous nous enfonçâmes dans le défilé d'Aksai, d'où nous tournâmes vers le nœud de montagnes que forme ici la chaîne Katchkalik avec les montagnes qui longent la rive gauche de l'Aksai. Après une montée assez pénible, nous commençâmes à descendre dans une jolie vallée boisée qui est celle des sources du Metchik. Il était à peine quatre heures du matin, un brouillard assez épais environnait le paysage; mon bataillon fut laissé en réserve, pour tenir position, pendant que le reste des troupes devait se jeter dans l'aoul qui sommeillait à nos pieds. Jamais je n'oublierai ce sentiment pénible que j'éprouvais quand, restant tranquillement sur place, je voyais, hors de l'entraînement du combat, nos troupes envelopper la demeure de nos ennemis, qui cependant étaient des hommes comme nous. Leur réveil fut terrible; heureusement encore que l'aoul se réveilla immédiatement et eut le temps de fuir dans le bois, qui commençait plus loin, à son extrémité. Presque toutes les familles Tchetchènes eurent le temps de se mettre à l'abri de la fusillade qui s'engagea immédiatement, et celles qui nous tombèrent en mains furent faites prisonnières et amenées près de mon bataillon pour les mettre à l'abri du danger. Nous prîmes quelques centaines de bétail et de brebis, et nous retournâmes poursuivis par les Tchetchènes, mais n'ayant essuyé qu'une perte d'une vingtaine d'hommes. J'avoue que j'avais une grande répugnance pour ces razzia, qui n'avaient aucun but sérieux, comme les coupes de bois, et qui n'avançant en rien notre conquête, étaient peu conformes aux lois de l'humanité. Les quelques vieillards, femmes et enfants que nous menions avec nous avaient l'air si souffrants, que nos soldats, qui sont très-bons hors du combat, les placèrent sur les chariots ou même portèrent les enfants dans leurs bras, tachant de les consoler, et leur expliquant dans le langage mixte russe tchetchène qu'on les nourrirait bien et qu'ils retourneraient bientôt chez eux.

Et vraiment, à peine arrivés à Gersel-Aoul, nous vîmes arriver des parlementaires qui offraient d'échanger les prisonniers contre quelques soldats faits prisonniers dans des embuscades ou dans des affaires. Les bases de l'échange furent posées presque immédiatement, et au bout de quelques jours on m'amena à Gersel-Aoul nos soldats, tandis que je devais livrer les Tchetchènes prisonniers. Quant au bétail, c'était toujours le butin des soldats. On le partageait à l'infanterie, aux cosaques et aux artilleurs, suivant le nombre des canons, des centaines et des compagnies qui avaient pris part à l'affaire.

Ce fut bientôt après cette affaire que la nouvelle de la prise du fort Nicolaïeff et de la déclaration de la guerre de la Turquie nous arriva.

Il était clair qu'on n'entreprendrait rien dans la Tchetchna; nous étions réduits à une guerre défensive, qui était plus pénible qu'une guerre d'action.

Les montagnes, comme on disait chez nous pour désigner collectivement notre ennemi, étaient dans un état d'excitation difficile à décrire: mon espion Kultchi venait souvent me prévenir de nous tenir sur nos garges. Au mois de mars de 1854, il m'envoya une nuit son petit frère me dire qu'un assaut de la forteresse était médité pendant les premiers jours des fêtes de pâques, vu qu'on espérait trouver les soldats plus ou moins gris.

Nous prîmes nos mesures en conséquence; je défendis aux vivandiers la vente de l'eau-de-vie pendant les trois premiers jours de fête, et nous passâmes trois nuits à veiller sur les remparts qui étaient des boulevards en terre, avec des fossés peu profonds, défendus par des canons qui étaient montés sur des plates-formes, aux angles du carré que formait la forteresse. Nous vîmes quelques indigènes qui faisaient des reconnaissances pendant la nuit; mais il paraît que le courage manqua aux montagnards, car aucune attaque de vive force contre la forteresse n'eut lieu. Il est vrai que des partis considérables commencèrent à circuler dans la plaine en tâchant de s'emparer du bétail des aouls qui nous étaient soumis, mais avec peu de succès.

Il va sans dire que ces partis se tenaient à une distance convenable de nos canons de forteresse, et qu'une compagnie avec un canon qui se mettait à les suivre dans la plaine les faisait rebrousser chemin.

Au mois d'août de 1854, nous reçûmes deux nouvelles importantes: c'était la nouvelle d'un brillant succès remporté par nos troupes le 24 juillet, dans la Transcaucasie sous Kouruk-Darà, et la douloureuse nouvelle de la descente de Schamil avec un parti considérable dans la vallée d'Alasan, où les montagnards pillèrent la maison du prince Tchevtchevadzé et emmenèrent prisonniers sa femme, ses enfants et sa belle-sœur la princesse Barbe Orbéliani, avec son fils et une française, Mme Drancé.

Mme Drancé a dépeint dans un livre plein d'intérêt les souffrances du voyage et de la captivité de ces femmes d'une éducation parfaite, jetées avec leurs enfants par le sort au milieu de cette bande de brigands, et forcées de faire à cheval un trajet à travers les montagnes couvertes de neige, plus difficile que le passage de Saint-Bernard par les troupes françaises, car le général Argoutinsky Dolgorouky avait occupé les passages faciles que Shamil pouvait prendre à son retour, ce qui força ce dernier à se jeter dans des sentiers presque impraticables de la grande chaîne du Caucase.

La descente de Shamil dans la Khahétie était combinée avec le mouvement des troupes turques qui avançaient sur nos frontières, et si l'affaire de Kouruk-Dara n'avait pas été heureuse pour nos troupes, notre position serait très-dangereuse. Des émissaires turcs travaillaient l'esprit des montagnards, et leur promettaient que sous peu le sultan en personne arriverait à Tiflis, en leur enjoignant de marcher à sa rencontre. La descente dans la vallée d'Alazan fut le résultat de cette manœuvre, et ce ne fut qu'après avoir entendu parler de la défaite des Turcs, que Shamil résolut de retourner dans ses montagnes. Mais l'esprit d'aventure, réveillé par les émissaires, poussa Shamil à entreprendre une autre grande expédition, qui devait frapper de terreur les Tchetchènes, qui avaient passé chez nous, et arrêter l'émigration qui ne discontinuait pas dans la Tchetchna, car les Tchetchènes songeaient peu aux manifestes politiques et religieux de Shamil.

Une autre descente dans la Transcaucasie n'offrait pas de chances de succès à Shamil, car si la partie orientale de la Transcaucasie est musulmane, elle est cependant shiite, et comme telle séparée par une haine invétérée des Sunnites turques et des montagnards. Or la Perse shiite était dans les meilleures relations avec la Russie, et c'était notre bonheur que les musulmans de la Transcaucasie regardaient les Turcs comme leurs ennemis communs. Par conséquent Shamil, ne trouvant pas d'appui dans la Transcaucasie, et ayant à sa disposition les quinze ou vingt mille hommes qu'il avait rassemblés dans le nord de la grande chaîne, méditait une expédition qui aurait rehaussé son nom devant le Khan Hounker (sultan de Turquie) et rendu l'éclat à la guerre sainte du Kazawate.

Nous recevions de tous côtés des nouvelles les plus inquiétantes sur les projets de Shamil; le mois de septembre 1854 se passa cependant sans qu'il entreprit quelque chose; il est vrai que Shamil fut toujours meilleur politique que guerrier, et était très-indécis. Cependant mon espion Kultchi arriva une nuit vers la fin du mois de septembre, pour me dire qu'on avait ordonné définitivement à tous les hommes de vingt à quarante ans d'être prêts à marcher avec des provisions pour dix jours, mais qu'on ne connaissait pas encore le but de l'expédition. Les indigènes faisaient eux-mêmes des suppositions, ainsi que me disait Kultchi, qui cependant n'étaient basées sur aucune autorité. Ainsi on disait que Shamil voulait renouveler sa campagne de 1840-42, dans le Daghestan (où il s'était alors emparé de plusieurs petites forteresses), et voulait soulever les populations du bas Daghestan; d'autres prétendaient qu'il descendrait dans la plaine de la petite Tchetchna, pour tâcher de soulever les Kabardiens (qui étaient aussi musulmans-sunnites, sous notre domination), pour se relier par les races Adihé aux bords de la mer Noire. Quelques-uns prétendaient qu'il pillerait, en passant le Terek, les villages cosaques, ou même Kisliar, comme l'avait fait en 1837 ou 1838 un chef montagnard dont je ne me rappelle pas le nom.

Bientôt cependant nous eûmes la conviction que Shamil n'avait pas de plans si grandioses, quoiqu'il disposât d'une force de vingt mille hommes. Dans la nuit du 2 octobre, je reçus un exprès du comte K***, chef du régiment et commandant de toutes les troupes de la plaine Koumick, avec l'ordre d'être prêt avec tout mon bataillon à marcher vers la forteresse Kourinsk. Le comte K*** m'écrivait aussi dans une lettre qu'il m'expliquerait verbalement le but de ce mouvement, en venant me prendre avec mon bataillon le lendemain ou le 3 octobre selon les nouvelles qu'il recevrait de ses espions Dans la nuit du 2 au 3 octobre le petit frère de Kultchi arriva me dire que les troupes de Shamil se rassemblaient à Majurtoup, ce qui faisait supposer que l'attaque serait dirigée vers Grosnaia ou vers Kourinsk. Vers midi du 3 octobre, je vis arriver la petite colonne du comte K***, qui n'avait pu mener avec lui que quatre compagnies dont deux devaient rester pour la défense de Gersel-Aoul, car mon bataillon marchait en entier à Kourinsk. Deux canons nous accompagnaient.

Je crois avoir dit plus haut que deux bataillons du 40° des chasseurs avaient été envoyés dans la Transcaucasie; un de nos bataillons fut envoyé dans la plaine de Grosnaia pour prendre leur place, et nous n'avions en tout dans la plaine des Koumicks que quatre bataillons pour toutes nos forteresses et pour faire face à l'ennemi.

Je fis part au comte K*** des nouvelles que j'avais reçues cette nuit, qui concordaient parfaitement avec celles qu'il avait reçues de ses espions; mais tout en marchant vers Kourinsk nous n'étions sûrs ni du moment que saisirait Schamil pour faire son attaque, ni de la direction qu'il choisirait. La supposition la plus raisonnable, d'après les données que nous avions, était que Shamil se jetterait (s'il s'avançait de notre côté) sur l'aoul Isti-Sou qu'il détestait, comme opposition déclarée des Tchetchènes contre son gouvernement. La position d'Isti-Sou, à 8 kilomètres de la forteresse Kourinsk et au pied même de la chaîne Katchkalik, en face de la percée que nous avions faite en 1853, rendait possible la tentative de l'emporter en un coup de main avec l'armée que Shamil menait avec lui. Une compagnie de cent cinquante soldats qui défendait l'aoul ne pourrait tenir contre une masse imposante d'indigènes armés d'excellentes carabines. Nous arrivâmes vers les trois heures de l'après-midi à Kourinsk où nous fûmes reçus par le colonel N***, qui commandait par intérim les troupes de cette forteresse. Ces troupes se composaient d'un bataillon et de six cent cosaques avec quatre canons. Si nous étions obligés de marcher à l'encontre de l'ennemi, nous devions laisser deux compagnies en garnison à Kourinsk, ce qui réduisait nos forces à mon bataillon à deux compagnies qui étaient venues de Hassaff-Jurt, à deux compagnies que nous pouvions prendre de Kourinsk, en tout deux bataillons avec six centaines de cosaques et six canons.

Je ne saurais dire si le colonel N*** manquait de bons espions, ou s'il ne crut pas à leurs rapports; mais quand nous entrâmes dans la forteresse, les six cents cosaques étaient absents à une vingtaine de kilomètres de la forteresse. Le colonel N*** leur avait permis d'aller chercher du fourrage pour épargner, en tant que possible, les provisions de foin qu'ils avaient préparées pour l'hiver. Du reste, comme personne ne pouvait savoir quand l'attaque aurait lieu, le comte K*** ne jugea pas nécessaire de leur envoyer immédiatement l'ordre de revenir, car ils devaient en tous cas revenir dans deux ou trois heures.

A peine cependant étions-nous restés une heure à Kourinsk, qu'un coup de canon du côté d'Isti-Sou attira notre attention. Nous nous élançâmes sur le rempart pour tâcher de distinguer si ce coup de canon annonçait l'apparition de quelques cavaliers ou si l'aoul demandait du secours. Dans quelques instants nous fûmes sûrs de notre fait. Non-seulement les deux canons des redoutes d'Isti-Sou envoyaient leurs nuages de fumée blanche, mais encore deux canons posés sur les hauteurs du Habi-Shavdon répondaient à nos canons et annonçaient la présence d'une grande troupe ennemie. Dans un clin d'œil, au son de l'alarme, nos soldats saisirent leurs armes, s'élancèrent vers la sortie de la forteresse, et se rassemblèrent sur une petite terrasse qui servait à cet usage. Dans cinq minutes nous marchions avec nos canons au pas accéléré vers Isti-Sou.

Pour l'intelligence du récit, il faut s'arrêter un moment à la description topographique du terrain. On se rappelle que la forteresse Kourinsk, ainsi que l'aoul Isti-Sou se trouvaient sur le versant oriental de la chaîne Katchkalik, qui descend par une pente assez douce vers la plaine Koumickque. Kourinsk, comme Isti-Sou, sont à mi-hauteur de la montagne, et se reliaient par un chemin direct qui passait par des touffes d'arbres, car le sommet de la chaîne est couvert de forêts qui descendent jusqu'à la moitié de la hauteur de la chaîne. Plus bas, la pente de la chaîne est dénuée de la grande végétation, c'est-à-dire qu'au lieu des arbres croît un arbre très-épineux, qui s'élève à demi-hauteur d'homme, et qui couvre d'une végétation compacte et serrée toute la pente et une partie de la plaine. On ne passe qu'avec beaucoup de peine à travers ces ronces, et une attaque de cavalerie est impossible à travers ces broussailles. Excepté le chemin direct, à mi-hauteur de la chaîne de Kourinsk, à Isti-Sou, il y avait un autre chemin un peu plus long qui menait à cet aoul en longeant la pente de la chaîne et recouvert du rebord de la dernière terrasse de cette pente. Le chemin d'en haut aboutissait à l'aoul même, situé entre deux ravins secs qui l'entouraient et en faisaient comme une île fortifiée des deux redoutes occupées par notre compagnie. Le chemin d'en bas débouchait sur l'aoul au point où les deux ravins qui l'entouraient se réunissaient en formant un seul qui servait d'écoulement aux eaux dans la plaine.

Shamil, comme nous pouvions le comprendre,

ayant apparu avec ses canons et ses troupes sur les hauteurs du Habi-Shavdon, qui commandaient l'aoul, commença par les canonner, et dut lancer ses hordes à l'assaut, espérant emporter les redoutes avant l'arrivée des troupes dont le mouvement de Hassaïf-Jurt, du reste, lui était inconnu. Nous nous élançâmes par le chemin d'en haut, mais à peine avions-nous fait une centaine de pas que quelques cavaliers tchetchènes et le ci-devant naib tchetchène Bata (1), qui s'étaient élancés à l'avant-garde pour éclairer le chemin, revinrent vers nous au grand galop en disant qu'un grand parti occupait ce chemin, et que si nous voulions arriver à temps pour sauver l'aoul, nous devions prendre le chemin creux de la plaine,

Le comte K*** comprit immédiatement la nécessité de suivre ce conseil, car nous aurions perdu trop de temps à nous frayer un passage vers l'aoul à travers les masses compactes de l'ennemi ; aussi tournâmes-nous immédiatement en bas sur le chemin recouvert de la terrasse de la pente, et une course effrénée commença. Nous comprenions tous que de notre apparition à temps dépendait la conservation de l'aoul, de nos braves compagnons qui occupaient la redoute, et enfin du prestige de nos troupes. Les 8 kilomètres qui séparent Kourinsk d'Isti-Sou furent franchis par la tête des troupes en quarante ou quarante-cinq minutes ; il est vrai que ce ne furent que trente ou quarante

---

(1) Bata, Tchetchène d'origine, sut par son esprit plaire à Shamil, et fut nommé par lui naib ou lieutenant dans la Tchetchna. Bata, expression fidèle des idées de son peuple, devina ou comprit que le temps approchait quand les Tchetchènes se soulèveraient en masse contre Shamil et se jetteraient dans les bras de la Russie. Il déserta, et vint se rendre à discrétion ; on lui fit une pension, et il nous rendit d'importants services.

soldats qui purent suivre en haletant les quatre canons qui marchaient au trot. Tous les officiers à cheval, comme de raison, furent les premiers à paraître sur le monticule d'où nous pûmes embrasser d'un seul regard toute la scène. Nous n'avions pas encore tardé, nos redoutes étaient sauves et se dessinaient nettement par la traînée de fumée qui apparaissait régulièrement le long de leurs remparts. Les deux profonds ravins qui entouraient l'aoul étaient pleins d'une masse énorme de Tavliens qui escaladaient les côtés des ravins; l'aoul proprement dit était déjà pris, car des masses de Tavliens remplissaient aussi les rues. Nous ne pouvions seulement nous expliquer du premier abord ce que c'était que ces décharges de fusil qui se dessinaient sur les bords *des fossés* qui entouraient nos redoutes.

En ce moment nos canons arrivèrent; l'ennemi ne se doutait pas encore de notre arrivée; il n'avait pas remarqué notre mouvement, mais une surprise terrible l'attendait. Les quatre canons que nous avions se mirent vivement en position, et mitraillèrent les deux ravins. Il fallait voir la terrible scène qui s'ensuivit; ces malheureux Tavliens, balayés par la mitraille, éperdus, haletants, se jetèrent comme un troupeau de brebis vers le bord du ravin, mais déjà deux ou trois cents soldats nous étaient arrivés, et à mesure que les Tarliens se jetaient hors du ravin, ils étaient accueillis par les balles de notre chaîne, qui avançait lentement mais irrésistiblement dans les broussailles. Les Tavliens qui se jetèrent dans le ravin de la droite, après avoir été mitraillés le long du ravin par deux canons qui y étaient descendus, furent pressés à la baïonnette et y perdirent plus de trois cents morts, dont les corps restèrent sur place, ce qui était une preuve d'une éclatante victoire complète. De plus, les Tchetchènes de l'aoul, qui, avec la permission du chef de la compagnie (un capitaine Petroffsky), s'étaient placés avec leurs familles dans les fossés des redoutes, formant ainsi un second rang de feu, s'élancèrent à la poursuite de leurs ennemis les Tavliens comme des abeilles dont on aurait inquiété la ruche. Il fallait voir la haine avec laquelle ils s'attachaient à cette masse fuyante de Tavliens qui, comme un troupeau débandé, s'élançaient vers la forêt.

Le double mouvement de nos troupes, des deux côtés de l'aoul, ayant balayé l'ennemi, aboutit à former une position de bataille dont le centre était la redoute avec ses deux canons, et les ailes les deux bataillons avec quatre canons qui, ainsi, présentaient à l'ennemi, encore formidable par sa quantité, un front de troupes qu'il n'était pas facile de renverser. Du reste, je crois que cette idée ne vint pas un moment à Shamil qui, nous racontait-on plus tard, était frappé de stupeur en ce moment. Nos six canons faisaient un terrible ravage parmi ses masses fuyantes qui tâchaient de gagner le gros de l'armée. Les deux canons de la redoute, qui étaient de gros calibre, pouvaient même atteindre les hauteurs de Hobi-Shavdon où on voyait encore le parasol, indice de la présence de Shamil. Mais à peine trois ou quatre obus tombèrent-ils non loin de ce chef révéré, que nous vîmes ses troupes se retirer et les masses ennemies disparaître comme par enchantement. Tandis que cela se passait à Isti-Sou, la cavalerie, sous les ordres du colonel cosaque P***, avait vu de la plaine la cannonade d'Isti-Sou, et jetant les bottes de foin dont les chevaux étaient chargés, elle partit au grand galop vers le point menacé; mais les ronces dont j'ai parlé ne permettant pas de choisir la direction la plus courte, les cosaques ne purent arriver que vers la fin de l'affaire, quand les

Tavliens se retiraient vers les bois du versant de la chaîne. Cependant ils eurent leur part au succès, car, dès leur arrivée, le comte K*** s'élançait avec ces six centaines et une compagnie à la poursuite des fuyards qui n'avaient pas encore gagné le bois. On sabra encore quelques-uns de ces malheureux et l'on fit prisonniers une cinquantaine.

Le soleil était déjà couché quand l'affaire fut terminée et le comte K***, avec plusieurs officiers, entra dans l'aoul pour savoir comment les Tchetchènes s'étaient conduits. Le capitaine Petroffsky n'avait que des éloges à leur donner. Dès l'apparition de l'ennemi, les Tchetchènes demandèrent à s'enfermer avec leurs familles dans les redoutes mêmes, mais Petroffsky leur refusa avec fermeté en leur disant qu'ils empêcheraient aux soldats de se mouvoir et que, du reste, c'était contraire aux ordres qu'il avait reçus. Alors ils prièrent de recevoir dans les redoutes quelques femmes et enfants malades et faibles, ce à quoi Petroffsky consentit. Tous les Tchetchènes avec leurs familles se placèrent de son consentement au fond des fossés qui entouraient les redoutes, et furent d'une grande utilité pour la défense.

Le soir du 3 octobre 1854 fut un des plus délicieux souvenirs de notre vie caucasienne. Les Tchetchènes se jetaient à notre cou, les charmantes femmes tchetchènes, sveltes, élancées, avec des traits si fins, si beaux, se pressaient autour de nous en élevant leurs enfants dans leurs bras pour nous les montrer et attirer notre attention, en nous envoyant mille bénédictions. Enfin, vers les huit heures du soir, après avoir laissé une compagnie de renfort à Isti-Sou, en cas de nouveaux dangers, nous revînmes joyeux à Kourinsk. Aucune nouvelle attaque n'eut lieu; cette nuit même des espions tchetchènes vinrent nous dire que Shamil se retirait vers Gueldiguen, c'est-à-dire prenait la route qui menait vers sa résidence, et il n'y avait pas de raison de s'attendre à de nouvelles hostilités.

Cependant nous restâmes encore un jour à Kourinsk pour faire face à l'ennemi s'il se présentait, et la seconde nuit, Kültchi, mon espion de Gersel-Aoul, arriva pour me voir, ayant appris par ses amis d'Isti-Sou que j'étais à Kourinsk. — « Où étais-tu, lui demandai-je, pendant l'affaire? » — « Nous autres Tchetchènes, me répondit-il avec son fin sourire, nous étions dans le bois à regarder comme vous battiez nos amis, ces brutes de Tavliens. » — « Mais pourquoi Shamil n'avait-il pas exigé que vous montiez à l'assaut? demandai-je.

« Shamil ne nous croit plus et ne nous confie rien depuis que vos chefs sont des gens d'esprit, » répondit-il.

Kültchi était, comme on voit, l'expression des idées qui avaient déjà cours parmi les Tchetchènes et qui préparaient la conquête mémorable du Caucase oriental en 1858-59. Dès qu'il eut perdu au nord du Caucase cette arme fine et formidable, la race des Tchetchènes, toutes ses expéditions ne pouvaient avoir de succès, car les Tavliens étaient sûrs de n'avoir jamais le concours des Tchetchènes qui les méprisaient comme des grossiers paysans. Si l'attaque d'Isti-Sou avait été menée par les Tchetchènes, il est difficile de croire que les Tchetchènes de l'aoul se seraient défendus avec l'énergie qu'ils avaient déployée contre les ennemis de leur race, les Tavliens.

Ainsi en 1854, tandis que la Russie luttait contre la Turquie, soutenu de ses alliés, Shamil, l'iman sunnite, perdait sa popularité parmi d'orthodoxes musulmans parce qu'un homme de génie sut reconstruire l'esprit des races aux dépens de l'influence de l'islam.

CHAPITRE IX.

La nouvelle de la mort de l'empereur Nicolas Ier; l'échange des prisonnières contre Djammal-Eddin, fils de Shamil; conclusion.

Au commencement du mois de mars 1855, si je ne me trompe pas, le 8 de mars, nous fûmes frappés de consternation à la nouvelle de la mort de l'empereur Nicolas Ier. Aucun bulletin de sa maladie ne nous était parvenu à Gersel-Aoul, et cette terrible nouvelle nous frappait comme un coup de foudre; la lutte titanique que nous avions à soutenir contre l'Europe coalisée, l'incertitude de l'avenir, enfin le sentiment profond de respect et d'attachement qu'on portait au souverain décédé si subitement, tout portait à rendre doublement douloureux le coup que nous venions de recevoir.

Tout ce qu'il y avait de beau, de chevaleresque, de magnanime était idéalisé par la province, l'armée, et le Caucase en particulier dans la grande figure historique de l'empereur Nicolas.

Dans cette grande lutte que nous soutenions, nous nous voyions privés tout à coup du guide qui menait la Russie depuis trente ans, et la crainte s'emparait de nos âmes. Les sergents-majors qui se présentèrent pour recevoir des ordres pleuraient comme des enfants quand la nouvelle leur fut communiquée. Une heure après, tout le bataillon avec son drapeau était en carré pour prêter serment de fidélité au nouveau souverain, et le prêtre comme les soldats étaient vivement émus en prononçant les paroles du serment. C'était un moment très-douloureux; bientôt, grâce à Dieu, la confiance revint et nos espérances se concentrèrent sur celui qui travailla tant pour le bien de son peuple.

Deux jours après cet événement, nous marchâmes vers Kourinsk pour nous rencontrer encore une fois avec Shamil, mais cette fois-ci dans un but tout pacifique: il s'agissait de l'échange des princesses Tchevtchévadzé et Orbéliani avec leurs enfants contre Djammal-Eddin et une somme en métal qu'on devait porter à Kourinsk et que nous devions accompagner.

Lors de la prise de l'aoul fortifié Ahulgo par le général comte Grabbé, en 1839, au commencement de la guerre du muridisme, Shamil avait fui avec sa famille, mais son fils aîné tomba dans nos mains. C'était un jeune garçon de quatre à cinq ans qu'on envoya à Pétersbourg, où il fut élevé dans un corps de cadets, et ayant terminé ses études, il fut promu au grade d'officier et incorporé dans l'escadron indigène caucasien de la garde, qui est formé des représentants de toutes les nationalités du Caucase dans leurs costumes pittoresques. Ce jeune homme n'avait gardé aucun souvenir de la vie austère et rude que mènent les montagnards; il avait toutes les habitudes et tous les goûts d'un homme civilisé; il avait gardé sa religion seulement parce qu'on n'aime pas en Russie faire de la propagande religieuse; mais de cœur et d'âme il était dévoué à sa nouvelle patrie, et jamais l'idée de retourner dans les montagnes ne lui était venue.

Cependant Shamil ne pouvait s'habituer à l'idée que le fils aîné de l'iman des vrais croyants puisse rester, comme il le pensait, prisonnier chez les infidèles; sa position politique et religieuse lui faisait un devoir de demander sa restitution dès qu'il eut entre ses mains les moyens de poser ses conditions. De plus, n'ayant pas une idée nette des chiffres, il résolut de demander avec Djammal-Eddin, en échange des captives qu'il avait prises dans la Kahétie, un million de roubles en métal. Ce chiffre lui fut, dit-on, inspiré par quelques soldats déserteurs qui avaient entendu dire que c'était une somme importante. Plus tard, après maints pourparlers, la question fut éclaircie à la satisfaction mutuelle. Le million, à ce qu'il paraît, était employé par Shamil dans l'acception du mot *beaucoup*, comme le *tchihil* des Persans, sans y attacher l'idée d'une valeur précise, et il se trouva qu'il se contentait de deux chariots remplis de roubles traîné chacun par une paire de bœufs qui lui représentaient le *beaucoup* si désiré.

Or les petits bœufs de la Tchetchène ne traînent pas de charge qui excède 280 à 320 kilogrammes, ce qui représente 20,000 roubles argent; car 1,000 roubles en métal pèsent 16,4 kilogrammes ou un poud, à peu près. Donc deux charretées de roubles ne représentaient que 40,000 roubles argent. Mais avant qu'on n'arrivât à cette conclusion, et en général aux bases sur lesquelles l'échange pouvait s'effectuer, les émissaires de Shamil ne faisaient que voyager entre Vedeno et Hassaff-Jurt, où se traitaient les négociations, dans la maison du comte K***, qui était allié aux Tchevtchévadzé.

Ce fut chez lui que descendit le prince Tchevtchévadzé lui-même (qui n'était pas à Tzinondaly lors de la catastrophe), et qui suivait avec des angoisses de cœur faciles à comprendre les négociations, qui durèrent depuis le mois de novembre 1854 jusqu'au mois de février 1855. Mais il fallait cacher les inquiétudes d'un père et d'un mari à ces émissaires, car un moment de faiblesse ferait perdre le fruit de toutes les négociations. Après des peines infinies, la question d'argent fut éclaircie comme on l'a vu plus haut ; restait le point important du retour du fils de Shamil qui ne pouvait s'effectuer qu'avec la permission de l'Empereur et du propre consentement de Djammal-Eddin, officier russe. Le prince Tchevtchévadzé partit pour Pétersbourg pour implorer Djammal-Eddin de lui rendre sa famille et pour demander à l'Empereur la grâce de lui prêter les 40,000 roubles nécessaires, car tout son bien était pillé et dévasté. L'empereur Nicolas Ier, qui connaissait la famille Tchevtchévadzé et les deux princesses prisonnières, car elles étaient du sang royal de Géorgie et élevées à Pétersbourg sous le patronage de l'impératrice Alexandra, ordonna immédiatement le prêt de l'argent demandé ; quant à Djammal-Eddin, tout en donnant d'avance son consentement à son départ, il ne voulut pas, comme de raison, influer d'aucune manière sur la décision du jeune homme, auquel il laissa toute latitude de refuser ou de consentir à retourner dans ses montagnes.

La parole d'un père et d'un mari est éloquente ; le bon cœur de Djammal-Eddin fut ému, et, de plus, il est probable qu'il espérait avoir quelque influence dans les montagnes et peut-être y jouer un rôle important, peut-être même terminer pacifiquement la guerre qu'on y menait depuis de longues années. Un jour il se présenta à l'Empereur et lui fit part de sa décision ; l'empereur Nicolas l'embrassa comme un fils et lui dit : « Va faire du bien chez ton père et rappelle-toi toujours de ta véritable patrie, la Russie, qui t'a donné l'éducation. » Djammal-Eddin, très ému, baisa la main de l'Empereur et lui jura que ses bienfaits et le souvenir de la chère Russie resteraient éternellement dans son cœur. Quelques jours après, il partait avec le prince Tchevtchevadzé vers cet avenir inconnu, qui se termina si tristement pour ce pauvre jeune homme. Arrivés à Hassaff-Jurt, ils le firent savoir à Shamil, qui envoya immédiatement des vieillards, auxquels il avait donné ses instructions pour s'assurer de l'identité de son fils. Ces vieillards, qui avaient assisté à la prise d'Ahoulgo, se rappelaient avoir vu l'enfant qui était tombé en nos mains. De plus, Shamil leur avait indiqué quelques marques secrètes que portait l'enfant qu'il avait perdu.

Les vieillards, en arrivant à Hassaff-Jurt, procédèrent avec beaucoup de circonspection, posèrent beaucoup de questions à Djammal-Eddin, le déshabillèrent, et enfin partirent en emportant la conviction que c'était véritablement le fils perdu de l'iman. Alors arrivèrent définitivement les plénipotentiaires de Shamil, qui devaient poser les conditions de l'échange et nommer le jour et le lieu de cet acte. On choisit comme lieu de l'échange le Metchik, là où nous l'avions traversé la nuit du 18 février 1852 avec nos troupes. Cet endroit offrait toutes les garanties nécessaires des deux côtés, car les deux adversaires avaient une bonne position militaire sur les versants des collines, qui étaient divisées par le Metchik. Il était stipulé que, de notre côté, il n'y aurait qu'un bataillon avec deux canons et six centaines de cosaques; du côté de Shamil, le nombre d'indigènes qui l'accompagneraient n'était pas limité; on avait seulement dit à ses émissaires qu'ils ne devaient pas mener une levée en masse au lieu de l'échange. Le jour de l'échange fut fixé au 10 de mars, à neuf heures du matin, et deux jours plus tôt le caissier de Shamil, avec un homme de confiance, devait venir compter et peser l'argent et cacheter les sacs de leur cachet, pour éviter tout délai au moment de l'échange. Le 9 de mars, mon bataillon, qui devait prendre position le lendemain sur le Metchik, se mit en marche vers Kourinsk et fut dépassé par une centaine de cosaques indigènes, connus sous le nom d'irréguliers musulmans, qui étaient venus du Daghestan, sous les ordres du prince Bagration, avec le chef du Daghestan, général aide de camp prince Orbeliani, beau-frère de la princesse de ce nom, prisonnière.

Avec cette centaine qui devait assister à l'échange au nombre des six centaines de cosaques stipulées, marchaient aussi vers Kourinsk le chef de régiment et commandant des troupes de la plaine Koumique le comte K*** et ses hôtes à Hassaff-Jurt, le prince Tchevtchévadzé qui allait revoir sa femme et ses enfants; le prince Orbéliani, dont j'ai parlé, et le fils de Shamil, Djammal-Eddin. De plus le comte K*** était accompagné de deux officiers, qui devaient aller remettre Djammal-Eddin à son père; l'un était l'aide de camp du régiment Belik, et l'autre un ci-devant officier prussien maintenant au service de la Russie, B***.

Le matin du 10 de mars, à huit heures, nous nous mîmes en marche. Arrivés au sommet de la chaîne Katchkalik, le versant opposé du ravin du Metchik s'offrit à nos regards. Tout ce versant, jusqu'au bois sombre, qui formait le fond du tableau était couvert d'une multitude immense d'indigènes attirés sûrement par la nouveauté du spectacle qui allait leur être offert. Du reste, rien d'hostile ne se manifestait dans cette foule, mais nous comprîmes qu'il fallait nous tenir sur nos gardes, car, au dernier moment, Shamil pouvait désirer s'emparer de l'argent en gardant les prisonnières; cette foule armée pouvait en un moment devenir une armée formidable, et en tout cas servir à un coup de main contre les pauvres femmes que nous venions délivrer.

Nous nous arrêtâmes à quatre cents pas du Metchik. Shamil n'avait pas encore paru, mais bientôt nous vîmes s'avancer un parasol bleu qui indiquait sa présence. Il s'établit avec son état-major à peu près à la même distance que nous sur le versant opposé. Nous ne voyions pas encore les prisonnières, mais dès que le caissier de Shamil passa le Metchik et alla dire à son maître que son fils et les deux arbas, avec l'argent, étaient arrivés avec les troupes, nous vîmes du fond de la forêt Noire s'avancer deux arbas, sur lesquelles nous distinguions, avec des lunettes d'approche, des femmes et des enfants.

Tous les cœurs battaient violemment; nous qui n'avions jamais vu ces femmes et ces pauvres enfants, nous tremblions qu'un contre-temps, un caprice d'un despote asiatique, un soupçon quelconque ne vînt briser tant d'espérances et renouveler des angoisses morales qui pourraient tuer ces femmes si leur espoir venait à être déçu. Les arbas étaient arrêtés, des pourparlers rapides, par l'intermédiaire de quelques cavaliers indigènes, furent échangés; dans quinze minutes, nos arbas, chargés d'argent, accompagnés de Djammal-Eddin, de vingt-cinq chasseurs (armés de doubles carabines) et du prince Tchevtchévadzé, avec le comte K*** et le prince Orbéliani, se mirent en marche vers le Metchik, et en ce moment même les deux arbas remplis de femmes et d'enfants, accompagnés de vingt-cinq indigènes armés, commencèrent à descendre vers le gué sur le versant opposé. Un silence complet envahit les deux camps, tout le monde retenait son haleine et était tout vue et tout ouïe. En ce moment les chantres de la centaine des irréguliers musulmans entonnèrent, avec accompagnement d'une espèce de clarinette, un chant monotone, mais très-musical, fort connu dans toute la Transcaucasie. Ces sons mélodieux et doux qui résonnaient au milieu du silence général et semblaient appeler en gémissant ces pauvres prisonnières à revenir dans leur beau pays, produisaient une sensation profonde. Pendant ce temps, des deux côtés, les escouades de vingt-cinq hommes et les arbas se rapprochaient, le gros des troupes était immobile des deux côtés; enfin, pour un moment, tous les arbas s'éclipsèrent de nos regards, ils traversaient le gué que nous ne pouvions voir, mais le moment suivant nous vîmes les arbas, avec les prisonnières entourées de nos chasseurs, monter vers nous, tandis que les chariots avec l'argent montaient le versant opposé. En ce moment un hurrah immense retentit dans nos troupes, qui produisit au premier moment un mouvement d'inquiétude parmi les indigènes. Nous étions sûrs maintenant que les prisonnières entourées de nos chasseurs étaient à nous; il n'y avait pas de force qui pût nous les arracher. Ce n'est pas à nous de lever le voile sur l'entrevue du père et du mari avec sa famille; disons brièvement que les dames prisonnières et les enfants, habillés dans de grossières pelisses de mouton, furent immédiatement placés dans des calèches qu'on avait amenées et qu'elles partirent à grand trot pour Kourinsk où, après que les dames eurent fait quelque toilette (car on leur avait apporté des habits) et déjeuné, elles partirent dans quelques heures à Hassaff-Jurt, qu'elles quittèrent après un repos d'un jour pour revenir à Tiflis. Par bonheur, elles et les enfants se portaient parfaitement bien.

Tandis que les calèches emportaient ces dames avec leurs enfants vers une forteresse russe, Djammal-Eddin, accompagné de nos deux officiers, se présentait à son père. Shamil le reçut froidement, car en Orient il serait d'une grande inconvenance de manifester quelque émotion, et ordonna immédiatement de l'habiller dans le costume montagnard qu'on avait apporté à cet effet.

Pendant que Djammal-Eddin s'était retiré et changeait de costume, Shamil fit dire aux jeunes gens qui l'avaient accompagné, qu'il les remerciait de l'amitié qu'ils témoignaient à son fils, et qu'il était bien content de le voir vivant après tant d'années de séparation. Ensuite il les congédia d'un geste qui ne manquait ni de dignité ni de politesse. En le saluant pour se retirer, nos officiers purent voir Djammal-Eddin qu'on amenait habillé en tunique de gros drap jaune fait en poil de chameau comme en portent les Tchetchènes; le pauvre garçon avait l'air triste et contrit. Nous ne le revîmes jamais, car un an après il mourut dans les montagnes, tué par la vie rude, les traitements grossiers qu'il subissait et la méfiance qu'on lui témoignait.

Quand il arriva à Veden, on lui donna une habitation qui ressemblait fort à une prison, une surveillance continuelle le fatiguait; Shamil avait ordonné de lui prendre tous les livres qu'il avait apportés, car ils ne pouvaient contenir que des choses pernicieuses à un vrai croyant. Chaque jour un des plus ennuyeux mollahs venait l'instruire dans les devoirs d'un musulman, procédant en attendant que Djammal connaisse la langue, au moyen de gestes qui devaient apprendre à Djammal tous les rites et toutes les ablutions des croyants. Bientôt cependant Shamil remarqua que son fils dépérissait à vue d'œil, et lui permit de reprendre quelques livres et d'écrire à Hassaff-Jurt au comte K***, comme son fils le lui avait plusieurs fois demandé.

Djammal demanda un Évangile au comte K***, qui s'empressa de le lui envoyer.

Je ne sais pas si le livre parvint à sa destination et si les saintes paroles servirent à consoler les derniers moments de l'existence brisée de Djammal-Eddin.

Nous espérons qu'il en fut ainsi, et que cette pauvre âme souffrante, qui s'était sacrifiée pour une autre famille, put goûter la paix que donne l'Évangile à tous ceux « qui sont affligés et qui sont chargés », et qui viennent chercher consolation et soulagement aux pieds du Christ, même s'ils sont idolâtres, comme le centurion romain et la femme syro-phénicienne.

Plus tard, en 1859, quand Shamil était lui-même prisonnier et vivait en paix et entouré de comfort, jouissant d'une liberté absolue à Kalouga, il se souvenait avec un profond regret des mauvais traitements qu'il avait fait subir à son fils et aux princesses géorgiennes prisonnières. « J'étais parfaitement ignorant », répétait-il souvent pour se disculper devant ceux avec lesquels il parlait sur ce sujet, auquel il revenait souvent.

Les feuillets détachés de la partie de mes mémoires qu'on vient de lire sont les derniers épisodes de l'ancienne interminable guerre caucasienne, quand nous n'osions pas encore penser à la conquête définitive du pays, et quand nous étions obligés de nous défendre et de traiter même quelquefois avec notre ennemi.

Bientôt, avec la fin de la guerre européenne, nous pûmes concentrer nos forces matérielles pour les employer à terminer cette guerre. Quant à la force morale, l'idée qui devait mouvoir ces forces matérielles, elle s'incarna dans un homme qui, dirait-on, avait reçu la mission spéciale de frapper ce grand coup, qui avait passé presque toute sa vie au Caucase, qui avait étudié cette guerre à fond, et qui était doué à un des plus hauts degrés de toutes les qualités qui forment un grand général en chef.

Cet homme avait depuis longtemps dans son esprit le plan des opérations militaires qui devaient être entreprises, et quand le temps de l'exécuter fut arrivé, il le soumit à la sanction de Sa Majesté l'Empereur, qui l'apprécia, parce qu'il avait vu de ses yeux le Caucase.

L'exécution de ce plan fut forte, intrépide, persistante, parce que l'homme historique dont je parle avait cette force de caractère qui se fait obéir et ne recule devant aucun obstacle, et ce coup d'œil juste qui sert à apprécier les hommes, à les choisir et à les mettre à leur place. Avec le talent d'exprimer nettement ses idées et sa volonté, il sut se former des gégnéraux (1) et un état-major qui, tout en restant strictement dans la direction que le général en chef leur avait imprimée, surent développer les détails de l'exécution avec un talent admirable.

On comprend aisément que nous parlons du maréchal prince de Bariatinsky.

Espérons que les documents d'un grand intérêt historique, toute la correspondance du maréchal relative à la conquête du Caucase oriental ne sera pas perdue pour l'histoire.

Ce fut notre premier pas décisif, qui fut suivi après le départ du maréchal de la conquête du Cau-

---

(1) Nous venons de recevoir la nouvelle que, ce 4 juin 1873, un des plus remarquables généraux de la guerre du Caucase, le comte Nicolas Evdokimoff, vient de mourir à Piatigorsk.

case occidental, et de cette ère nouvelle de prospérité, de paix, d'éducation du peuple, de développement des forces du pays, ère que le Caucase doit à l'auguste frère de l'Empereur, Son Altesse impériale le grand-duc Michel.

Vichy, 22 août 1873.

APPENDICE

ESSAI HISTORIQUE SUR LA PARENTÉ DES TRIBUS CAUCASIENNES (1)

La vaste chaîne du Caucase, qui s'étend entre la mer Noire et la mer Caspienne, est peuplée de diverses tribus, dont la parenté entre elles, et avec les autres grandes familles de l'humanité, offre encore un problème à résoudre. La solution de cette importante question sera sûrement facilitée au moyen d'un dictionnaire de tous les idiomes parlés au Caucase : travail immense entrepris par la section caucasienne de la Société géographique impériale de Russie. En attendant ce travail, nous offrons ici un aperçu rapide sur la parenté probable des races caucasiennes, et nous ajoutons quelques légendes qui pourront peut-être jeter quelque jour sur cette question.

Le nom du *Caucase* vient d'un mot sanscrit qui signifie *montagne blanche*. Les peuples indo-germaniques (race blonde de Klaproth) donnaient ordinairement ce nom aux hautes chaînes de montagnes couronnées de neige. Ainsi Jules Klaproth, dans ses tableaux historiques de l'Asie, démontre que le mot *alp*, *alb*, blanc, signifie, dans presque tous les idiomes germaniques, *montagne*. Les Alains ou Albans de Pompée et de Julien l'Apostat, qui sont les Ossètes de nos jours, furent nommés Alains et Albans, parce que cette tribu nombreuse et guerrière, qui interdit à Pompée le défilé du Dariel, était la tribu *des montagnards*, par excellence. C'est aussi le mot

(1) Cet article fut imprimé en 1859 dans les *Nouvelles Annales des Voyages*. Nous le reproduisons ici comme complément nécessaire, pour l'intelligence du récit.

alp, blanc, qui sert à désigner la haute chaîne de montagnes de la Suisse actuelle.

Il n'y a pas de doute que les hordes nomades qui se dispersèrent des bords du Tigre et de l'Euphrate sur la surface de la terre, durent s'approcher des montagnes du Caucase. Le mont Ararat devait être connu des descendants de Noé, et la tradition arménienne qui nomme Haik roi de l'Arménie et son fils Aram, que Sémiramis voulut épouser, connaissait sans doute les versants méridionaux de la chaîne du Caucase; car c'est là que les troupes d'Aram durent reculer devant les armées de Sémiramis. Dès l'an 2270 avant Jésus-Christ, les Scythes envahirent l'Asie Mineure, et il est plus que probable que des masses de ces Scythes (qui d'après les travaux modernes de Rawlinson, Hicks, Jules Oppert, etc., possédaient un alphabet cunéiforme), pénétrèrent dans les gorges et les défilés du Caucase. Plus tard, 625 ans avant Jésus-Christ, les Scythes envahirent de nouveau les contrées arrosées par le Tigre et l'Euphrate, et quoique cette invasion ne fût que momentanée, le choc qu'en reçurent les peuples de l'Asie Mineure détermina leur déplacement et les obligea de chercher un refuge au nord de la chaîne caucasienne. Leur chemin était naturellement tracé à travers le Daghestan, le long de la mer Caspienne, et cette grande route de la migration fut la même pour tous les peuples qui marchèrent de l'Asie Mineure en Europe. Le Daghestan fut dès lors le lieu où les flots des populations qui se suivaient déposaient leur contingent qui servit à former le noyau de la population des montagnes.

Tâchons de débrouiller un peu ce chaos et voyons quels furent les peuples qui pouvaient être, selon toute probabilité, les ancêtres de la population du Daghestan.

Les Massagètes, tribu médique, s'emparèrent du temps de la seconde invasion des Scytes, de la contrée connue aujourd'hui sous le nom de Géorgie. Cyrus fit reculer les Massagètes jusqu'au versant méridional du Caucase. Il périt dans un combat contre la reine des Massagètes Tomyris ou Tamara (Hérod., lib. I, c. 214), sur les bords du fleuve qui porte encore son nom, le *Khoura*. Scylax, le plus ancien des géographes persans nous apprend que 552 ans avant Jésus-Christ, les *Sauromates* habitaient les bords de la mer d'Azoff, et que les *Sindes* peuplaient la contrée entre le Tanaïs ou Don et les montagnes. Boëce, commentant Scylax, dit que ces peuples étaient d'origine *médique* et qu'ils arrivèrent des bords de la mer Caspienne (1).

Nous pouvons donc conclure avec raison que les Massagètes, ainsi que les Scythes, les Arméniens, les Mèdes, les Persans, les Carthliens ou Géorgiens, tantôt en côtoyant les bords de la mer Caspienne, tantôt refoulés par leurs ennemis dans les montagnes, y laissèrent des familles, peut-être des tribus entières, qui s'y établirent.

Lors des guerres de Pompée contre Mithridate, il est certain que le Daghestan était habité par les Alains ou Albans. « Les Alains, dit Jules Klaproth, peuple indogermanique à haute stature, aux yeux bleus, habitaient au nord du Caucase... » Plusieurs se retirèrent dans le Daghestan, qui prit le nom d'Albanie, car probablement les mots alan ou alban s'emploient indifféremment pour indiquer ce peuple... L'empereur Julien, dans un dis-

---

(1) Les Sauromates furent vaincus par les Goths, qui durent à leur tour se soumettre en 375 a. D. aux Huns sous Valamir. Après la mort d'Attila, les Goths se séparèrent des Huns, tandis que les Sauromates se mêlèrent aux Huns et ne formèrent depuis qu'un seul peuple.

cours adressé à ses troupes, dit : « Pompée avait déjà fait la guerre aux Albans et aux Massagètes, *que nous nommons Alains....* » D'après le témoignage de Procope et d'autres auteurs, les Alains étaient de même souche que les Goths... Ils avaient reçu leur nom de quelques montagnes; or *alp* et *alb*, dans les idiomes germaniques, signifie montagnes, et a donné le nom aux Alpes. (*Tabl. hist. de l'Asie.* Race blonde.)

Ainsi, d'après ce que nous venons de dire, on pourrait affirmer qu'indépendamment des débris de plusieurs nations qui passèrent dans le Daghestan, le noyau de la population de cette contrée, et la tribu la plus guerrière, partant la plus influente, fut celle des Alains, descendants des Massagètes, qui étaient les fils des Mèdes de la race Japhétique ou indo-germanique. A cette population guerrière vinrent bientôt se mêler des peuples nouveaux poussés par une force inconnue, des hauts plateaux de l'Asie centrale vers l'Europe.

« La première impulsion, lors de la migration des peuples, dit Klaproth, fut donnée 150 ans avant Jésus-Christ par le peuple *Hong Nou*, de race turque (ou, selon une autre opinion, de race hunno-finnoise), qui se rua sur le peuple de race blonde aux yeux bleus, les *Huètes*, et sur le peuple *Ouzioun*,, près du grand mur de la Chine. Le grand flot de ces populations nomades s'avançait lentement de l'est à l'ouest, des hauteurs de la vallée du *Hoang-ho* (fleuve Jaune) par l'Asie centrale, au nord des montagnes *Tiañ-Chañ* (montagnes du ciel) et n'inonda l'Europe que cinq siècles plus tard. Ce n'est qu'en 375, du temps de Valentinien Ier, que l'Europe fut ébranlée par les Huns, qui formaient l'avant-garde de ces *peuples-armées* et qui, en entrant par la vallée du Don, repoussèrent les Alains et les Goths. »

Pour revenir au Caucase et expliquer l'apparition de

l'élément hunno-finois parmi les races caucasiennes, il nous faut recourir à l'excellent ouvrage d'Amédée Thierry : « *Attila et ses successeurs.* »

Au VI⁰ siècle de notre ère, les célèbres Avares, après avoir soumis une grande tribu Ouigoure, connue sous le nom des *Ouars* ou *Oûars-Huns*, qui campait sur les bords de l'Atel (le Volga), durent à leur tour se soumettre aux Turcs, qui, après avoir battu et dispersé les Avares, envahirent les bords du Volga, où erraient les hordes Ouigoures, tributaires des Avares. Les Ouigours et Oûars-Huns prirent les armes, mais furent complétement battus par les Turcs. 300,000 *Ouigoures* périrent dans le combat; 200,000 *Ouars-Khoum* prirent la fuite et se sauvèrent dans le Daghestan, en longeant le bord de la mer Caspienne. Ces fugitifs étaient des Huns de la tribu hunnique blanche. Les Huns portaient ordinairement les cheveux courts; mais la tribu soumise par les Avares avait accepté la coiffure de ces derniers, qui fut deux tresses flottantes qui leur tombaient jusqu'au milieu du dos. Cette particularité, jointe à la ressemblance du nom, fut la cause que les Ouars-Huns furent pris, au Caucase, pour les terribles conquérants de l'Asie — les *Avares*.

Outre cette tribu hunnique, les *Khazars* de la branche noire ou hunno-finnoise, chassés des sources du Jaïk par les Turcs (1), s'avancèrent, au XIII⁰ siècle, vers le Caucase et s'établirent définitivement dans le Daghestan. Au IX⁰ siècle, les Khazars, de concert avec une autre tribu hunno-finnoise, les *Majyars*, étendirent leur puissance jusqu'aux Carpathes. Nous trouvons dans la

---

(1) Aboulgazi Baladour-Khân donne le nom de *Kiptchak* à toutes les tribus. C'est à cette famille qu'appartiennent les Turks, les Turkomans, les Petchenègues, les Polovetz.

chronique de Derbent (le *Derbent Nahmeh*) le nom de trois places importantes occupées par les Khazars; c'étaient *Hadji-kala*, un port de la mer Caspienne (il était situé à l'endroit où se trouve maintenant le fort de Saint-Pierre); *Kizil-Jar*, non loin de la forteresse Vnesapnaïa sur l'Ahtash, et *Tatar-toup*, près du minaret, sur la grande route militaire de la Géorgie. De plus, on trouve sur les rivières la Koumá et la Zmeika plusieurs mines qui portent jusqu'à nos jours le nom de *Majiare*; ce qui prouve que les ancêtres des Hongrois habitaient ces lieux. Ce fut le choc des Petchenègues au nord et des Arabes au sud qui détermina le déplacement de cette tribu hunnique et qui les poussa vers les Carpathes.

A ces éléments nationaux vint bientôt se mêler l'élément slave. En 913, du temps d'Igor, des Russes (1), après avoir traversé sur des barques la mer Caspienne, parurent devant la ville fortifiée de Berda (actuellement Barda dans le district d'Elisabethopol), et voulurent s'en emparer; mais ils furent entourés et massacrés ou faits prisonniers. En 943, les Russes débarquèrent de nouveau sur les côtes du Daghestan; ils remontèrent le Koura sur leurs barques, pillèrent la ville d'Arañ et s'en retournèrent avec un butin considérable. Abbas Kouli Khân (un des indigènes du Caucase ayant fait quelques études), prétend que les *Kazhi-koumicks* doivent descendre des prisonniers russes de 943 et 914, car ce peuple a conservé plusieurs coutumes et usages slaves, voir même quelques vagues récits et légendes qui rappellent les expéditions de Berda et d'Arañ. Il est probable que le nom Khazi ou Gazil, qui veut dire croyant, fidèle, leur fut donné quand ce peuple eut embrassé

---

(1) *Massoudi* et *Aboulféda*.

l'islamisme, importé, comme nous verrons plus tard, par les Arabes.

En 966, Sviatoslaff marcha contre ses ennemis redoutables, les Khazars, qui occupaient alors toute la contrée entre la mer Caspienne et le Don, et s'étendaient jusqu'à l'Ukraine de nos jours. Sviatoslaff brûla *Sarkell* ou *Belia Veja*, ville des Khazars sur le Don, et refoula les Khazars jusqu'à la rivière Kouban.

Les Khazars faisaient alors une guerre sanglante aux Arabes, qui avaient envahi le Daghestan après la conquête de l'Arménie, et s'avançaient vers la capitale des Khazars, *Semender*, située sur la côte occidentale de la mer Caspienne au lieu qu'occupe aujourd'hui l'aoul Tarki ou Tarhou. Un voyageur arabe du x° siècle, Ibn-Haukal, qui avait vu Semender, dit que c'était une belle et grande ville, fort riche et contenant une quantité d'églises, de synagogues et de mosquées, enfin qu'elle était entourée de jardins magnifiques. Semender fut brûlée et détruite en 969 par Sviatoslaff, qui avait entrepris une seconde campagne contre les Khazars; mais ces derniers ne furent définitivement chassés du Daghestan que par les Arabes. Abou-Mouslin, général des Arabes, défit complétement les Khazars vers le milieu du xi° siècle, soumit ceux d'entre eux qui n'échappèrent pas par la fuite, leur fit embrasser l'islam, et fit venir ensuite deux mille familles arabes, qui furent établies sur les ruines des villages khazars. Le gros des Khazars ayant été rejeté jusqu'au Volga, l'élément arabe remplaça les Huns, et la population actuelle de la plaine du Daghestan descend des familles arabes qui se sont mêlées aux restes des Khazars du Daghestan.

Les Arabes s'étant établis définitivement au Caucase, la résidence de leur khan fut à Tarkou, ville bâtie sur les ruines de Semender, et il prit le titre de *Shamhal de Tarkou, Vali du Daghestan*, qualification que porte encore aujourd'hui le prince auquel la Russie conserve la souveraineté de la plaine du Daghestan. Ce titre exige une explication. Abou Mouslin, après la conquête du Daghestan, nomma vice-roi de cette contrée un descendant des Koreischites (famille respectée toujours parmi les Arabes), qui avait jadis demeuré à Damas ; or Damas est connu en Orient sous le nom de *Sham ; Hal* ou *Khan* veut dire prince ; vali correspond à notre titre de vice-roi ou lieutenant du roi ; ces titres, auxquels on avait ajouté le nom de la nouvelle résidence des princes arabes *Tarkou*, formèrent le titre du gouverneur du Daghestan, qui depuis fut un souverain indépendant, mais reconnaissant la souveraineté de la Turquie, et plus tard celle de la Russie. Le peuple de la plaine du Daghestan conserve le souvenir de son origine arabe, et se donne jusqu'à nos jours le nom de Koreischites.

Depuis le xie siècle, les vice-rois du Daghestan s'emparèrent peu à peu des pays limitrophes, mais ils furent arrêtés dans leurs conquêtes par l'arrivée des Mongols, qui s'emparèrent d'une partie du pays soumis aux Shamhals. Ainsi, d'après les recherches de l'académicien M. Broneffsky, une forte tribu de la *Horde d'Or* campait au xive siècle, dans la plaine dite aujourd'hui plaine des Koumicks, entre le Soulak et le Térek. L'influence des Mongols fut si grande, que tous les peuples soumis aux Shamhals abandonnèrent la langue arabe, pour ne parler désormais que la langue tartare, qui, dès ce temps, fut non-seulement la langue généralement comprise dans les montagnes (ce qu'elle est encore de nos jours), mais devint encore pour les peuples de la plaine du Daghestan un idiome national.

En 1387, Tamerlan ou Timour Khan s'approchait du Caucase, portant avec lui la désolation et la mort. Tohtamish marchant à sa rencontre du fond de la Crimée, demanda l'alliance de la tribu mongole qui campait dans la plaine des Koumicks.

Les Mongols acceptèrent cette alliance, mais furent complétement détruits et dispersés par les troupes de Tamerlan, qui continua sa marche victorieuse et désolatrice vers l'Occident, en remontant le cours du Térek, qui baigne le pied du versant suptentrional de la chaîne du Caucase.

Tohtamish reculait devant ce terrible adversaire; mais se trouvant renforcé, près de la rivière Malka, par des réserves échelonnées le long de la route, il résolut d'accepter le combat, qui eut lieu au point occupé aujourd'hui par la Stanitza (colonie cosaque) *Soldatskaja*. Tohtamish fut complétement battu, et la tradition veut que les buttes qui entourent Soldatskaja soient les tombeaux des morts, ou l'emplacement des tentes des deux armées. Les restes de l'armée de Tohtamish s'enfuirent dans les défilés de l'Elbrous.

Depuis ce temps, la tribu de la Horde d'Or, qui campait dans la plaine des Koumicks disparut complétement, sans laisser de traces (1), et les sujets du Shamhal, délivrés de cette domination qui pesait sur eux, et ayant peu souffert de Tamerlan, qui ne pénétra

---

(1) Lors de mon voyage dans la vallée de l'Alazan, au mois d'août 1858, je crus retrouver la trace de ces Mongols dans une partie de la population musulmane, qui porte le nom de *Mougalotartare*. Indépendamment du nom qui rappelle leur origine, ces *Mougalas* n'ont pas de terre qui leur appartienne, et payent l'impôt sur les productions de la terre Lesghiens, qui sont censés être les véritables maîtres. Ceci indique que les *Mongalo* n'étaient pas arrivés dans le pays comme conquérants, mais comme fugitifs. De plus, leurs traits rappellent leur origine.

pas dans le Daghestan, sentirent renaître leurs forces. Bientôt les pays qui étaient jadis sous la domination des Koreichistes, durent de nouveau se soumettre à ces maîtres.

Au XVIᵉ siècle commença la renaissance de la Russie, qui après avoir secoué le joug pesant des Tartares, dut nécessairement, en étendant ses limites, se trouver en face des tribus caucasiennes.

En 1554, Jean s'empara d'Astrahkan. C'est de cette époque que date la colonisation russe des bouches du Térek. Des aventuriers, des gens sans aveu, des cosaques du Don, des déserteurs, des exilés, vinrent peupler le cours inférieur de ce fleuve.

C'était le temps des entreprises aventureuses, des excursions lointaines, tentées par une poignée d'hommes résolus. Tandis que Ermak, cosaque fugitif du Don, allait à la conquête de la Sibérie, un autre cosaque, Andrée, descendait le Volga en bateau et se lançait à l'aventure dans la mer Caspienne. Andrée était à la tête de trois cents hardis aventuriers, prêts à piller si l'occasion s'en présentait, mais dont la première destination était la pêche, toujours fort riche dans la mer Caspienne. Ces aventuriers firent naufrage aux embouchures du Soulak et se virent privés de toutes leurs embarcations. Alors, sans perdre courage, ils résolurent de gagner les montagnes et de s'y établir de force. La plaine entre le Soulak et le Térek est entourée de montagnes boisées, derniers contre-forts de la grande chaîne. Cette plaine est arrosée par plusieurs rivières qui descendent des hauteurs par de délicieuses vallées, et vont se jeter dans le Térek. Andrée, suivi de ses compagnons, s'empara d'une de ces vallées, celle de l'Akhtash, y construisit un fort à l'abri duquel il pilla ses voisins et leur enleva des femmes, que ces aventuriers épousèrent. Ce fort prit le nom d'Andrée, Andreera, Endery, plus tard (1) aoul célèbre, entrepôt de marchandises qui arrivaient de la Perse, et d'esclaves que des juifs et des Arméniens achetaient dans les montagnes pour les bazars de Stamboul et d'Ispahan.

Cependant la horde d'Andrée grossissait et devenait de jour en jour plus dangereuse à ses voisins, car elle se renforçait annuellement de nouveaux aventuriers, qui arrivaient du Don et de la Russie. Bientôt le fort d'Andrée ne pouvant suffire à cette commune militaire, les cosaques s'emparèrent des *crêtes* des montagnes environnantes pour en faire des lieux d'observation et y construire des forts qui les mettaient à l'abri d'un coup de main. Andrée vivait au milieu de ses compagnons comme un seigneur du moyen âge.

En 1569, Jean IV fit construire aux embouchures du Térek un fort qu'on nomma *Terki*. C'était le temps de la domination turque dans le Caucase; la Géorgie chrétienne était dévastée, et toutes les tribus montagnardes reconnaissaient la souveraineté de la Turquie. La Russie n'avait pas encore assez de forces pour lutter contre ce terrible adversaire; aussi Jean IV fut-il obligé, à la suite des réclamations du sultan Sélim, d'ordonner l'évacuation du fort Terki; cependant les colonies russes restèrent dans le pays soumis aux Turcs. Mais bientôt les Shamhals de Tarkou, vassaux du sultan (qui avait hérité de la puissance militaire et religieuse des khalifes), se plaignirent au sultan Amurat, en 1580, des pillages et des brigandages d'Andrée. Sur la demande formelle du sultan, Jean IV dut ordonner aux

---

(1) Au XVIIe siècle, sous la domination de la Turquie. Endery existe aujourd'hui près de la forteresse Vnesapnaia.

cosaques d'Andrée de quitter la vallée de l'Akhtash et de s'établir sur les bords du Térek, à l'embouchure de la Soundja. Les cosaques d'Andrée, qui n'avaient pas oublié l'obéissance due au czar, quittèrent les crêtes (*greben*) des montagnes de l'Akhtash, mais gardèrent ce nom jusqu'à nos jours. Ils sont connus sous le nom de *Grebentzi*, cosaques des crêtes, et habitent la rive gauche du Térek, où ils furent établis par Pierre le Grand, lors de son expédition à Derbent. Cette expédition fut aussi la cause d'une invasion des kalmoucks, qui sous les ordres de leur khan Ajouka, ravagèrent la contrée entre l'Akhtash et le Térek. Les hordes d'Ajouka se ruèrent sur les *Koumicks*, par suite d'un ordre de Pierre le Grand, qui voulait punir ces derniers pour avoir attaqué et détruit un détachement de cavalerie, sous les ordres du chef de brigade Veterani, qui s'avançait pour soutenir, en longeant le bord de la mer Caspienne, l'expédition maritime de Derbent. La tradition des Koumicks indique les hauttes buttes qui sont près de Vnesapnaia comme lieu du combat acharné qui leur fut livré par les hordes kalmouckes. Ce fait, d'un intérêt médiocre, est seulement curieux parce qu'il nous donne la clef de l'énigme de ces monticules que nous voyons dispersés avec un certain ordre dans les steppes, qui furent parcourus par les nomades. Les Koumicks affirment que les buttes autour de Vnesapnaia, ainsi que d'autres monticules qui bordent ordinairement les routes du bord du Térek, étaient élevées par les mains des nomades d'Ajouka, pour y placer la tente du khan et de ses principaux officiers. Ceci explique pourquoi on trouve ces buttes à des distances à peu près égales, car elles marquaient les étapes du peuple qui marchait à la suite de son khan; voilà aussi pourquoi on pourrait suivre, au moyen de ces monticules, la route des peuples nomades qui depuis Valamir, avec ses Huns jusqu'aux kalmoucks d'Ajouka, en s'approchant du Caucase, devaient parcourir le même chemin en longeant le Térek et le versant septentrional de la chaîne caucasienne, ne s'enfonçant jamais dans les montagnes et ne s'écartant jamais du cour des fleuves.

Nous venons de prononcer le nom des *Koumicks*. Leur histoire est assez curieuse pour que nous en disions quelques mots.

Dès que les cosaques d'Andrée eurent évacué la plaine dite aujourd'hui plaine des *Koumicks*, cette contrée fut occupée de nouveau par les princes du Daghestan. Les traditions populaires et les généalogies écrites, conservées religieusement par les princes koumicks, racontent que vers la fin du XVIᵉ siècle, un prince du Daghestan, le shamhal *Andià*, eut trois femmes, dont l'une était Kabardienne, de la famille des ouzden (gentilhomme) Anzoroff. Le shamhal Andià se prit, on ne sait pourquoi, d'une haine violente pour sa femme, et déclara le fils qu'il avait eu d'elle, *Soultan Moud*, tchanka (bâtard), c'est-à-dire issu d'une union qui ne donnait aucun droit à la succession (1). Soultan Moud, chassé par son père, se retira sur le Soulak, où il vécut pauvre et ignoré. Un habitant de Tavlie vint à passer, il demanda l'hospitalité à Soultan Moud, et celui-ci lui offrit de bon cœur ce qu'il avait de meilleur. Le vieillard Salau, s'intéressant au sort de ce jeune homme, le questionna, après le repas, sur

---

(1) L'enfant issu d'un mariage de deux individus qui n'ont pas le même rang dans la société est toujours *tchanka*. Ainsi un prince, se mariant à la fille d'un gentilhomme ou d'un homme libre, fait ce qu'on appellerait en Europe un mariage *morganatique*. De même, le fils d'un gentilhomme qui se marierait à une fille de condition inférieure serait aussi *tchanka*.

sa vie, ses aventures, sa parenté, et en entendant le récit de ses infortunes, se récria sur l'injustice du shamhal.

« Mon fils, dit-il, ton père a eu tort; tu n'es pas *tchanka*, car les Anzoroff dont tu descends sont de race arabe, Koreischites comme ton père, descendants d'Inal, et portent en Arabie le titre de princes; par conséquent, ta mère eut dans ses veines un sang tout aussi noble que celui de ton père. De plus, le grand czar de Moscou (1) ne méprisa pas l'alliance avec un gentilhomme Kabardien. Tu vois bien que c'est ton droit et un devoir envers ta famille de tâcher de reconquérir ton rang et ta part à l'héritage de ton père; et moi qui connais tes parents, je te seconderai de mon mieux. »

Les Anzoroff, parents de Soultan Moud, ayant connu l'offense faite à leur nom, rassemblèrent jusqu'à trois cents cavaliers de bonne volonté, et s'étant emparés du shamhal Andià, après l'avoir attiré dans un piége, ils le forcèrent à déclarer leur parent égal aux autres fils du shamhal et de lui donner une part de l'héritage.

Andià donna à son fils la plaine dite de Koumicks, entre le Soulak, le Térek et la Soundja, qui fut peuplée par des aventuriers Kabardiens et Tavliens, que Soultan Moud rassembla de toute part. Mais cette petite colonie était faible, et les peuples du Daghestan nommèrent par dérision cette faible société *Koumoucks*. Ce mot (d'après l'explication d'un savant Mollah, Mama Kishi, qui habite l'aoul Endery), se divise en deux mots : *kou* s'employait jadis pour exprimer qu'il manque quelque chose à une certaine mesure : on

---

(1) Jean IV, marié à Maria fille de Temruc, Kabardienne.

pourrait à la rigueur traduire ce mot par *imparfait*; il donne l'idée d'une chose qui n'est pas complète, entière, parfaite. *Mouck* veut dire faible, même un peu bête. Ce surnom moqueur devint cependant un nom national. Tous les princes koumicks descendent de *Soultan Moud*; tous les ouzden (gentilhommes) descendent de *Salau* le Tavlien.

Les sociétés du Daghestan parlent des idiomes différents, qui, dit-on, sont les débris d'une langue mère parlée autrefois généralement, Il est possible qu'au moyen du dictionnaire de la Société géographique, nous retrouvions le *Hun* d'autrefois; et ce qui donne de la vraisemblance à cette supposition, c'est que tous les idiomes se rattachent à l'*Avare*, qui est la langue prédominante (indépendamment du tartare qui est parlé généralement comme le français en Europe). Or les Avares, qui sont les Pseudo Abares, ou autrement les *Ouarkhouni*, échappés à la domination turque, sont les descendants des Huns, et comme de plus les Khazars et les Majyars laissèrent des vestiges de leur influence au Caucase, il est raisonnable de supposer que l'élément hunique, qui jusqu'à l'arrivée des Arabes avec Abou-Mouslin était le plus fort, dut laisser ses traces dans la langue des peuples du Daghestan. Il est même probable que les Huns, habitant les montagnes, loin de tout contact avec les autres peuples, durent conserver leur idiome primitif dans toute sa pureté. Cependant il est aussi possible que les Avares fussent un croisement des Ouar-khouni avec les Albans ou Allains (quoique généralement on prétende que ces derniers quittèrent le Daghestan pour s'établir dans l'Ossétie de nos jours). Alors on devrait trouver le mélange du hun pur avec un idiome indo-germanique. Ce qui semble venir à l'appui de cette dernière supposition, c'est que l'habitant de l'Avarie ne ressemble nullement au portrait que nous fait des Huns, Sidoine Apollinaire (1). L'habitant de l'Avarie et le Tavlien en général, se distingue par une taille bien prise, quoique moyenne, il est ordinairement roux, il a la tête petite et ronde, le visage long et terminé en pointe, la mâchoire supérieure est très-developpée.

Les habitants du Daghestan sont originaires de races arrivées directement de l'Asie, et qui s'établirent au Caucase sans avoir passé par l'Europe; tandis que les tribus des bords de la mer Noire et du versant septentrional de la chaîne caucasienne proviennent des races arrivées de l'Europe.

Mais avant de nous en occuper il nous reste à dire quelques mots d'une race intéressante et peu connue, les *Tchetchènes*, qui habitent les gorges boisées du Caucase, entre les races du Daghestan et les peuplades de la mer Noire, dans les vallées de l'Akhtash, d'Araksou, de Jamañsou, de l'Aksai, de la Soundja, de l'Argouñ, de l'Assa, etc.

Cette race, qui ne conserve presque point de traditions de son passé, comme tous les peuples abrutis par l'islam (qui substitue aux légendes populaires les récits du Koran), mérite une attention particulière par sa bravoure et son intelligence, qui n'a rien d'asiatique. Le Tchetchène, beau comme un enfant d'Europe, n'est ni fanatique, ni opiniâtre dans ses croyances; il aime les améliorations, il est généreux, doux, serviable en tant que peut l'être un demi-sauvage, qui cependant ne dédaigne pas la civilisation et se sent peu à peu gagner par elle. Voleur, comme tous les montagnards, il vole par habitude, plutôt pour faire voir son courage, son

---

(1) Amédée Thierry, *Histoire des fils d'Attila*, p. 271-272.

habileté, que pour vivre de ses rapines, car il est laborieux et aime l'agriculture. La grande Tchetchna était de tout temps le magasin d'approvisionnement des tribus tavliennes de Shamil, qui manquaient d'espace et de terres labourables. Ce ne sont que les expéditions, depuis 1851, qui nous ont acquis cette belle contrée. Depuis que les Tchetchènes ne sont plus menacés des Tavliens, qui sont leurs ennemis personnels, ils s'occupent d'agriculture et de trafic, et on peut voir le long de l'Argoun et de la Sounja des colonies florissantes de ces Tchetchènes qui, jadis, nous arrivaient avec leurs familles hâves et déguenillées, pour nous demander un morceau de terre et notre protection.

La race *Tchetchène* habite, comme je viens de le dire, le versant septentrional de la chaîne caucasienne ; agriculteurs par penchant, ils choisirent les contrées les plus riches pour s'y établir. Par malheur, ils n'ont pas gardé le souvenir de leur origine ; quelques vagues récits, quelques coutumes, quelques mots de leur idiome peuvent seulement nous permettre de faire quelques hypothèses sur leurs ancêtres. Ayant vécu pendant six ans au milieu de cette tribu, je présente ici un aperçu rapide des renseignements que j'ai pu recueillir. En 1856, chef d'un bataillon du régiment Kabarda, dans la forteresse de *Kourinsk*, j'entendis parler d'un vieillard centenaire nommé Zaour, qui, au dire des indigènes, possédait parfaitement leurs traditions. Quoique habitant d'un aoul ennemi, Zaour, sachant qu'il pouvait se fier à la parole d'un commandant russe, se rendit à mon invitation, et voilà ce que je pus tirer des récits embrouillés du vieillard :

Les Tchetchènes descendent, disait Zaour, d'un nommé Molkh, qui demeurait non loin des sources de l'Argoun, dans un endroit nommé Meeste ou *Neshihé*;

ses descendants occupèrent cependant bientôt après l'aoul *Kersten Akh* (1), qui existe jusqu'à nos jours.

C'est à Kersten Akh que commencèrent des guerres interminables entre les descendants du Molkh; ces haines de famille à famille furent si violentes, que les hommes durent se tenir enfermés dans leurs châteaux ou leurs tours, et n'en sortaient que rarement; la femme seule, qui était un être respecté, pouvait s'aventurer sans crainte, et c'est pour cela que depuis elle fut chargée de vaquer à tous les travaux des champs, ce qui se pratique jusqu'à nos jours, parce que ce fut une coutume de nos ancêtres, ajouta naïvement Zaour. Les armes des ancêtres des Tchetchènes furent l'arc, la flèche, le sabre recourbé (2); quant à l'arme à feu, elle ne fut introduite qu'à l'arrivée des Russes dans la contrée.

« Je ne saurais te dire, me disait Zaour, quelle fut la religion de nos pères, mais ce qui est certain, c'est que mon septième père (aïeul au septième degré) mangeait du porc. Je crois que nous devions être chrétiens, car il y a de vieilles églises sur les hauteurs d'où nous sommes descendus, et je suis sûr que nos ancêtres ne pouvaient avoir qu'une seule femme. »

L'émigration des Tchetchènes, qui descendirent des

---

(1) Kersten veut dire chrétien; nous verrons que les Tchetchènes devaient être chrétiens; quant au nom de *Neshihé*, ce mot doit avoir pour racine le mot *neh*, gens, pluriel de *steg*, homme.

(2) Le sabre ou shashka, qui est fait jusqu'à nos jours par les armuriers indigènes de la Tchetchna (d'après un modèle fort connu dans les montagnes), porte ordinairement l'empreinte d'*un loup*, avec quelques caractères latins, qui certes, en passant par les mains de ces barbares, n'offrent aucune signification. Néanmoins le fait est curieux, car il prouve que les ancêtres des Tchetchènes eurent des relations avec l'Europe s'ils ne sont Européens eux-mêmes.

hauteurs de Meeste pour occuper Kersten-Akh, est le temps héroïque des Ttchetchènes. La tradition cite *Tinavinvissou*, fils de Molkh, roi des Tchetchènes, et nomme les preux de ce temps : *Tinielder, Huno-Karkaloi, Hardaizerik* et *Shirdii-Kanat*. « Tinavinvissou était un fort bel homme, disait Zaour, et il enleva la femme de Sirdii-Kanat, beauté célèbre; tous les hommes étaient furieux, les femmes seules prirent le parti des deux amants.

« Un jour le terrible Huno-Karkaloi demanda à sa femme : Puis-je être certain que tu n'aimes personne excepté moi? — Je t'aime beaucoup, répondit la femme de Huno, mais je t'avouerai que j'aurais voulu une fois dans ma vie embrasser le beau Tinavinvissou. Karkaloi, furieux, sella son cheval et s'élança vers la tour habitée par Tinavinvissou pour l'appeler en combat mortel et le tuer. Huno s'approcha de la tour et cria à haute voix, comme c'était l'usage : Tinavinvissou, je te provoque à un combat mortel! Tinavinvissou dormait et ne l'entendit point, et sa femme se garda bien de le réveiller, craignant pour les jours de son mari. Alors Huno, ne recevant pas de réponse, tira trois pierres du mur et les plaça devant la tour, ce qui était une offense terrible. Dès que Tinavinvissou s'éveilla et vit ces pierres, il entra dans une grande fureur et s'élança vers la tour de Huno-Karkaloi. Un combat terrible semblait inévitable, quand la femme de Huno apparut, et se plaçant entre les ennemis, leur défendit le combat. Pour prix de la condescendance de Tinavinvissou, qui était l'offensé, elle l'embrassa; c'est ainsi, ajouta Zaour, que la femme arrive toujours à faire ce qu'elle désire. »

J'ai transmis fidèlement ce simple récit, qui caractérise les mœurs des ancêtres des Tchetchènes et n'est pas sans intérêt, nous dévoilant le respect qu'on portait jadis à la femme. Le défi, l'offense de Huno, la femme qui faisait cesser le combat, le prix qu'on attache à son baiser rappellent les beaux temps de la chevalerie, et nous verrons plus tard que j'avais le droit, d'après quelques mots, la construction de leurs phrases, l'arme blanche qui porte toujours l'empreinte des loups de Gascogne, de supposer que les ancêtres des Tchetchènes pouvaient bien être des enfants de l'Europe, arrivés à la suite des croisades.

La suite du récit de Zaour comprend les guerres intestines qui déchiraient les Tchetchènes; mais voilà un fait qui porte l'empreinte de la vérité historique. Un des descendants de Tinavinvissou fut invité par un khan kalmouck ou mogol, qui campait dans la plaine de la rive droite du Térek. Le khan lui offrit l'alliance contre leurs ennemis communs, les habitants du Daghestan, et donna au roi tchetchène, comme prix de cette alliance, le pays entre le Térek et les montagnes. Cette offre fut acceptée avec empressement, et trois grandes familles, les Haratcho, les Tzuentar et les Gordaloi occupèrent le défilé de l'Aksai (l'Itchkerie), tandis que d'autres familles descendaient des hauteurs pour occuper l'Akhtash, où ils fondèrent un village nommé *Aoukh*, et une autre branche tchetchène s'établissait sur la rivière Assa et prenait le nom de *Karaboul-Akh*. Ce nom Akh signifie blanc, et sûrement par analogie village (car toutes les maisons tchetchènes sont blanchies à la chaux), ou peut-être est-il une traduction du mot Alp qui, au dire de Klaproth, fut généralement accepté par tous les montagnards de la race indo-germanique.

« Depuis, disait Zaour, nous n'avons cessé de guerroyer contre les peuples du Daghestan; mais nous n'avons jamais été vaincus. »

Ceci est faux; car il y a des faits authentiques qui démontrent que les Tchetchènes furent tributaires des Koumicks, et je crois pouvoir affirmer que ce fut justement l'influence des Koumicks, ou plutôt des Shamhals de Tarkou, qui décida les Tchetchènes à embrasser l'islam. Le khan, qui campait dans la plaine et offrait l'alliance au roi tchetchène, pouvait bien être le chef de cette tribu de la Horde d'Or qui disparut du temps de Timourleng. Les Tchetchènes gardent le souvenir de Timour; car il y a près de Grosnaia, vis à-vis du défilé de Hankala, un endroit qui porte le nom de « *Tai astagha Timir* », le pont du boiteux Timour; et il est très-probable que les peuples du Daghestan, après la disparition des Mongols, que Timour avait balayés, ressaisissant leur influence, rendirent les Tchetchènes tributaires et les forcèrent d'embrasser l'islam.

La langue tchetchène ne ressemble nullement aux autres idiomes du Caucase, c'est une langue qu'on serait tenté plutôt de rattacher aux langues de l'Europe. Le Tchetchène parle fort élégamment, est beau parleur, ses périodes sont souvent très-bien arrondies, et ce qui est très-curieux, il emploie ordinairement, comme le Romain et le Grec, le participe accordé avec le datif et deux datifs indépendants, dont l'un s'accorde avec le participe : forme de langage qui dénote une assez grande flexibilité de la langue, et semble indiquer que le tchetchène s'est formé sous l'influence du latin. Le tchetchène a des modes, des temps, des cas, et ses substantifs ainsi que ses verbes se déclinent et se conjuguent en changeant de terminaison et non par l'addition de particules, comme c'est le cas dans toutes les langues primitives. En somme, cette langue me faisait l'effet d'être l'idiome d'un peuple jadis civilisé, qui en avait gardé le souvenir dans la forme de sa langue, qui cependant avait perdu sa richesse et sa grâce par suite du cercle étroit dans lequel les idées de ce peuple étaient obligées de se mouvoir.

Quelques mots des Tchetchènes rappellent tellement leur origine européenne qu'on serait tenté de croire que c'est une troupe de ces malheureux qui, fuyant la famine de sous les murs d'Antioche, en 1096, marchèrent d'étape en étape jusqu'aux gorges du Caucase, où ils se réfugièrent. Ceci certainement n'est qu'une supposition; mais les mots *vienne*, venir; *do*, faire (anglais); *tzurück*, retourner (allemand); *ouede*, aller (l'*eo* latin); et le mot même *Déelli*, Dieu, qui rappelle le *Deus* latin, tandis que tous les autres montagnards disent Allah, ne sont-ils un vestige du contact de ce peuple avec les peuples européens? De plus, il y a un je ne sais quoi d'élégant inné dans ce peuple qui rappelle une origine plus pure que celle des tribus hunniques, ancêtres des Tavliens que les Tchetchènes traitent toujours du haut de leur grandeur, en leur donnant le nom de paysans et de rustres.

Si nous observons leurs coutumes, nous verrons avec étonnement que même sous le joug pesant de l'islam, la femme a su garder un prestige touchant à voir parmi les populations musulmanes, qui ne comprennent pas la femme autrement que comme femelle ou animal domestique.

De nos jours encore un meurtrier, ayant accompli son *kanli* (vendetta), et poursuivi par les parents du mort, est sauvé s'il parvient à se jeter dans la première maison venue et à approcher ses lèvres du sein d'une femme de cette maison. En ce cas toute femme s'empresse de déchirer sa chemise pour présenter sa mamelle au fuyard, et dès qu'il l'a touchée, la femme, dont il est réputé fils de lait (la plus sacrée de toutes les parentés), le couvre de son corps; et de cette façon, la femme étant sacrée, le meurtrier est sauvé. De plus, tous les hommes de la maison sont obligés de saisir les armes pour défendre celui qui est devenu leur parent. Le meurtrier est sauf même en cas qu'il aurait tué un des parents de la famille où il s'est réfugié. Dans ce cas, on accepte ordinairement *le prix du sang*, et la vendetta finit. Mais aussi il n'y a pas de service que la femme qui a sauvé le Tchetchène n'a le droit de lui demander, et il n'y a pas d'ordre que celui-ci ne soit obligé d'exécuter.

Les femmes tchetchènes sont gracieuses et souvent belles, si elles ne sont pas exténuées de fatigue, par suite des travaux qui pèsent sur elles. On sent que l'islam a gâté la vie de ce peuple, appelé peut-être à jouer un beau rôle un jour au Caucase.

Il est encore curieux que la tradition dit que la *marmite*, expression de la réunion de la famille, du foyer, était regardée comme sacrée dans les vieux temps.

Les Tchetchènes ont des chants populaires qui ne manquent pas de poésie ; il est touchant de voir que, malgré l'abrutissement du Koran, les Tchetchènes ont encore des romances gracieuses, qui prouvent que tout sentiment humain n'est pas éteint dans leur âme.

Voici un exemple :

Des jeunes gens chantent l'agrément de l'hiver : la chanson dessine un rendez-vous de chasse dans la forêt, au milieu d'une clairière éclairée par la lune. La neige et le givre couvrent les arbres, un troupeau de cerfs écoute en tremblant au milieu de la clairière, l'approche des chasseurs. Après la chasse, c'est une soirée d'amis près d'un bon feu.

Les jeunes filles répondent à ce couplet par un autre; je le traduis le plus fidèlement que je le puis.

« Quand la feuille du tchinar (1) entr'ouvre sous l'action du soleil le bouton qui la contient, et on pressent déjà l'ombre ;

« Quand on entend crier le coucou, le cœur sent le printemps et commence à battre avec force.

« Est-il possible alors de ne pas frissonner d'amour, de ne pas jouir avec le beau faucon blanc (pour jeune homme);

« Qui sait ce qui doit arriver sous la couche de la terre noire (après la mort) ? »

Le dernier vers est assez libre pour des musulmans.

Mais laissons les Tchetchènes (2) pour nous occuper des tribus qui habitent les rivages de la mer Noire, et qui aussi, et avec plus d'authenticité, sont des enfants de l'Europe.

Douze cents ans avant J.-C., les Argonautes entreprirent un voyage en Colchide ; Jason, avec une partie des Argonautes, débarqua à Eia, ville de Colchide, qui était située aux embouchures du Phasis, le Rion de nos jours. Ses autres compagnons débarquèrent dans la rade de *Soukoum-Kalé*, et ce fut là que les deux frères pilotes des Dioscures, Ricas et Amphytras, connus sous le nom de *Geniohi*, résolurent de s'établir, ne

---

(1) Platane.

(2) Le nom des Tchetchènes est encore un problème. Broneffsky prétend que le mot *tchetchène* est un vieux mot russe qui signifie gazouiller (comme les oiseaux). Dans les vieilles chansons les Tchetchènes se donnent le nom *Nehtchoutchou*, mais *Neh* veut dire hommes, gens; *tchitchi* veut dire pie.

voulant plus braver les tempêtes de la mer Noire; cette colonie reçut le nom de *Dioscuria*, et la contrée fut nommée *Geniohia*. Les Argonautes avaient montré le chemin aux Grecs; bientôt quelques Hellènes d'Achaïe fondèrent une colonie à l'endroit occupé par le fort Pshada.

Strabon prétend que l'émigration des Achéens et leur colonisation au Caucase doit avoir eu lieu du temps de la guerre de Troie. Ce qui est certain, c'est que les rivages orientaux de la mer Noire furent connus de bonne heure des Grecs, qui envoyaient dans ces contrées fertiles leurs aventuriers. Scylax, le plus ancien des géographes persans, envoyé, trois cent cinquante-deux ans avant J.-C., par Darius Hystaspes pour faire une description des bords de la mer Noire, nomme dans l'ordre suivant les tribus qui peuplaient ces contrées depuis la Colchide jusqu'au Tana ou Don.

Dans l'Abhasie de nos jours, demeuraient les Geniohi, dont la ville la plus importante portait le nom de *Dioscuria*. Les *Jiky* ou *Djeky* occupaient le pays depuis le cap Adler jusqu'à Pshada. Les *Achéens* possédaient la contrée de Pshada jusqu'à la rade de Sounjouk-Kalé. En avançant vers le nord, on trouvait les *Kirkètes*, qui habitaient les rivages de la mer Noire jusqu'aux bouches de la rivière Kouban. Plus loin, jusqu'au Tana ou Don on rencontre les *Sindes*, enfin les embouchures du Don, ainsi que les bords de la mer d'Azoff étaient peuplées par les *Savromates* ou *Sarmates*.

Strabon, qui vivait vingt-cinq avant J.-C., dit qu'on trouvait dans les montagnes, au-dessus de Dioscuria, un peuple nommé Souanes ou Swanes. Quant à la ville de Dioscuria, elle était célèbre, du temps du géographe d'Amasée, par son négoce. Cent trente races différentes par leur langue et leurs mœurs y venaient faire l'échange de leurs produits. Les Romains, dit Strabon avaient à leur solde cent trente interprètes à Dioscuria. Du temps de Pline (77 après J.-C.), la ville de Dioscuria fut détruite et sur ses ruines s'éleva un camp romain.

Arrien, envoyé par l'empereur Adrien (an 114 de notre ère) au Caucase, donne, dans ses commentaires, d'autres noms aux peuples caucasions; les *Geniohi* sont nommés *Abasges* ou *Abhases*; au nord des Abhases vivaient les *Lazes*; sur les crêtes des montagnes et derrière les Abhases, les *Sanigi*; plus loin, au nord de la grande chaîne, on trouvait, du temps d'Arrien, les *Alanes*. Les Jycks ou Djyck de Scylax furent connus d'Arrien sous le nom de Zydrètes. Les Achéens n'existaient plus au temps du voyage d'Arrien au Caucase; on trouvait seulement l'emplacement d'une cité en ruines, qui portait le nom d'Achaia : cette ruine se trouvait probablement à la place qu'occupait, avant la dernière guerre, le fort Pchada, près des Zydrètes; à la place des Kerkètes de Scylax, Arrien place les *Sapagues*. Une ville, *Sébastopolis*, s'élevait, du temps d'Arrien, sur la place occupée jadis par l'antique Dioscuria; elle avait remplacé le camp romain.

Il faut joindre à l'autorité de ces écrivains celle de Moïse de Khorène, qui dit qu'une grande quantité de Juifs fut envoyée, du temps de Nabuchodonosor, pour peupler les rivages de la mer Noire. On retrouve les descendants de ces Juifs jusqu'à nos jours dans les montagnes du Caucase. Plusieurs d'entre eux, se mêlant aux indigènes, et reniant la religion de leurs pères, prirent un autre nom. Ainsi, on prétend que les *Oubih* de nos jours rappellent, d'une manière frappante, les Juifs, par leur peau jaunâtre, leur menton pointu, l'expression rusée de leurs yeux, par leurs qualités morales, enfin, qui les distinguent des autres peuplades caucasiennes.

Les écrivains grecs et romains, changeant à volonté le nom des peuples du Caucase, ont beaucoup contribué à l'obscurité qui entoure leur origine : cependant, en comparant divers écrivains et le nom des tribus de la mer Noire avec les noms transmis par les chroniqueurs, on pourrait faire les combinaisons suivantes : les Geniohi sont les Abhases d'aujourd'hui, et les Abasèhes de la rivière Blanche (Belaia-reka) sont de la même race. Les Lazes émigrèrent en Asie Mineure; les Sanigis d'Arrien es Souanes ou Swanes de Strabon habitent encore de nos jours, les mêmes montagnes inaccessibles sous le nom de Svanètes. La Swanetie, pays peu connu, a été visitée en 1854 par le colonel Bartholomée, qui y fut envoyé par feu le maréchal Woronzoff, à la demande des habitants, qui voulaient prêter serment à la Russie, et demandaient des prêtres qui pussent rétablir le christianisme et desservir leurs antiques temples chrétiens, gardés par des dékanos, descendants des prêtres chrétiens.

Les anciens Jicks ou Djycks, connus aujourd'hui sous le nom de Djegètes, habitent la contrée près du cap Adler. Les Kyrkètes de Scylax doivent être les *Tcherkess* d'aujourd'hui, nom qu'on donne ordinairement à toutes les tribus de la rive droite du Kouban.

Les Achéens, qui habitaient les bords de la mer Noire, et avaient pour voisins, d'un côté les Djycks et de l'autre les Kyrkètes, n'existaient plus lors du voyage d'Arrien au Caucase. Il est très-probable qu'avant l'arrivée d'Arrien, les Achéens, constamment attaqués par leurs voisins, durent se retirer dans les montagnes, où ils changèrent de nom, en ajoutant le nom de ces montagnes à celui de leur race. La chaîne des montagnes qui s'étend de Hellendjik à Novorossisk se nomme Nakho. Les indigènes prononcent ce mot en appuyant fortement sur l'*h*, qui est un son guttural. Les Achéens, qui s'établirent dans les montagnes, furent donc nommés *Natko-Ahai* ou *Natak hai*, qui sont les *Nathougai* ou *Nathoukhai* d'aujourd'hui. Les Nathougais se mêlant au Kirkètes ou Tcherkess, gardèrent cependant leur nom composé et forment une forte tribu renommée par sa bravoure.

Les restes des Achéens qui ne s'éloignèrent pas des bords de la mer Noire, se mêlèrent probablement aux Djycks, tout en gardant le nom de leur origine. *Hellendjick*, nom d'un fort russe qui fut construit à un endroit ainsi nommé par les indigènes, indique ce croisement des *Hellènes* avec les *Djycks*.

Les *Shapsougues* nous rappellent le Sapagues d'Arrien.

Au nord-ouest de la grande chaîne du Caucase habitaient, dans les premiers siècles de notre ère, les Alains. Ils occupaient le pays habité aujourd'hui par les Kabardiens. Au nord-est des Alains, on trouvait les Jassy ou Ossa; à l'ouest des Alains, près de la mer Noire, vivaient les Kossogi ou Kasahi, les Kabardiens d'aujourd'hui. On prétend que les Ossètes proviennent du croisement des Alains avec les Osses : les Ossètes se donnent eux-mêmes le nom d'Iri ou Iran, ce qui pourrait être une réminiscence lointaine de leur origne médique. Ils sont divisés en plusieurs sociétés qui n'ont rien de commun entre elles. Une partie des Ossètes habite les plaines du district de Wladikawkas; les autres, c'est-à-dire les sociétés de Karatchai (1), d'Ou-

---

(1) Amédée Thierry, dans son *Histoire légendaire d'Attila* (*Attila et ses successeurs*, t. II, p. 470), nous apprend, d'après un récit

rouss-bii, de Tchigem, de Balgar, de Digor, de Tagaour, etc., habitent les plateaux élevés et les gorges boisées, depuis le défilé de Dariel jusqu'à l'Elbrouss. La plupart des Ossètes de la plaine et une partie des Ossètes montagnards, sont chrétiens, gardant le souvenir de la religion professée jadis par leurs ancêtres. Par malheur, le Koran entraîne toujours les peuples demi-sauvages, par son matérialisme et par la polygamie qu'il tolère : ceci est le principal obstacle que les Russes rencontrent au Caucase dans la voie de civilisation de ces peuples. Néanmoins une école ossète, fondée à Wladikawcas, ayant pour but de donner aux Ossètes des prêtres indigènes, tout en propageant la civilisation, a produit d'excellents résultats, et on peut espérer que peu à peu tous les Ossètes deviendront chrétiens.

La tribu la plus nombreuse, la plus considérée, et qui est depuis longtemps fidèle à la Russie, est la tribu des Kabardiens, dont la tradition nous apprend quelques faits curieux, inconnus à l'histoire : Un kabardien remarquable par son esprit, élevé en Russie, et ayant fait ses études dans un de nos collèges, *employa dix ans* à rassembler les traditions des Kabardiens, les compara avec les faits historiques et en tira des conclusions inconnues jusque-là. Ce Kabardien se nommait *Shora Beck Moursin*. Par un malheur sans égal, une mort subite l'enleva, et tous ses manuscrits disparurent, sans qu'on ait pu les retrouver. Nous ne pouvons donner ici que quelques récits recueillis par M. Golowinski, qui avait connu Shora Beck Moursin.

d'un voyageur qui avait visité Karatchai, que ce peuple croit avoir porté le nom des Magyars. L'idiome des Karatchai est l'ossète, mais il n'y a pas d'impossibilité qu'ils se fussent croisés jadis avec les Magyars, qui avaient habité la contrée.

Il est remarquable que la mémoire populaire ait conservé jusqu'à nos jours des chansons où l'on trouve les noms d'Adrien et de Justinien. Quelques fouilles faites sur le plateau du Borgoustan viennent à la preuve de l'influence romaine. Mais quelle est l'origine des Kabardiens? quels sont leurs pères? d'où vient cette race qui fut jadis l'arbitre des destinées des autres tribus du versant septentrional de la chaîne du Caucase?

Shora Beck Moursin, connaissant en perfection son idiome national, et possédant parfaitement les traditions des Kabardiens, affirmait que les Kabardiens de nos jours sont les *Antes* d'autrefois. Kabardiens n'est pas leur nom; nous verrons plus tard pourquoi ils acceptèrent ce sobriquet; leur véritable nom de race, qu'ils se donnent depuis un temps immémorial, et sous lequel ils sont encore connus aujourd'hui, est *Adigué* ou *Attihé*. C'est ainsi qu'on nomme aussi la langue qu'ils parlent, et le nom *Adigué* s'applique indifféremment à tous les peuples de la même souche. Mais *Adigué* (comme on le prononce aujourd'hui) est un nom falsifié, la véritable prononciation est *Anntihé*, dont l'ellipse (fort en usage dans cet idiome) est Attihé. Le *hé* est le signe du pluriel, de sorte que le mot Anntihé veut dire *les Antes*. Du reste ce mot se retrouve dans plusieurs noms composés. Les guerriers célèbres, les preux, les chevaliers des ancêtres des Kabardiens étaient nommés *Nart*. La source célèbre de Kisslovodsk, qui contient de l'acide carbonique et est employée comme un toxique violent, était de tous temps connue sous le nom de *Narsant*. La tradition des Kabardiens raconte que chaque printemps leurs ancêtres se rassemblaient près de cette source pour célébrer une fête nationale, où on glorifiait les hauts faits des preux. Mais le nom *Narsant* est un mot corrompu, sa véritable prononciation est : *Nart-sana-ant;* sana veut dire source, eau, et tout le mot se traduit littéralement par : *Source des chevaliers des Antes.*

Entre Kisslovodsk et le Kouban, au midi de la rivière Podkoumok, se trouve un grand plateau, qu'on nomme en langue *adigué* Bergousan, ou d'après la prononciation falsifiée russe, Borgoustan. Cette plaine est aussi connue sous le nom de *montagne de Rome;* on y trouve beaucoup de tombeaux antiques; quelques-uns de ces tombeaux furent fouillés, et on y trouva des monnaies romaines. Shora prétend que cette plaine fut jadis habitée par une nombreuse tribu des Antes. Le nom *Bergoussan* se compose de trois mots kabardiens : *Ber,* beaucoup; *Gous,* compagnon; *Anne,* abréviation d'Ante.

Boulgarine prétend que les Antes demeuraient au Caucase du temps des Goths, qui se dirigèrent avec leur chef Odin, vers le Nord de l'Europe, et que plusieurs Nartes ou chevaliers Antes furent reçus parmi la haute aristocratie des Goths, connue sous le nom d'Asses.

Les Kabardiens avaient gardé le souvenir d'Attila, et Shora Beck Moursin croit que les Antes du Bergoussan furent battus par Attila. La tradition kabardienne raconte qu'Attila, *Oui-vije* (fouet ou lanière de Dieu) (1), attaqua deux fois les Kabardiens. A la première attaque,

---

(1) Il est remarquable que l'expression *flagellum Dei* se retrouve chez les Antes ou Kabardiens, loin de cette influence catholique occidentale, qui, d'après Amédée Thierry, inventa cette formule, incarnant dans Attila l'idée du malheur public envoyé par Dieu pour châtier les peuples, et arrêtée seulement par les saints (saint Aignan, saint Loup, Léon le Grand), qui représentaient la miséricorde divine (*Attila,* t. II, p. 248).

il les défit complétement et leur fit beaucoup de prisonniers. Le reste des Attihé se retira dans les gorges impénétrables de l'Elbrouss, où ils élevèrent des fortifications pour résister à ce fouet de Dieu. Attila résolut néanmoins de s'emparer de ces gorges, et de forcer la retraite des Antes ; mais repoussé avec perte, il dut se retirer, et perdit beaucoup de monde pendant sa retraite, car les Nartes ou preux, connaissant parfaitement le terrain, harcelaient et détruisaient les Huns qui fuyaient à travers ce pays boisé et montagneux. Depuis ce temps jusqu'à nos jours, ces montagnes sont nommés *Oshhámaha*, c'est-à-dire *montagnes heureuses*. Attila repoussé, emmena avec lui ses Attihé prisonniers ; quant à ceux qui se sauvèrent près de l'Elbrouss, ils gardèrent leur nom de race, quoiqu'ils se mêlèrent à d'autres tribus voisines.

Amédée Thierry raconte que deux fortes tribus des Huns, les Koutrigoures et les Ouitigoures, Huns de la race blanche qui campaient près de la mer d'Azoff et dans les steppes du Caucase, résolurent au v° siècle de piller Constantinople, engagèrent les Bulgares qui demeuraient sur le Wolga à les accompagner, et firent alliance pendant leur marche vers le Danube avec une nombreuse et pauvre tribu des Antes renommée pour sa férocité (1). Ces Antes étaient les ancêtres des Russes, et si les Kabardiens sont de la même souche, il est probable que leur langue (du reste peu connue) doit gar-

---

(1) Les Bulgares étaient des Huns de la race noire ou hunno-finnoise. Ils arrivèrent les derniers du fond de l'Asie centrale, de cette grande famille des Huns, et formaient l'avant-garde des Turcs. Les Bulgares combattaient à cheval, et étaient célèbres pour la vitesse de leurs chevaux. Ils se servaient avec une agilité merveilleuse des lacets qu'ils jetaient à l'ennemi. Les Antes combattaient toujours à pied,

der des mots dont la racine pourra être retrouvée dans les idiomes slaves.

Au VI° siècle, les Ouars ou *Ouar Khouni*, qui avaient fui devant les Turcs des bords du Wolga au Caucase, et avaient pris le nom des Avares, se mirent en marche vers la *mer Noire*. Là ils entrèrent, par l'entremise de Saros, roi des Alains, en communication avec l'empereur Justinien. Ces Ouars, ou comme on les nomme ordinairement, les Avares, marchant du Caucase vers le Danube, soumirent les Koutrigoures et les Outigoures. En 562 les Avares rencontrèrent sur le Dnieper les Antes, tuèrent, en dépit du droit des gens, l'envoyé des Antes *Mesémire*, et battirent les Antes. Bientôt après l'empereur Justinien étant mort, le khan-khan des Avares, *Baian*, fit trembler ses voisins, et Byzance même, qu'un empereur comme Justin II ne sut faire respecter.

Il est curieux que la tradition kabardienne nous dépeigne Baian sous les mêmes traits que l'histoire : féroce, cruel, manquant à sa parole et à la foi jurée. La tradition adigué nous raconte que le féroce *Baikan* ou *Baian* défit plusieurs fois les Attihé Caucasiens, mais ne put parvenir à les soumettre. Alors *Baian* eut recours à la ruse; il attira chez lui les Nartes les plus anciens et les plus célèbres, sous prétexte de débattre avec eux les conditions de la paix, qu'il offrait aux Antes, et les fit tous massacrer pendant les pourparlers. Le peuple attihé, terrifié par ce manque de foi, demanda vengeance à grands cris. Voici une prière que la mémoire du peuple conserve jusqu'à nos jours. *Saint Élie, tue de tes foudres, le khan Avare Baihan, sur son cheval blanc.*

Cette prière prouve que les Antes Caucasiens étaient chrétiens : ils durent embrasser le christianisme par suite de l'influence des Alains leurs voisins, qui furent chrétiens depuis le IV⁰ siècle.

En 1020, Mstislaff le brave (oudaly), fils du grand-duc Wladimir, s'étant emparé de Tmoutarakan (la Taman d'aujourd'hui), guerroya contre les *Kossogues*, et ayant tué leur chef *Rededia* en combat particulier, les défit complétement. Ce fait, consigné dans l'histoire, se conserve jusqu'à nos jours dans les traditions kabardiennes. La légende dit que le puissant Narte des Attihé (Kabardiens) *Redad*, ayant forcé Mstislaff à se réfugier dans un marais, ce dernier vendit son âme au démon au prix d'une victoire. Le démon lui conseilla d'appeler Redad en combat particulier : Redad n'ayant jamais été vaincu, accepta le défi, et fut terrassé par Mstislaff que le démon aidait. Alors Mstislaff, après avoir vaincu les Kossogues, battit les Osses ou Asses et fonda la principauté de Tmoutarakan, qui existe comme État indépendant dans la famille de Mstislaff jusqu'à l'invasion des Mongols. Ce furent les Kossogues ou Attihé qui détruisirent cette principauté, vengeant ainsi leur puissant Narte Redad.

Mais la puissance des Attihé touchait à sa fin, bientôt même ce nom national fut changé, et ne survécut que comme celui d'une race humaine et d'un idiome particulier. Au commencement du XIII⁰ siècle les tartares s'établirent en Crimée; ils furent les ennemis redoutables des Kossogues. Ces derniers, battus plusieurs fois par leurs voisins, durent se retirer dans les défilés impénétrables du versant septentrional de la chaîne caucasienne, leur refuge ordinaire en cas de malheur. Les Kossogues ou Attihé s'étant emparés des défilés où ils se défendaient avec succès, et fiers de leurs positions inexpugnables, prirent, dit Shora Beck Moursin, le surnom de *Kobberdiens* (d'où l'on a fait Kabardiens), ce qui signifie habitants des défilés. Ce surnom devint un nom de peuple.

Les Kabardiens durent embrasser l'islam par l'influence d'un prince arabe *Abdoul khan*, qui arriva au XIV⁰ siècle au Caucase, et parvint à réunir les Kabardiens, divisés jusqu'alors en sociétés indépendantes; un de ses descendants, *Inal*, fut célèbre dans les annales kabardiennes comme guerrier et comme justicier. Mais la religion de Mahomet n'était que la religion de l'aristocratie arabe, qui descendait directement d'Inal; ce ne fut qu'au XVIII⁰ siècle que les Kabardiens embrassèrent l'islam sous l'influence d'un fanatique, *Scheik Mançour*.

En revenant à l'histoire des Kabardiens, nous voyons qu'après Timour les Kabardiens, profitant de la défaite de Tohtamish, étendent leur pouvoir jusqu'à la mer Caspienne, s'allient aux Shamhals, remportent de grandes victoires sur les Tartares de la Crimée, et enfin sont à leur tour comprimés par la puissance envahissante de la Turquie. En 1554, après la prise d'Astrakan par Jean IV, les Kabardiens, comme coreligionnaires des Russes, demandent à Jean des secours contre les Turcs, et celui-ci envoya l'okolnitshy Daniel Adasheff, pour faire en Crimée une descente, que favoriseraient les Kabardiens en attirant ailleurs les troupes tartares. En 1560, Jean IV se maria à une Kabardienne, Marie, fille d'un prince Temruk. Depuis Jean jusqu'à Pierre le Grand, les Kabardiens n'eurent aucun rapport avec la Russie, mais sous Catherine II, après la chute du pouvoir des Tartares de la Crimée, tout le nord-ouest du Caucase, la Kabardie comprise, fut annexé à la Russie.

La lourde tâche de l'éducation de ces peuples, qui gardent encore leurs instincts sauvages, est échue à la

Russie; mais le Koran est toujours là, qui détruit tous les efforts, et contre lequel viennent se briser les paroles consolatrices de l'Évangile, qui est le seul moyen de civilisation pour ces peuples, qui n'ont, jusqu'à nos jours, que la religion du sabre. On fait involontairement le rapprochement vraiment curieux de deux religions contraires, la religion du nomade et celle de l'agriculteur, qui ont toujours divisé le monde en deux grands partis (1).

Depuis le pasteur Abel, qui fut tué par l'agriculteur Caïn, jusqu'à nos jours, le nomade combat l'agriculteur. Ce sont les rois-pasteurs qui envahissent l'Égypte agricole et qui importent une religion nouvelle que les Égyptiens ont en horreur (2) : dans la haute antiquité, c'est toujours le déisme et le sabéisme des nomades, adorateurs des étoiles qui les guidaient, aux prises avec l'idolâtrie des peuplades agricoles. Plus tard, c'est le culte diabolique des *Tasi*, nomades arabes, incarné dans la personne de Dzohak, qui détrône la dynastie agricole et paisible des descendants de Kaïoumaratz et de Houcheng, adorateurs du feu (3). C'est Zoroastre lançant l'anathème aux nomades adorateurs des dews, qui viennent détruire les travaux des agriculteurs (4). C'est le christianisme aux prises avec l'odinisme des Goths qui, à leur tour, en devenant chrétiens et agriculteurs, sont attaqués par les Huns nomades, qui n'ont que les pratiques grossières du chamanisme, et qui, ainsi que les nomades Tasi, sont censés, par les

---

(1) Cette opinion a été émise par M. le colonel Bartolomée.
(2) *Genèse*, ch. XLVI, v. 34.
(3) Jules Klaproth, *Tableau historique de l'Asie. Histoire de l'Ancienne Perse*, d'après Ferdoussi.
(4) Anquetil Duperron, t. III, pp. 393, 397 (Boun. Dehesh. ch. XX, XXIII). Comparez aussi Ker Porter's Travels, t. I, pp. 673, 675, edition of 1822. London.

peuplades agricoles, devoir descendre d'un mélange impur de démons avec des sorcières (1).

Mais quelle guerre fut plus cruelle que celle du christianisme et de l'islam, où d'un côté le christianisme représente la civilisation et la paix, et de l'autre l'islam représente la vie aventureuse, nomade, le mépris du travail, la guerre comme moyen de vivre?

Cette guerre de la civilisation et de la paix contre les tendances barbares de rapine et de vol, de la vie laborieuse et productive contre la vie de hasard, qui ne produit rien, et non-seulement consomme, mais encore détruit le produit des labeurs d'autrui, a commencé en Europe avec l'invasion des Huns, sous Valamir, et quoique les représentants du christianisme et de la paix, Rome et Byzance périrent à l'œuvre, l'idée survécut, et la civilisation, gagnant peu à peu du terrain sur la barbarie, retrécissant de plus en plus le cercle dont elle l'étreignait, pour la reléguer enfin dans ce coin de l'Europe où les derniers Goths, Alains, Huns, Mongols, Turcs et Antes se débattaient contre la puissance envahissante de l'ordre et de la paix. La tâche de la Russie, vis-à-vis de l'Europe et de tout le monde civilisé, était de rendre enfin ces peuples à la vie laborieuse et productive.

Cette œuvre a été consommée, comme on le sait, par la conquête définitive du Caucase.

G. WL....

(1) Amédée Thierry, *Attila*, t. I, p. 13.

FIN.

TABLE DES MATIÈRES

	Pages.
Préface.	1

CHAPITRE PREMIER.

Mon voyage au Caucase; Grosnaia; Hassaff-Jurt; quelques portraits de soldats du Caucase; l'aoul Koumick. 3

CHAPITRE II.

Encore quelques portraits; les colonnes d'approvisionnement; un bal à Hassaff-Jurt; un dîner d'adieu au chef du régiment. 24

CHAPITRE III.

Les expéditions d'hiver; aperçu général du pays; commencement de la guerre sainte; l'expédition de 1850; le médecin blessé. 48

CHAPITRE IV.

Retour de l'expédition; la forteresse de Vnesapnaia; les tumulus des Nomades; récit d'un officier captif; le comte de K***; le Grand-Duc héritier visite le Caucase; l'expédition de 1851. . 93

CHAPITRE V.

Prise de Khan-Kala; l'expédition de 1852; la marche à travers Tchetchna du 17 et du 18 février; expédition du 21 mars; duel et mort de Tr***. 127

CHAPITRE VI.

1852, quelques mots sur les Tchetchènes, leur langue, leurs coutumes. — Nouvelles cours de justice créées par le prince Barlatinsky. — Affaire du 11 août. 147

CHAPITRE VII.

La vie dans une petite forteresse; l'expédition de 1853; les proclamations polonaises; Gersel-Aoul. 165

CHAPITRE VIII.

L'affaire de Karasou; la guerre de Turquie; la dévastation de Tzinondali; les prisonnières de Shamil; l'affaire du 3 octobre 1854. 187

CHAPITRE IX.

La nouvelle de la mort de l'empereur Nicolas Ier; l'échange des prisonnière entres Djammal-Eddin, fils de Shmil; conclusion. 201

APPENDICE.

Essai historique sur la parenté des tribus caucasiennes. . . . 213

1899 Paris. — Imprimerie Arnous de Rivière et C{e}, rue Racine, 26.

Voyage d'exploration à la mer Morte, à Palmyre, à Pétra et sur la rive gauche du Jourdain, par le *duc de Luynes*, membre de l'Institut, œuvre posthume publiée par ses petits-fils, sous la direction de M. le *comte de Vogüé*, membre de l'Institut. 3 beaux volumes grand in-8 et 3 atlas in-folio.

Le *premier volume* comprend la relation du voyage laissé entièrement manuscrite par le duc de Luynes, des recherches géographiques, historiques et archéologiques, ainsi qu'un appendice de pièces justificatives et discussions scientifiques. Ils sont accompagnés d'une grande carte itinéraire imprimée en plusieurs couleurs, et entourés de très-nombreux bois figurant des fragments d'architecture, plans, vues, stèles, médailles, plantes, verres de Sidon, etc., etc.

Le *tome deuxième* renferme un mémoire de M. Vignes, capitaine de frégate, sur la géographie, l'hydrographie et la physique, ainsi que l'intéressante relation de son voyage à Palmyre. Vient ensuite le Journal du voyage, fait sous les auspices du duc de Luynes à Karak, et à Chaubak, l'ancien Montréal, par MM. Mauss, architecte du Saint-Sépulcre, et Sauvaire, chancelier du consulat général de France à Beyrouth. Là aussi, on y trouve une monographie complète et détaillée du beau et immortel château de Karak; est suivi d'inscriptions arabes traduites par M. Sauvaire. Ce volume est accompagné d'une grande carte itinéraire de Tripoli à Palmyre, et imprimée en plusieurs couleurs.

Le *tome troisième*, rédigé par M. Lartet, aide-naturaliste au Muséum d'histoire naturelle, contient la Géologie, la Minéralogie et la Paléontologie.

L'ATLAS comprend 100 planches gravées et lithographiées, dont plusieurs doubles et triples, imprimées en chromolithographie : Cartes itinéraires, Plans, Coupes, Architecture, Archéologie, Vues pittoresques, Cartes géologiques et minéralogiques, Coupes, Profils, Fossiles, Coquilles, etc., etc.

Le Texte est publié par demi-volume de 180 pages environ.

L'Atlas paraît par livraisons renfermant chacune 5 planches. Prix. 8 fr.

Description historique et géographique de l'Asie Mineure, comprenant les temps anciens, le moyen âge et les temps modernes, avec un précis détaillé des voyages qui ont été faits dans la Péninsule depuis l'époque des croisades jusqu'aux temps les plus récents, précédée d'un tableau de l'histoire géographique de l'Asie, depuis les plus anciens temps jusqu'à nos jours, par M. *Vivien de Saint-Martin*, secrétaire général de la Société de géographie. 2 très-forts vol. in-8 avec cartes. 25 fr.

Voyage en Russie, au Caucase et en Perse, dans la Mésopotamie, le Kurdistan, la Syrie, la Palestine et la Turquie, par le *baron de Lycklama*. 4 beaux vol. grand in-8 avec cartes et plans en couleur.

Voyage en Palestine, exécuté par M. *V. Guérin*, chargé d'une mission scientifique par S. Exc. M. le Ministre de l'Instruction publique. In-8° avec une carte itinéraire. 3 fr. 50 c.

Voyages en Arabie, contenant la description des parties du Hedjaz regardées comme sacrées par les musulmans, celles des villes de la Mecque et de Médine; et des cérémonies observées par les pèlerins; suivies de notions sur les mœurs, coutumes et usages des Arabes sédentaires et scénites, et sur l'histoire de la géographie de ces contrées, par *Burckardt*. 3 vol. in-8° ornés de cartes et de plans. 22 fr. 50 c.

Voyage de l'embouchure de l'Indus à Lahore, à Caboul, à Balak, à Boukara, et retour par la Perse, par le *lieutenant A. Burnes*, membre de la Société royale, lieutenant au service de la Compagnie des Indes, traduit par M. J. B. Eyriès. 3 vol. in-8 accompagnés d'un atlas. 50 fr.

Voyage dans le Fayoum et aux bords de la mer rouge, par M. *Ampère*, membre de la Société de géographie, chargé d'une mission. 1 très beau vol. de texte, papier grand vélin, accompagné d'un atlas de 20 planches, toutes inédites, format grand in-folio. 84 fr.

Le volume de texte séparément. 9 fr.

Le volume de texte contient le journal du voyage et les détails des différentes localités visitées par l'auteur.

L'Atlas se compose de vues pittoresques, photographiées pendant le voyage et reproduites en lithographie par M. Ciceri, et de dessins représentant les monuments d'architecture, l'épigraphie et de quelques monuments peintes.

Étude historique et géographique de la tribu de Juda, par M. E. G. Rey, chargé d'une mission en Orient par Son Exc. M. le ministre de l'Instruction publique, membre de la Société des antiquaires de France, de la Société de géographie, etc. 1 beau vol. in-4 accompagné de 2 cartes grand aigle, de plusieurs planches et de figures intercalées dans le texte. 16 fr.

www.ingramcontent.com/pod-product-compliance
Lightning Source LLC
Chambersburg PA
CBHW070645170426
43200CB00010B/2134